쉽게 풀어쓴
경영전략과
정보기술

머리말

4차 산업혁명(Industry 4.0)은 ICT(Information & Communication Technology)의 융합을 통한 제조부문의 창조경제 전략으로써 독일에서 처음 시작되었다. 4차 산업혁명의 핵심 단어는 '스마트(smart)'이다. '스마트'화는 세상의 모든 개체(사람, 기계, 시설 등)에 센서와 처리기(컴퓨터)를 부착하여 데이터를 수집·가공하고 이를 다른 개체들과 공유함으로써 경영의사결정의 질을 높이고 생산·서비스 및 경영 프로세스의 효율성을 극대화하는 것이다.

치열한 경쟁 속에서 기업들은 생산·서비스 및 경영시스템의 스마트화를 통한 경쟁적 우위를 확보할 때 지속경영이 가능하다. 스마트화를 가능하게 하는 ICT(정보통신기술)는 그 종류가 매우 다양하고 복잡하며 때로 생명주기가 매우 짧다. 따라서 변화와 혁신을 추구해야 하는 경영자는 ICT 그 자체와 경영활동에 ICT를 접목하는데 요구되는 전문적 식견을 갖출 필요가 있다. 이는 훗날 기업에 취업할 인문학을 포함한 모든 비IT분야의 학생들에게도 예외가 될 수 없다. 첨단 정보기술, 경영전략, 경영전략과 정보시스템 전략과의 연계, 경영 및 정보시스템 운영·관리조직, 정보서비스의 아웃소싱, 정보조직의 거버넌스, 보안전략, 경영혁신과 IT, 지식경영 등은 미래의 경영자가 될 모든 학부생들에게 꼭 필요한 지식이다.

저자는 특히 경영과 IT지식이 취약한 비IT학과의 학생들을 위하여 다음과 같은 원칙으로 이 책을 집필하였다. 첫째, 비IT전공 학생이 경영에 접했을 때 가장 취약할 수 있는 주제는 기업이 인식하고 대응해야 하는 사회·경제적 환경변화에 대한 것들이다. 따라서 다양한 기업 환경의 이해를 돕는 이론과 사례를 제공하였으며 ICT(정보통신기

술)도 그 중의 일부이다. 둘째, 경영전략과 시스템전략의 개념과 관계성을 이해하기 쉽
도록 관련 사례를 최대한 활용하였다. 크고 작은 현장이야기(사례)는 학습자의 흥미를
유발하므로 매우 효과적인 교육수단이 될 수 있다. 셋째, 학생들이 문제제기(question)
➡ 토론(discussion) ➡ 해결방안도출(resolution) ➡ 행동(action)이라는 학습프로세스에 자연
스럽게 참여할 수 있도록 교재의 내용을 최대한 모듈화하였으며, 장별로 주요내용과
풍부한 사례를 제공하였다. 넷째, 생소한 IT용어는 수시로 주석을 달아 설명하였다.

　본 저서의 1장은 정보자원(information resources)을 관리할 때 경영자가 고려해야 하는 조
직과 기술 환경을 다루었으며, 다양한 IT직업과 정보시스템(Information System, IS)의 존재
이유를 서술하였다. 한편 정보자원관리책임자(CIO, Chief Information Officer)는 현업실무자,
정보전문가, IT요원과 소통할 때 기본적인 IS의 구성요소와 각종 IT용어를 이해하고
있어야 한다. 2장과 3장은 이를 위해 반드시 알아야 하는 컴퓨터, 네트워크 그리고 데
이터와 관련된 기술에 대한 핵심적인 내용을 다루었다. 따라서 IT에 대한 지식을 어
느 정도 갖추고 있는 학생들은 건너뛸 수도 있는 장들이다. 4장은 정보자원을 기업
이 전략적으로 활용하는 방법을 설명하였다. 「5가지 경쟁적 힘의 모델(Five Competitive
Forces Model)」, 「가치사슬모델」, 「자원기반관점」이 이를 설명하는데 활용되었다. 이어서
5장은 경영(사업)전략과 전략적 경영프로세스의 이해를 바탕으로 이러한 전략이 어떻
게 정보 및 시스템 전략으로 연결되며 이것들이 구체화(아키텍처와 인프라스트럭처)되는 지를
설명하였다. 6장은 정보자원관리의 핫 트렌드인 아웃소싱 문제를 다룬다. IT아웃소
싱 추세의 원인, 유형, 관리와 거버넌스가 주요 주제들이다. 한편 모든 경영활동은 계

획(planning)을 출발점으로 한다. 정보자원관리도 예외가 될 수 없다. 이에 7장은 장기적인 관점에서 필요한 정보자원을 예측하고 확보하기 위한 계획방법론을 설명하였다. 성장단계론(Stages of Growth), 핵심성공요인(Critical Success Factors), e-비즈니스 가치 매트릭스(e-Business Value Matrix), 연관성 분석 계획법(Linkage Analysis Planning), 5) 시나리오 계획법(Scenario Planning)을 다루었다. IT/IS는 경영 및 프로세스 혁신에 반드시 필요한 도구들이다. 엄청난 예산을 들여 새로운 시스템을 도입할 때 낭비요소를 제거하는 혁신이 수반되지 않는다면 새로운 시스템도입의 정당성이 매우 취약해진다. 그런 측면에서 8장은 정보기술이 어떻게 경영혁신에 적용될 수 있는 지 그리고 어떤 경영혁신 기법이 있는지를 설명한다. IBM이 처음으로 'e-비즈니스'라는 용어를 사용할 때만 하더라도 오늘날처럼 IT가 경영에 광범위하게 적용될 것이라고 상상하지 못했다. 오늘날 기업에서 공공기관 그리고 정부에 이르기까지 모든 조직들은 경영활동을 인터넷을 기반으로 한 디지털화를 추구하고 있다. 따라서 9장은 e-비즈니스의 개념과 목적, 등장과정, 다양한 e-비즈니스 모델을 주로 다루었다. 끝으로 10장은 지식경영과 지식경영시스템을 소개하였다. 개인이든 조직이든 학습(learning)은 매우 중요하다. 따라서 과거의 경험, 지식, 노하우가 개인의 머릿속에서 사장되지 않고 구성원들이 공유할 수 있도록 하는 기업문화의 조성과 이를 가능하게 하는 시스템의 구축은 매우 중요하다. 이를 위해 지식경영과 지식경영시스템의 개념과 필요성 등을 소개하였다.

본 저서는 다음과 같은 용도로 활용될 수 있다. 물론 모든 비IT 학부학생들에게 경영전략과 정보기술을 소개할 때 활용될 수 있겠지만, 특히 인문사회계열 학부 학생들이 기업이 어떻게 신제품(서비스)과 차별화되는 제품(또는 서비스)을 창출하고 변화와 경영혁신을 추구할 수 있는지를 이해함으로써 전략적사고와 경영마인드를 함양할 수 있도록 구성하였다. 특히 비IT 학부학생들이 기업컨설팅에 참여할 때 필요한 지식들을 종합적이며 체계적으로 제공하고자 하였다. 기업들은 컨설팅을 통해 환경변화를 인지하고 자사에 부정적으로 영향을 미칠 수 있는 요인들을 찾으며, 이 과정을 통해 자신들의 강점과 약점을 파악하고 다가오는 위협들을 탐색할 수 있다. 한 걸음 더 나아가 기업들이 스스로 약점을 보완하고 위협을 극복하는데 필요한 변화와 혁신을 도모함으로써 지속경영을 가능하게 하고 새로운 기회를 준비하도록 돕는다. 본 저서의 4장 정보자원의 전략적 활용, 5장 경영전략과 정보시스템전략, 8장 경영혁신과 정보기술 등은 이러한 목적에 부합할 것이다. 특히 인문학 전공 학생들은 경영, 경영정보 그리고 ICT에 대한 배경지식이 상대적으로 부족하다는 전제하에 본 저서는 이론들을 보다 쉽게 이해하고 현실에 적용할 수 있도록 크고 작은 사례, 기술사례, IT상식, 알아두기, 각주 등을 제시하였다. 특히 통합사례는 해당 장과 그 앞장에서 습득한 다양한 지식들을 통섭적으로 엮어보고 새로운 해결책에 필요한 융합적, 종합적 지식을 연마할 수 있도록 구성하였다.

모쪼록 이 저서를 통해 비경영, 비IT계열의 학생들이 경영전략과 정보기술에 친숙하게 다가갈 수 있기를 소망해 본다.

2018. 1. 10
대구 성서에서 저자

차 례

Chapter 1

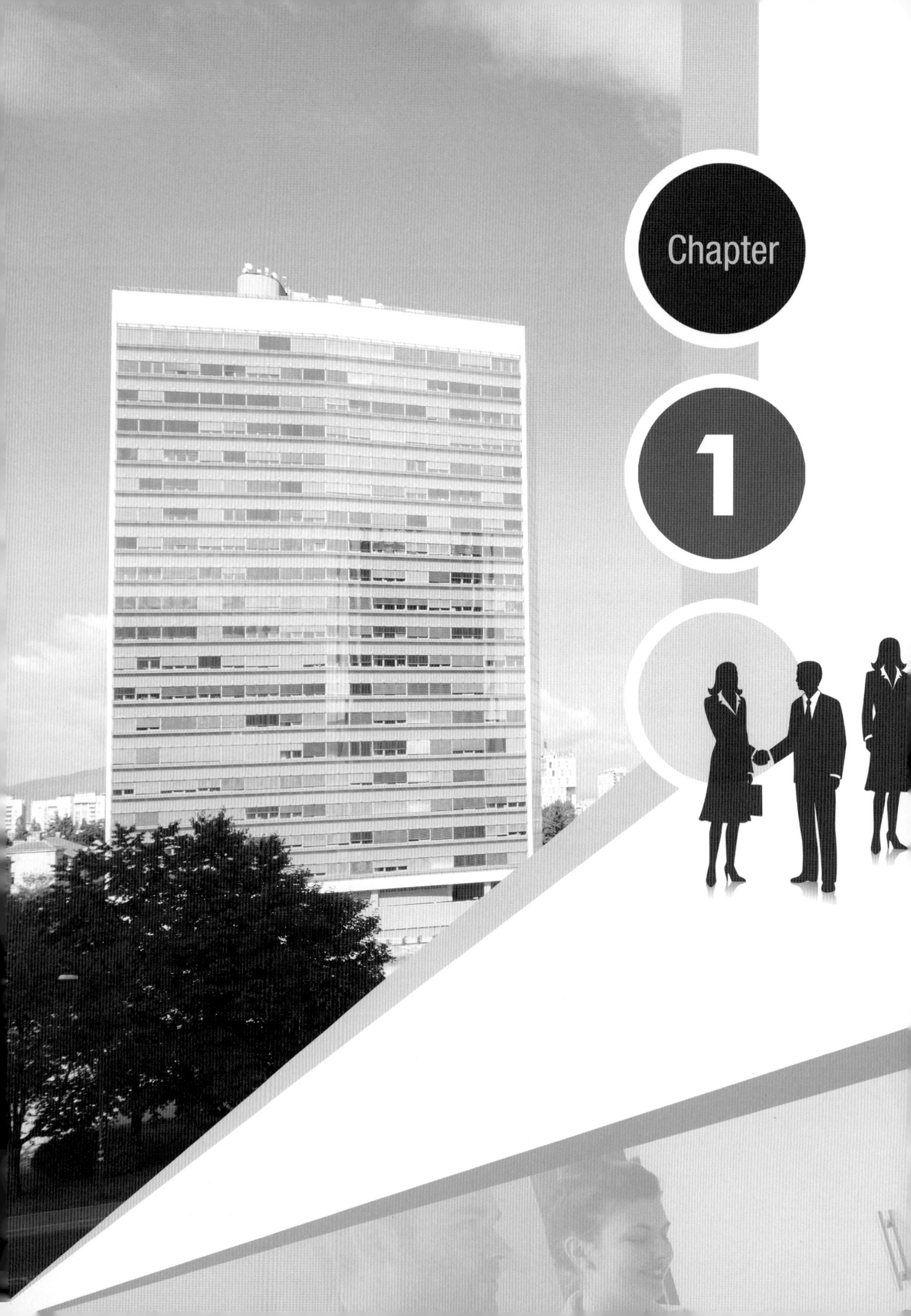

정보자원관리의 환경

일반적으로 기업은 거대한 경영시스템에 의해 운영된다. 시스템이란 공동의 목적을 달성하기 위하여 상호작용하는 요소들이 모여 있는 집합체와 같다. 시스템은 개별 요소가 독립적으로 운영되는 것이 아니라 하나의 전체로서 인식되어야 한다. 만일 개별요소가 제 멋대로 운영된다면 전체가 추구하는 최적의 목적(optimal solution)에 도달할 수 없으므로 그 시스템은 망가진 것으로 봐야 한다. 정보시스템(information system: IS)은 경영시스템의 일부로써 인체에 비유하자면 신경망과 같은 것이다. 정보시스템은 현장에서 생성되는 각종 데이터를 처리하여 의사결정이나 문제해결에 필요한 정보나 지식을 산출하는 시스템이다. 구체적으로 정보시스템은 하드웨어, 소프트웨어, 데이터베이스, 네트워크, 통신장비 등과 같은 다양한 정보기술(information technology: IT)로 구성된 인간-기계 통합시스템이다

기업의 지속적 경영을 위해서는 정보를 효율적으로 관리하는 IS가 필수적이며 이 IS를 가능하게 하는 것이 IT이다. 네트워크와 컴퓨터 기술로 구성되는 IT의 활용분야는 너무나 다양하여 일일이 열거하기 힘들 정도다. 군사, 우주탐사, 자연과학, 공학, 의학, 오락 등 다양한 분야들 중에서 가장 활발하게 IT를 활용하는 분야는 단연 비즈니스분야일 것이다. 특히 정보를 관리하는 일은 성공적인 비즈니스를 위해 매우 중요한

기술이다. 따라서 정보를 관리하고 활용하는데 필요한 기본 지식을 갖추지 못한 경영자는 오늘의 기업 환경에서 생존하기 어렵다.

젊은 층은 물론 많은 사람들이 스마트폰과 같은 스마트기기를 개인적으로 잘 활용하여 앱을 구매하고 정보를 찾아 저장하고 공유할 수 있다. 그렇지만 이러한 개인적 경험들이 기업의 정보관리에 얼마나 충분한 통찰력과 지식을 제공할 수 있다고 생각하는가? 학생이나 경영자들이 흔히 자신의 개인적인 모바일기기 이용 경험이 기업의 정보관리에 충분하다고 생각하는 것은 매우 위험한 발상이다. 그러한 경험이 흥미로운 앱을 찾거나 다양한 기술을 다른 목적으로 활용하거나 네트워킹 속도의 변화에 대해서 민감할 수 있게는 하지만, 다수의 고객을 상대해야 하는 기업환경에서는 이 모든 것들이 전사적 차원에서 조직화되고 준비되어야 하는 일에는 충분치 않다. 즉 많은 직원과 고객들을 대상으로 표준화된 서비스를 전사적으로 제공해야 하므로 적절한 가이드라인에 따라 때로는 거버넌스 규칙을 염두에 두고 계획되고 집행되지 않으면 안되기 때문이다. 조직차원에서 보안, 개인정보보호, 각종 위험, 아키텍처 이슈가 다루어져야 하고 누군가가 그것을 책임지고 관리를 해야 하는 것이다. 데이터베이스(database: DB)가 도입되던 초기에도 이와 비슷한 실수가 있었다. PC버전의 DB를 사용해 본 사람들이 전사적 DB도 별 것 아니라고 생각했지만 현실은 달랐다. 다양한 사용자를 위한 DB의 통합은 또 다른 차원의 아키텍처와 기술(skill)을 요구했기 때문이었다.

1. 정보관리 환경의 변화

지난 20년간 우리는 급격한 정보화시대를 겪어왔다. 정보가 넘쳐나는 환경 속에서 기업의 운영에 필요한 기술의 성장과 영향력은 급격하게 변해왔다. IT는 기존의 정보처리작업을 더 신속하고 효율적으로 수행하는데 사용되었는데, 이제 그 역할이 확장되면서 조직의 구조, 작업 방식, 비즈니스 실무, 기업, 산업 그리고 글로벌 경제에까지 변화를 줄 정도로 광범위한 영향력을 행사하고 있다.

이에 먼저 경영자와 직원이 작업을 하는 근무환경의 변화를 외부와 내부의 환경으로 나누어 설명하고, 이어서 기술적 환경이 어떻게 변해 왔는지를 하드웨어, 소프트웨어, 데이터관리, 네트워크와 통신(communication)으로 나누어 설명하고자 한다.

1) 조직 환경

(1) 외부의 사업환경

🌀 신디지털경제

신디지털경제의 축(axis)은 인터넷이라 할 수 있다. 신경제는 business-to-customer (B2C)에서 시작해서 business-to-business(B2B) 영역으로 확대되고 있다. B2C는 전통적인 소매와 도매 활동이 인터넷으로 옮겨져 사이버 상에서 이루어지는 것으로 단연 Amazon.com이 대표적인 스타기업이라 할 수 있다. 구매자와 판매자가 모이는 시장이 인터넷에서 B2B형식으로 구현되어 협상과 거래를 사이버 상에서 할 수도 있다. 중국의 알리바바(Alibaba)가 이 분야의 대표적인 기업이다. 이러한 신경제는 과거의 오프라인을 중심으로 했던 구경제(old economy)에 적용하던 법칙을 그대로 적용할 수가 없다. 신경제의 특징으로는 국가라는 국경선이 무색해지고, 하루 24시간 주 7일 풀가동될 수 있으며, 무한 복제가 가능한 디지털 제품이라는 특징을 가진다.

🌀 글로벌화

전 세계가 단일시장이 되어가고 있다. 영국계 식품회사가 미국, 프랑스, 한국의 식품회사를 사들인다. 삼성전자가 휴대폰을 생산할 때 들어가는 부품을 글로벌 소싱을 통해 국가와 상관없이 가격경쟁력이 가장 좋은 수백 개의 업체들로 공급받고 있다.

인터넷을 이용하여 기업들은 글로벌 스케일로 하루 24시간 주 7일 내내 활동할 수 있다. 글로벌화로 기업들은 순식간에 예기치 않았던 경쟁자를 만날 수도 있다. 중소기업이라 하더라도 가격 및 기술경쟁력을 갖추었다면 세계시장에 쉽게 진출할 수 있다. 노르웨이 패스트 푸드 업체가 미국으로부터 핫도그에 들어가는 칠리소스를 바로 주문할 수도 있고, 유럽의 소비자가 미국의 인터넷 서점으로부터 책을 직접 구매할 수 도 있다. 한 때 휴대폰 생산 1위 기업이었던 노키아는 스마트폰 시대에 대비를 잘 못해 한 순간에 몰락하기도 하였다.

🌀 기업환경생태(ecosystem)

근자에 얘기되는 새로운 경영용어로 기업환경생태(ecosystem)라는 말이 있다. 이는 기업을 둘러싼 거미줄과 같은 수많은 관계로 구성된 복잡한 환경을 말한다. MS와

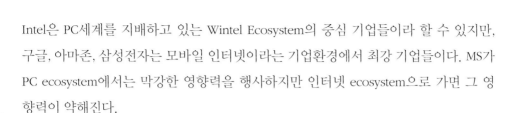

Intel은 PC세계를 지배하고 있는 Wintel Ecosystem의 중심 기업들이라 할 수 있지만, 구글, 아마존, 삼성전자는 모바일 인터넷이라는 기업환경에서 최강 기업들이다. MS가 PC ecosystem에서는 막강한 영향력을 행사하지만 인터넷 ecosystem으로 가면 그 영향력이 약해진다.

신 개념의 ecosystem에서는 과거 산업시대의 기계적 규칙이 적용되기보다는 생물학적 규칙이 적용된다. 기업들끼리 새로운 관계를 변화무쌍하게 만들어가기 때문에 유기체적인 유연성을 가져야 한다. 한 때 동지였더라도 순식간의 적대적 관계로 변할 수 있는 것이 오늘날 기업환경생태라 할 수 있다.

🥄 아이디어 경제

아이디어, 지적 자산, 지식과 같은 무형의 자산이 자꾸 희소해 지며 기업이 더욱 필요로 하는 중요한 자산이 되어가고 있다. 따라서 기업에게 있어 재능(talent)을 관리하는 일이 재무관리 보다 더 중요해지고 있다. 재능 있는 인재가 부족하여 아이디어가 고갈되면 신제품 출시가 느려지고 그러다 보면 기업의 경쟁력이 떨어지기 마련이다. 삼성의 이건희 회장이 사장단 회의에서 사장의 가장 중요한 업무 중에 하나가 최고급 인재를 확보하는 일이라고 하였다. 사장 급여의 다섯 배를 주더라도 전 세계에서 최고급 인재를 유치할 것을 지시한 것은 바로 이 아이디어 경제에서 살아남기 위한 일류기업의 몸부림이라 할 수 있다.

🥄 규제철폐

금융, 통신, 유통 분야의 규제철폐는 기업이 이러한 분야에 보다 쉽게 진입할 수 있도록 돕는다. 우리나라가 인터넷 및 통신강국이 될 수 있었던 것은 일찍이 통신 분야에 경쟁체제를 도입했기 때문이었다. 한국통신(현 KT)이 독과점하고 있던 통신사업에 사기업들이 참여할 수 있도록 규제를 풀면서 서비스와 가격경쟁을 촉발하였고 그로 인해 전 세계에서 가장 높은 초고속인터넷 보급률을 달성할 수 있었으며, 모바일 무선 통신의 메카로 자리 잡을 수 있었던 것이다.

규제철폐로 인해 기업들은 다른 업종에 쉽게 진출할 수 있게 되며, 그로 인해 업종의 구분이 점점 모호해진다. 금융부문에서 은행이 보험과 연금상품을 팔게 되고 보험회사가 각종 투자상품을 팔게 된다. 소위 방크슈랑스의 출현은 금융업종의 경계선 허물기의 시작으로 보아야 할 것이다. 그러나 우리나라는 여전히 금융서비스를 외국기업에게 완전히 개방하기에는 역부족이기 때문에 문호를 막고 있다.

빨라지는 비즈니스 사이클

산업 사이클은 물론 그에 따른 제품과 기술의 수명주기가 점점 단축된다. 일단 시장에 출시된 제품이 시장에서 생존하는 기간이 점차 짧아지는 것이다. 그러다 보니 기업은 끊임없이 새로운 모델을 출시하여 고객이 자신의 브랜드에서 떠나지 않도록 계속 붙잡아 두어야 한다. 따라서 기업들은 IT를 활용하여 신제품을 개발하여 시장에 출시하는 시간을 계속 줄여나가지 않으면 점차 경쟁력을 잃게 된다.

(2) 내부의 조직환경

① 인재 전쟁(talent war)

인터넷과 e-Economy로 인하여 기업은 엄청난 혁신을 요구하고 있으나 이를 주도할 수 있는 IT인력이 턱없이 부족한 현실이다. 예를 들어 미국의 경우, 2018년 빅데이터 전문가의 수요는 440,000명에 이르지만 예상되는 공급은 30만 정도에 지나지 않아 기업들은 양질의 IT인력을 확보하는데 전쟁을 치르지 않을 수 없게 되었다. 이러다 보니 각 나라와 도시는 그들의 교육 시스템과 인프라 그리고 정신자세를 재검토하지 않을 수 없을 뿐만 아니라 기업들도 과거와는 다르게 IT인력을 관리해야 할 때가 되었다.

② Demand-pull 시스템

1990년대 들어서면서 고객이 직접 기업의 정보시스템에 접근하여 구매하고 정보를 얻고 거래를 처리하는 고객컴퓨팅(consumer computing)이 비약적으로 발전하였다. 대표적인 사례가 ATM(현금자동인출기)이다. 고객은 특수 제작된 단말기를 이용하여 자기 계정의 잔고를 확인할 수 있으며, 다른 계좌에 송금은 물론 각종 공과금을 지불할 수 있다. 이 모든 일들은 사실 과거 은행 창구의 텔러가 하였던 일인데 이제 고객이 맡아 직접 처리하는 것이다.

인터넷과 웹애플리케이션(홈페이지, 포털 등)을 통하여 고객은 기업의 정보서비스에 한층 더 쉽게 접할 수 있게 되었다. 이로 인해 서비스 및 생산 시스템이 과거의 supply-push에서 demand-pull로 변하고 있다. 산업시대에 기업들은 소비자들이 원하는 것을 최대한 찾아 이것을 생산하는데 필요한 시스템을 구축하고, 그런 다음 상품이 나오면 최종소비자들에게 그냥 밀어내듯 공급하면 그만이었다. 그러나 인터넷을 통해 고객과 판매자가 1:1접촉이 매우 쉬워졌기 때문에 판매자(생산자)는 고객에게 서비스 또는 제품의 구성요소들만 제공하면 고객이 직접 자기에게 맞는 서비스나 제품을 선택하여 구매하는 demand-pull이 가능하게 되었다. 따라서 고객은 공급망(supply chain)을 통해 자신이 필요한 수요를 끌어내어 자신만의 개인화된 서비스를 받을 수 있는 것이다.

③ 팀기반 작업

팀을 만들어 프로젝트에 임하는 일이 점점 더 많아지고 있다. 보스의 권위와 명령체계를 쫓아 일을 하기보다 수평적 협업조직인 팀을 구성하여 일이나 프로젝트를 수행하는 추세가 늘어나고 있는 것이다. 과업 중심적인(task-oriented) 팀은 필요에 따라 쉽게 만들어졌다가 팀의 목적이 달성되고 나면 해체될 수 있다. 팀들은 여러 부서에서 차출된 사람들로 구성되고, 또 개인은 여러 프로젝트 팀에 소속되어 동시에 여러 프로젝트를 수행한다. 많은 사람들의 협업을 돕기 위해 회의와 공동작업을 지원하는 그룹웨어와 같은 IT의 지원이 필요한 이유가 여기에 있다.

④ 유비쿼터스 업무환경

정보노동자는 모바일 기기(스마트폰, 랩탑, 테블릿PC 등)를 보유함으로써 언제 어디서나 업무를 수행할 수 있다. 신경제의 핵심인 컴퓨터는 이제 더 이상 정보처리기로서의 역할보다는 멀리 떨어져 있는 사람들의 커뮤니케이션을 지원하는 일에 더 사용되고 있다. 이 커뮤니케이션 기술은 이제 정보노동자들이 소형 모바일 기기를 가지고 어디에 가든지 언제라도 일을 할 수 있도록 돕고 있다. 따라서 직원들은 자신의 집에서 재택근무도 할 수 있으며, 본사에서 떨어진 어떠한 장소에서도 스마트하게 일을 처리할 수 있다.

⑤ 아웃소싱

기업은 경쟁력 확보를 위해 자신이 직접 수행할 기능과 다른 기업에게 아웃소싱해야 할 기능을 구분할 수 있어야 한다. 이 아웃소싱은 서비스 공급을 위한 단순 계약에서부터 전략적 제휴에 이르기까지 매우 다양하다. 기업들은 아웃소싱(하청) 전략을 잘 구사함으로써 희소한 자원의 선택과 집중을 하고 날렵한(slim) 조직을 유지하며 원가절감을 할 수 있다.

⑥ 사라지는 계층적 조직(hierarchy)

전통적인 계층적 조직이란 비슷한 업무를 수행하는 사람들을 한 부서에 묶고 감독자 한 사람을 세워 감시 통제하도록 하는 조직구조이다. 감독자는 업무를 직원들에게 분배해 주고, 문제가 생기면 해결하고, 필요할 때 훈육하고 보상하는 책임을 맡는다. 그렇지만 이러한 조직구조는 오늘날 공장과 사무실에서는 더 이상 맞지 않다. 공장의 조립라인이든 보험회사에서든 자발적 관리 그룹(self-managed group)은 그룹 멤버들이 스스로를 관리하며, 결근율도 낮으며, 높은 생산성과 높은 품질의 작업을 보장하며, 계층적 조직보다 훨씬 더 동기부여가 잘 되는 조직구조로 인식되고 있다.

계층적 조직이 사라지는 가장 큰 이유는 최근의 변화무쌍한 환경이 계층적 조직으로 사업을 가능하게 하였던 많은 전제들에게 도전장을 던지기 때문이다. 계층적 조직은 상명하복식의 명령체계여서 최고경영층과 하위 직원 간에 오가는 의사소통이 매우 느려 급변하게 변하는 환경에 신속하게 대응하기가 어렵다. IT를 잘 이용하면 팀을 기반으로 하는 조직이 매우 신속하게 의사소통할 수 있도록 하여 변화에 민첩하게 대응할 수 있도록 해준다.

(3) 새로운 근무환경의 목적들

지식노동자가 일을 하는 새로운 근무환경에서 조직이 지향해야 하는 것은 다음 4가지로 요약될 수 있다.

- 글로벌 스케일로 지식을 활용할 수 있어야
- 복잡성을 감내할 수 있는 조직을 만들어야
- 전자적으로 일을 해야
- 연속적, 비연속적 변화에 대처해야

글로벌 스케일로 지식을 활용해야 한다

개인의 두뇌가 보관하고 있는 모든 암묵적 지식과 경험이 앞으로 기업의 주요 자산이 될 것이다. 알고는 있지만 명확하게 설명할 수 없는 지식을 암묵지라 한다. 이러한 지식을 글로벌 스케일로 활용하는 기업이 성공할 것이며, 이를 가능토록 하기 위해서는 적절한 전략이 필요하다. 지식기반전략(knowledge-based strategy)이란 지식이 아닌 전략으로 시작한다. 지적자본이 의미를 갖기 위해서는 그것을 통해 어떠한 가치를 창출하고 그것을 누구에게 공급할 것인가에 대한 확고한 기업의 원칙이 있어야 한다.

지식기반전략은 또한 지식을 관리하는 것이라기 보다 경험 속에 갇혀 있는 직원들의 지식을 꺼내도록 독려하는 것이다. 비록 많은 회사들이 직원들의 명료지(explicit knowledge)를 공유하도록 하는 시스템들은 있지만, 묵혀있는 암묵지를 꺼내도록 하는 핵심은 바로 지식을 공유하기를 원하는 기업문화라고 할 수 있다. 이에 관한 지식경영과 지식경영시스템은 10장에서 보다 더 깊이 있게 다룬다.

암묵적 지식을 공유하고 나눌 수 있는 IT의 지원과 기업문화 형성은 매우 중요하다. 이메일이나 그룹웨어가 이런 것들을 가능하게 하는 기술적 도구는 될 수 있지만 무엇보다 중요한 것은 바로 문화라 할 수 있다. 공유문화 속에 있는 직원들은 비공식적인 업무네트(worknet)을 만들어 구체적인 과업을 성취하기 위해 지식을 집단적으로 모아 활용한다.

🌿 복잡성을 감내할 수 있는 조직을 만든다

복잡성을 이겨낼 수 있는 조직을 만들어야 하는 이유는 세계가 너무나도 서로 얽혀 연결되어 있기 때문에 단순한 몇 개의 솔루션으로 문제를 해결할 수 없기 때문이다. 기업의 결정은 환경 측면, 인적자원 측면, 경제적, 윤리적 측면에서 큰 영향력을 지니며 모든 문제는 상호 연계되어 있다. 따라서 모든 문제가 시스템적이다. 오늘날 흔히 시장점유율을 높이기 위해서는 보완적인 자원을 가진 전략적 파트너와 제휴를 해야 하는데, 글로벌 시장에서 전략적 제휴은 이러한 복잡성을 더 가중시키고 있다.

🌿 전자적으로 일한다

시장이나 사무실의 개념이 모두 변하고 있다. 인터넷을 이용하여 전자적으로 업무를 보기 때문에 물리적 사무공간의 개념은 점점 퇴색하고 있다. 이는 새로운 조직원칙, 급여체제, 사무실구조 등을 요구하며 기업이 다른 조직(예: 고객, 협력업체)과 협력하는 방식을 바꾸고 있다. 수많은 새로운 IT가 출현하고 있지만 이를 기업의 경영혁신을 위해 적절하게 활용하지 않으면 소용이 없다. 3D 프린터는 제품 설계와 테스트의 속도를 앞당기는데, 드론은 배달과 운송의 효율성을 높이는데 적용할 수 있어야 한다.

연속적/비연속적 변화에 대처한다

끝으로 기업이 생존하기 위해서는 계속적인 혁신이 필요하다. 변화란 두 가지 형태를 띄게 된다. 연속적 혁신이란 TQM(Total Quality Management)으로 포방되는 지속적 품질관리운동을 말하며, 비연속적 혁신이란 비즈니스 리엔지니어링과 같은 간헐적으로 발생하는 혁신프로그램을 말한다. 제품과 생산 프로세스는 문제가 없고 단지 효율성을 높일 필요가 있다면 지속적인 조정활동이 필요할 것이다. 그러나 만일 작업하는 방식을 완전히 바꾸어야 한다면 비연속적 변화가 필요할 것이다.

2) 기술 환경

경영에 있어 IT/IS의 중요성과 시스템 간 통합의 필연성은 기술발전으로 인해 계속 증가되어 왔다. 이러한 촉매제인 IT(정보기술)환경은 지난 40년간 어떻게 변해 왔는지 그 경향을 이해할 필요가 있다.

(1) 하드웨어의 변화

50-60년대의 데이터 프로세싱 관리자의 주요 관심사는 전산기계의 효율성을 높이고 새로운 기술적 발전을 계속 따라잡는 일이었다. 배치 프로세싱(batch processing)[1]이 주로 이루었고 온라인 시스템이 후에 출현하였다. 당시 하드웨어들은 중앙에 집중되어 있어서 마치 데이터 센터가 쇼룸(show room)과 같았다.

70년대 중반에는 데이터 프로세싱 권한이 중앙에서 벗어나기 시작하였다. 일부 부서가 자신의 예산을 확보하여 미니급 컴퓨터나 소프트웨어를 구매하기 시작한 것이다. 80년대에 들어서 PC가 출현하면서 이러한 추세는 더 한층 가속도가 붙게 되었다.

이러한 추세는 확고하게 자리를 잡는듯하다 다시 중앙집중되기도 하였다. 데스크탑, 노트북 컴퓨터는 점점 작아지고 옛날의 대형 기종보다도 처리속도가 빨라지고 있다. 클라이언트-서버(C-S)환경에서 수많은 정보기기들이 하나의 작업을 처리하기 위해 네트워크를 통하여 협력하고 있다. 이제 클라이언트 기계가 PC에서 PDA, 휴대폰으로 확대되고 있다.

---

1) 데이터처리작업을 한데 모아 처리하는 방식을 말한다. 실시간(real time)과 대조되는 방식이다.

모바일 및 휴대기기의 발전을 주도하고 있는 주체들은 이동통신사(SKT, KTF, LG Telecom 등)와 클라이언트 기기를 생산하는 제조업체들(삼성전자, LG전자, 애플 등)이다. 하드웨어(클라이언트 기기)는 점점 작아지고 더 강력해 지고 있으며, 무선기기들은 언제나 어디서나 일을 하는 직원들을 위한 표준적인 기기가 되고 있다.

(2) 소프트웨어의 변화

60년-70년대의 정보처리 책임자의 주요 관심사는 자기 회사 전산실 소속 프로그래머들의 생산성을 높이는 일이었다. 때때로 정보처리 책임자는 외부 업체로부터 time-sharing 서비스, 애플리케이션 패키지를 구매하는 일, 외부 프로그래밍 전문회사와 프로그램 계약을 의논하는 일도 있었다. 그렇지만 여전히 소프트웨어 산업의 발전은 미약했고 따라서 정보처리 책임자의 모든 신경은 애플리케이션의 개발에 집중되어 있었다.

70년대 중반부터 두 가지 경향이 나타났다. 첫째는 소프트웨어를 구매하는 것이 자체개발의 대안으로 부상하기 시작하였다. 둘째, 정보처리 책임자들이 거래처리시스템 이외의 시스템에 관심을 보이기 시작하였다. 의사결정을 지원하는 DSS(Decision Support System), 보고서 생성 프로그램, DB조회 시스템 등의 출현으로 프로그래밍 업무가 전문 프로그래머가 아닌 일반 사용자에게로 서서히 이전되기 시작하였다. 오늘날 많은 최종 사용자들이 Visual Basic과 같은 도구를 이용하여 자기에게 필요한 PC용 프로그램을 만들고 있다.

1990년대 개방형 시스템이 대두되기 시작하였다. 개방형 시스템이란 특정 하드웨어 제조회사의 기계와 소프트웨어들만 활용하는 것이 아닌 다양한 컴퓨터 제조회사의 제품과 다양한 소프트웨어들을 기업정보처리를 위해 활용하는 개방된 아키텍처를 말한다.

1990년대 또 다른 경향은 전사적자원관리시스템(Enterprise Resources Planning)의 출현이다. ERP는 생산, 회계, 재무기능 등 기업의 핵심기능들을 통합 연계 관리할 수 있는 모듈형 정보시스템을 말한다. 하드웨어처럼 소프트웨어도 네트워크 중심이 되면서 기존의 시스템을 폐기하기보다는 웹프로그래밍을 이용한 프런트 인터페이스를 개발함으로써 시스템과 데이터에 대한 사용자의 접근성을 높이는 경향으로 가고 있다. 예를 들어, 기업포탈(enterprise information portal)을 개발하여 직원은 포탈에서 제공하는 각종 소프트웨어나 정보서비스를 활용하도록 하고 있다.

21세기에 들어서서 대량의 정형적, 비정형적 데이터를 학습하는데 최적화된 인공신경망기술(Artificial Neural Network)과 데이터분석 알고리즘이 소프트웨어의 구축에 차지하는 비중은 더욱 커가고 있다. 인공지능의 한 분야인 전문가시스템(Expert Systems)은 회계, 재무관리, 생산관리의 비즈니스 소프트웨어의 기능을 크게 업그레이드 하고 있으며, 스마트팩토리(smart factory)에 적용되어 제조시스템의 생산성과 유연성의 향상에도 크게 기여하고 있다.

(3) 데이터 관리의 변화

60년대 초기에는 개별적 응용프로그램을 위한 파일 기법이 주를 이루었으며, 60년대 후반에 이르러 좀 더 보편적 파일관리시스템이 출현하였다. 이 보편적 파일관리시스템이 여러 애플리케이션을 동시에 지원하는 데이터베이스의 개념으로 발전하게 된다.

70년대에는 데이터베이스 관리 시스템(DBMS)으로 관심이 옮겨간다. 90년대에 들어서면서 관심의 초점은 정보의 분배(distribution)와 공유에 있었으며, 데이터자원에서 정보자원으로 이전되기 시작하였다. 이제 정보자원관리의 대상은 음성, 비디오, 그래픽, 애니메이션, 사진 등 보다 폭넓은 정보를 포함하고 있다. 따라서 정보의 출처가 내부보다는 외부로 확대되기 시작하였다.

광범위한 자료를 관리하는 데는 새로운 기술들이 필요하다. 데이터웨어하우스(data warehouse)는 POS와 같은 거래처리시스템이 생성하는 엄청나게 많은 데이터를 조직적으로 저장하기 위해 필요한 기술이다. 한편 데이터 마이닝(data mining)은 데이터웨어하우스에 저장되어 있는 엄청난 데이터를 이용하여 수많은 경영(요인)변수들의 관계를 탐색하는 일을 돕는 첨단통계기법을 말한다. 예를 들어 최근 특정 제품을 소비하는 소비층의 특성을 찾아낸다거나 최근 6개월간 연체를 한 고객의 특성을 분석하는 일을 이 데이터마이닝이 가능하게 한다.

2000년대에 들어서서 데이터는 그 규모와 다양성에 있어 새로운 시대를 열고 있다. 엄청난 양의 데이터를 수집하고 저장할 수 있는 인프라의 구축으로 이제는 적은 양의 샘플 데이터가 아닌 데이터 전체를 분석할 수 있는 빅 데이터의 시대가 되었다. 따라서 이전에는 발견하기 힘들었던 변수와 변수 그리고 각종 현상들의 상관관계(correlation)를 발견할 수 있어 기업들의 전략수립과 계획에 큰 도움이 되고 있다.

(4) 네트워크와 통신(communication)의 변화

마지막 핵심 기술은 통신기술로써 이 기술은 현재 엄청난 속도로 발전하고 있는 분야이다. 커뮤니케이션은 정보시스템관리에 있어 여러 요소를 통합하는 기술적 요소라 할 수 있다. 커뮤니케이션을 기반으로 하는 IS는 기업을 협력업체와 고객을 상호 연결시켜준다. 특히 1980년 초기에 지각변동을 일으켰던 조직간 정보시스템(inter-organizational system)은 많은 기업들에게 전략적 우위를 제공해 주기도 하였다.

네트워크(커뮤니케이션)는 분산컴퓨팅의 핵심기술이다. 네트워크 인프라는 메인프레임 중심의 컴퓨팅에서 네트워크 중심의 컴퓨팅으로 이동하고 있다. 광역통신망(WAN)에 물려있는 LAN(local area network)은 실제로 기업의 정보통신망을 음성전화 네트워크 수준의 연결성을 제공해준다.

컴퓨터를 기반으로 하는 기기들이 네트워크로 연결됨에 따라 업종(산업)의 구분이 불분명해지고 있으며 개인적, 업무적(직장) 생활의 구분이 불분명해지고 있다. PC와 TV겸용기기, 케이블 TV를 통한 인터넷 접속, 다양한 기능이 집합되고 있는 소형 휴대폰 등, 사람이 어느 곳에 있던지 네트워크로 연결되는 곳에 있다면 업무를 할 수 있는 유비쿼터스 시대를 살고 있다.

2016년 10대 전략기술

세계적인 IT 컨설팅업체 가트너가 2016년에 발표한 10대 전략기술 중에 하나는 '디바이스 메쉬(device mesh)'이다. 1년 전만하더라도 컴퓨팅 에브리웨어(computing everywhere)가 1위였다. 1년 사이에 모바일기기들이 많이 촘촘하게 연결됨에 따라 이제 기기끼리 더 융합하는 기술을 1위로 꼽은 것 같다.

2위는 앰비언트 사용자 경험(ambient user experience)이다. 이는 언제 어디서나 한결 같이 중단 없는 경험을 말한다. 예전에 'N스크린'이란 용어가 있었는데 지하철에서는 스마트폰, 집에서는 PC, 침대에서는 태블릿PC로 장소가 바뀔 때 마다 기기는 바뀌지만 서비스를 중단없이 제공하는 환경을 뜻하였다. 즉 사용하는 기기가 달라지더라도 사용자가 느끼는 감성과 느낌은 한결 같아야 한다는 뜻이다.

3위 기술은 3D 프린팅 소재이다. 3D 프린팅 기술 그 자체는 과거 몇 년간 꾸준하게 주요 기술로 언급되었지만 이번에는 소재의 필요성이 부각되었다. 3D 프린팅이 널리 보급되면서 다양한 용도에 쓸 수 있는 소재의 개발이 더욱 필요해진 것이다. 현재 주로 사용되는 소재는 니켈 합금, 탄소섬유, 유리, 전도잉크, 제약 및 생물학적 소재들이다, 앞으로 항공, 자동차, 의료, 에너지, 국방 분야 등에서 3D 프린팅기술이 적용되기 시작하면 다양한 소재 개발이 필요해 진다.

4위 기술은 사물정보(information of everything: IoT)이다. 2015년까지 사물인터넷으로 불렸지만 이것이 사물정보로 바뀐 것이다. 이는 사물과 프로세스 그리고 사람이 센서와 처리기로 연결되던 것을 넘어 정보의 생산, 가공, 전송, 활용으로 확대되는 개념이다. 예를 들어 디바이스 메쉬(device mesh) 환경에서 텍스트, 오디오, 비디오 데이터를 분석하고 의미와 맥락 속에서 파악된 정보와 지식을 전달하는 것이다.

5위 기술은 첨단 기계학습(machine learning)이다. 데이터의 폭발적인 증가, 데이터 다양성의 증가, 데이터 분석기술의 발전으로 사람의 개입 없이 컴퓨터가 스스로 학습하여 효율적으로 데이터를 처리하는 기술이다. AI 바둑프로그램인 알파고가 사용한 학습방법으로 유명해진 딥 러닝(deep learning)은 사람의 인지방식을 컴퓨터에게 가르치는 기계학습의 한 분야이다. 딥 러닝이나 심층신경망 기술 모두 첨단

기계학습 기술이다.

이 외에도 6위 기술은 지능형 기계, 7위 기술은 능동형 보안 아키텍처, 8위 기술은 첨단 시스템 아키텍처, 9위 기술은 메쉬 앱 및 서비스 아키텍처, 10위 기술은 사물인터넷 플랫폼을 전략기술로 들었다.

이러한 10대 전략기술을 기업이 잘 활용하기 위해서는 i) IT인프라가 확장성, 가용성, 안정성 측면에서 비즈니스(사업)와 잘 정렬되어 있는지, ii) 사업영역에서 어떤 IT 신기술이 활용되고 있는지, iii) 새로운 IT투자가 기존 투자와 충돌하지 않는지, iv) 사업적 문제를 효율적으로 해결해 주는 기술인지, v) 자사의 IT인력이나 현업 직원이 소화하고 운영할 수 있는 기술인지 확인할 필요가 있다.

미래의 전략기술들은 대부분 기업들에게는 기술발전의 방향을 가르쳐주는 이정표에 지니지 않는다. 따라서 그 방향성을 잘 이해하면서 기존 IT전략을 충실하게 다져 나가는 것도 매우 중요하다. 새로운 기술들은 가트너가 말한'과장광고 곡선(hype curve)'즉 다섯 단계를 거쳐 현실에 정착이 되기도 한다. 따라서 기업들은 첨단기술을 유념하고 있다가 충분히 검증과정을 거친 뒤에 채택하더라도 늦지 않다(이강태, 2017, 80).

2. IS의 사명

이렇게 조직의 환경과 기술적 환경이 급변하고 있는 시대에 우리는 기업의 IS의 사명을 어떻게 정의할 것인가? 거래처리를 정보시스템의 주요 사명으로 생각하던 때는 사무 및 공문처리를 자동으로 처리하는'paperwork factory'수준이었다. 이 당시에 정보시스템의 목적은 컴퓨터 가동시간, 거래처리량, 주당 프로그래밍한 양(코딩라인 수)으로 정의되었고 이들을 극대화하는 것이 주 목적이었다.

MIS(경영정보)시대에 진입하면서 IS부서는 경영자들이 필요로 하는 정형적인 보고서 또는 예외적 보고서를 생성하여 제공하여 의사결정은 돕는 일이었다. 이때 정보시스템의 목적이라면 "필요한 정보를 필요로 하는 사람에게 필요한 시점에 제공하는 것"으로 정의할 수 있다.

오늘날의 환경에서는 IT/IS의 사명을 좀 더 광범위하게 바라볼 필요가 있다. 첫째, IT/IS를 활용하여 조직 안팎의 구성원들의 성과[2]를 향상시키는 일이다. 둘째, IT/IS를 기업의 전략적 도구로 활용함으로써 조직의 경쟁력을 향상시키는 일이다. 때로 첫 번째 사명을 잘 달성하면 자동으로 두 번째 사명이 달성될 수도 있다. 예를 들어, 고객센터 직원이 IS를 잘 활용하여 고객서비스를 신속하게 처리하면 비용이 절감되어 기업의 가격경쟁력을 높일 수 있다. 그렇지만 첫 번째 사명이 달성되었다고 하여 반드시 두 번째 사명도 달성되는 것은 아니다. 요컨대 이 사명들은 다음과 같은 세 가지 측면이 강조되고 있다.

첫째, IT/IS의 궁극적 목적은 조직의 성과 향상에 있다.

둘째, 성과 향상을 위한 초점의 대상은 그 조직을 구성하고 있는 사람(내부직원, 외부구성원)들이다.

셋째, 이러한 성과 향상을 위해 지렛대로 활용하는 자원은 정보통신기술과 정보시스템이다.

3. 정보기술-사용자 갭(gap) 모델

대부분의 기업들은 IS부서를 두고 정보자원을 관리하고 있다. IS부서, IT요원의 필요성을 설명할 때 흔히 IT-사용자 갭(gap) 모델을 이용한다.

〈그림 1-1〉은 정보기술과 사용자들 사이에는 갭이 있으며 이 갭을 연결해 주는 행위가 바로 시스템개발이라고 표현하고 있다. 즉 시스템분석가가 시스템을 개발하고 운영하므로 이 둘 사이에 다리를 놓는다는 관계(과정)를 표현하고 있다. 정보시스템의 초기 단계에서는 이러한 과정이 시스템분석가 그룹에 의해서 주도되었지만 전부는 아니었다.

---

2) 여기서 성과(performance)란 업무의 효율성(생산성)과 효과성 모두를 포함하는 개념이다.

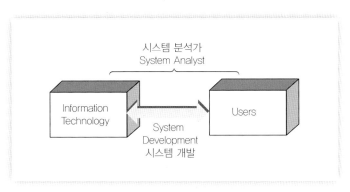

☀ 그림 1-1 _ 기술사용의 단순모델

〈그림 1-2〉는 지난 40년간 정보처리분야에서 일어난 일들을 간략하게 표현하고 있다. 기술은 더욱 복잡해지고 성능이 계속 향상되고 있으며 그 기술을 이용하는 일도 더욱 복잡해지고 있다. 아울러 사용자의 요구사항은 더욱 다양해지고 까다로워지고 있다. 따라서 정보시스템은 하나의 시스템 상품(제품)이 되어가고 있고 사용자는 고객이 되고 있다. 사용자와 기술의 간격이 점점 늘어나고 있다는 화살표는 이러한 시스템 상품을 정의하고, 개발하고, 전달하는 일이 점점 복잡해짐을 상징한다. 따라서 새로운 애플리케이션에 필요한 각종 기술적 사항을 시스템분석가 혼자서 모두 감당하기에는 불가능해지고 있다. 따라서 이렇게 넓어진 갭을 연결하기 위해서는 시스템 전문가들의 업무가 보다 세분화될 필요가 있었다.

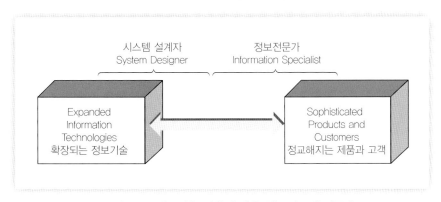

☀ 그림 1-2 _ 정보기술-사용자 갭을 잇는 시스템 전문가

시스템전문가만이 이러한 갭을 연결하는 유일한 집단은 아니다. 정보기술들이 점차 정교해지고 사용자 인터페이스가 편리해 지면서 직원이나 고객이 직접 이용할 수

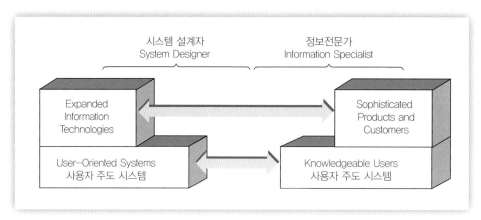

☀ 그림 1-3 _ 정보기술-사용자 갭을 잇는 사용자들

있을 정도가 되고 있다. 사용자들은 점점 전문가 수준으로 컴퓨터를 활용하고 있어
자신이 원하는 애플리케이션을 스스로 개발하기까지 한다. 〈그림 1-3〉은 이러한 경
향을 표현하고 있다. 오늘날 웹 페이지개발(웹 에디터, HTML 프로그래밍 등), 데이터 마이닝, 스
프레드시트(엑셀 등)과 같은 일부 기술은 사용하기에 매우 간편해서 직원들이 직접 다룰
수 있을 정도다. 게다가 인터넷에서 고객이 사용하는 일부 웹 애플리케이션(앱)에 대한
결정이 IS부서가 아닌 부서 밖의 다수의 개인에 의해 이루어지는 경우도 많아 때로는
기업의 목적을 저해할 수도 있다. 그렇지만 기업의 근간이 되는 거래처리시스템(trans-
action processing system) 등은 여전히 기업 내부 또는 외부의 시스템 전문가들이 개발하고
있다.

정보기술 Ⅰ
: 컴퓨터와 네트워크

정보기술 I : 컴퓨터와 네트워크

주요 내용

1. 정보자원, IT자산, IT역량의 개념적 차이를 이해한다.
2. 데이터, 정보, 지식의 차이점을 이해한다.
3. 정보시스템(Information System)의 구성요소(하드웨어, 소프트웨어, 사람)를 이해한다.
4. 통신의 구성요소(통신 하드웨어, 소프트웨어)를 이해한다.
5. 유선무선 전송채널(매체)의 종류와 내용을 이해한다.
6. 네트워크의 유형을 이해한다.
7. 다양한 무선네트워크기술을 이해한다.

[기술사례] 차량번호 인식 소프트웨어는 어떻게 번호를 파악할까?

[기술사례] 데이터의 송수신

[기술사례] RFID와 물류시스템

[사례] 제약 유통 혁신 이룬 RFID기술

[IT상식] 기술의 특이점 (Singularity)

[기술사례] 사물인터넷(IoT), 21세기 산업혁명을 이끌다

    IT는 정보기술(情報技術, IT, Information Technology)의 약자로써 상당히 포괄적인 의미를 갖는다. 넓게는 전기, 통신, 방송, 컴퓨팅(프로세서, 컴퓨터 네트워크, 컴퓨터 하드웨어, 컴퓨터 소프트웨어, 멀티미디어), 통신망 등 사회 기반을 형성하는 유형 및 무형의 기술을 의미한다. 좁게는 전자제품을 '스마트'하게 만드는 모든 프로세스, 메모리, 소프트웨어, 통신모듈 등 데이터를 처리하거나 저장하는 기술을 의미하기도 한다. 한편 경영정보시스템(Management Information System)은 경영활동과정에서 생성되는 데이터를 적절히 처리하여 의사결정이나 문제해결에 요구되는 정보나 지식을 산출하는 컴퓨터기반 시스템이다.

    4장에서 시작하는 '정보자원의 전략적 활용'을 이해하기 앞서 본 장에서는 전략가

가 활용해야 하는 정보자원의 메뉴를 좀 더 깊이 알아보고자 한다. 4장에서는 정보자원(information resources)을 비즈니스 프로세스나 과업을 수행하기 위해 사용될 수 있는 데이터, 기술, 사람, 프로세스를 포함한다고 하였다. 이 정보자원은 다시 기업의 IT자산(asset)이나 IT역량(capabilities)으로 구분될 수 있다. IT자산이란 제품·서비스를 창조하거나, 생산하거나 제공하는 프로세스에서 기업이 사용할 수 있는 모든 유무형의 자산을 의미하며, IT역량은 제품·서비스를 창조하거나, 생산하거나 제공하기 위해 기업들이 오랜 기간에 걸쳐 학습하고 개발하는 것들을 의미하는 것으로 IT자산을 효과적으로 활용할 수 있는 능력을 의미한다(Piccoli and Ives, 2003).

결론적으로 세 용어를 정리하면 정보자원이 가장 포괄적인 의미를 지니며, IT는 정보자원의 일부로써 IT자산으로 보면 될 것 같다. 한편 경영정보시스템(MIS 또는 IS)을 구현하고 활용하기 위해서는 IT자산 또는 IT를 필요로 한다. 결과적으로 정보자원을 전략적 자원으로 활용하기 위해서는 IT(자산)를 구성하는 주요메뉴들을 좀 더 자세히 이해할 필요가 있다.

1. 데이터, 정보, 지식의 개념

오늘날 자료와 정보는 조직에서 수행되는 거의 모든 활동의 기초가 되기 때문에 의사결정자가 조직에서 수행되는 모든 활동을 관리하고 통제하기 위해서는 정보시스템의 활용이 필수적이다. 정보시스템은 조직에서 수행되는 대부분의 경영활동과 의사결정을 지원할 수 있으며, 경영자가 의사결정을 위한 정보가 필요할 때에 정보시스템은 이러한 정보를 제공할 수 있다. 정보는 우리의 일상생활에서 항상 접하는 것이며 모든 경제활동의 기반이 되는 요소이기도 하다.

먼저 데이터와 정보에 대해 살펴보면 데이터는 어떤 사건이나 물건의 성격을 설명하는 가공되지 않은 사실이다. 즉 단순한 사실들에 대한 기록으로서 그 자체만으로는 큰 의미가 없는 경우가 많다. 예를 들면, 어떤 회사의 전국 대리점의 수, 매출액, 판매사원의 사원번호, 상품가격 등을 말한다. 데이터 그 자체만으로는 큰 의미가 없지만 이를 대리점별 분기별 매출액, 대리점별 상품별 매출액 등으로 적절히 가공하면 이런 것들은 정보가 될 수 있다. 즉 데이터와 정보의 차이는 의사결정지원이나 문제해결지원이라는 가치를 가지느냐 그렇지 않느냐에 달린 것이다. 즉 대리점별 분기별 매출액은 마케팅담당 이사에게는 상당한 가치를 가지므로 정보가 될 수 있는 것이다.

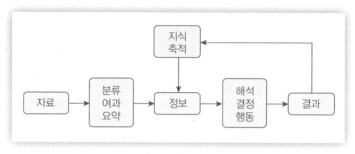

☀ 그림 2-1 _ 자료(데이터)-정보-지식의 창출과정

한편 지식은 정황적이고 어떤 행위를 가능하게 하는 실천적인 정보를 말한다. 지식은 주어진 상황에 대해 많은 경험과 깊은 사려에 기반을 두고 있다는 점에서 정보와 구별이 된다. 정보를 활용하여 의사결정을 내리지만 시행착오를 거치는 경우가 일반적이다. 따라서 시행착오를 반복하여 담당자의 머릿속에 업무수행과 관련한 방법이나 규칙, 원리 등이 축적되는데 이것을 지식이라고 한다. 즉 데이터나 정보가 사용자의 인지적 활동을 거치면서 특정 상황이나 경험과 결합함으로써 전략적인 가치나 부가가치가 높은 검증된 정보를 지식이라 할 수 있다. 〈그림 2-1〉은 자료(데이터)가 가공(분류, 여과, 요약)되어 정보가 되며 정보에 해석과 경험이 결합하여 결정(행동)을 한 후, 그 결과를 평가하면서 지식이 되는 과정을 요약해서 보여주고 있다. 지식경영은 10장에서 좀 더 깊이 설명하였다.

2. 시스템의 개념

시스템이란 공통의 목표를 달성하기 위한 상호연관성을 가진 구성요소들의 집합을 의미한다. 〈그림 2-2〉처럼 시스템은 어떠한 투입물이 입력되어서 처리과정을 거쳐 하나의 산출물이 나오는 것을 말하며 일반적으로 투입(input), 처리 또는 변환(process), 산출(output), 피드백(feedback)이라는 네 가지 과정을 거치게 된다. 산출물은 기준에 따라 평가된 후 피드백을 생성하며 이 피드백은 통제를 유발하며 필요시 처리(변환)과정을 수정하기도 한다. 하나의 시스템과 다른 시스템을 구분하는 영역을 시스템의 경계라고 하며 시스템 경계의 외부를 환경이라고 한다. 환경적 요인은 시스템의 외부에 존재하면서 시스템에 여러 가지 영향을 미치게 된다.

시스템에는 항상 상위시스템과 하위시스템이 존재하는데, 각 시스템은 하위시스템으로 구성되어 있으며 이들 하위시스템은 또 다른 하위시스템으로 구성되어 있다. 이러한 하위시스템 간의 관계나 상호작용을 '인터페이스'라고 한다. 이렇게 복잡한 시스템처리 과정에서 투입과 출력은 쉽게 정의되지만 처리과정은 명확하게 정의되지 않아 블랙박스(black box)라 부르기도 한다. 시스템의 성과를 측정하는 기준은 다양하지만 일반적으로 효율성(efficiency)과 효과성(effectiveness)으로 측정한다. 효율성은 투입 대비 산출의 비율로 측정하는 것으로 주어진 비용을 가지고 얼마나 많은 산출물을 생산했는가를 말하며, 효과성은 목적달성을 위해 얼마나 일을 잘했는가의 문제로 목적의 달성 정도로 측정을 할 수 있다. 효율성은 시스템의 투입에 중점을 두는 개념이고 효과성은 시스템의 산출에 초점을 두는 개념이다.

흔히 문제를 시스템적으로 접근하라는 얘기를 한다. 이 말은 문제를 종합적인 관점에서 분석하고 해결방안을 찾으라는 뜻이다. 이는 전체적인 관점에서 시스템의 구성요소, 시스템의 경계, 환경을 파악하고, 문제의 복잡성을 줄이기 위해 큰 시스템을 여러 하위시스템으로 분해하여 하위시스템부터 단계적으로 문제를 해결해가라는 의미이다.

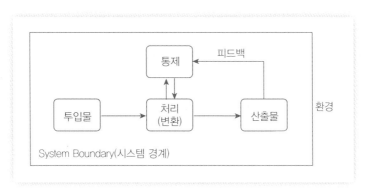

☀ 그림 2-2 _ 시스템의 구성요소

위에서 설명한 (경영)정보시스템도 일종의 시스템이며 전체 경영시스템의 하위시스템으로 볼 수 있다. 따라서 정보시스템도 일반적인 시스템과 마찬가지로 입력, 처리(프로세스), 출력, 피드백으로 구성된다. 입력은 조직이나 외부로부터 자료를 획득하는 것을 말하며, 처리(프로세스)는 입력받은 자료를 좀 더 유용한 형식으로 가공하는 과정이며, 출력은 이러한 정보를 사용자가 원하는 형태로 제공하는 과정을 의미한다. 일반적으로 경영자는 출력된 정보를 기준으로 성과를 평가한 다음, 피드백을 제공하며 그것에 근거하여 처리(프로세스)과정을 수정할 수 있다.

3. 정보시스템(Information System)

컴퓨터기반 정보시스템은 하드웨어, 소프트웨어, 사람, 데이터, 통신 네트워크, 이 다섯 가지로 구성되어 있다. 본 절에서는 앞의 하드웨어, 소프트웨어, 사람은 간략히 설명하고 마지막 데이터와 통신네트워크를 좀 더 깊게 설명하고자 한다.

1) 하드웨어

컴퓨터 하드웨어는 전통적으로 입력장치, 중앙처리장치, 출력장치, 주기억장치, 보조기억장치 등으로 구성된다. 입력장치(Input Device)는 데이터나 이미지를 컴퓨터로 읽어 들이는 역할 수행하며, 키보드, 마우스, 터치스크린, 디지털카메라, OCR (Optical Character Recognition)리더기, 바코드 스캐너, RFID 전자태그 리더기 등 환경에 따라 매우 다양한 장치들이 있다.

중앙처리장치(CPU: Central Processing Unit)는 입력된 데이터를 처리하는 역할을 수행하며, 컴퓨터의 처리속도가 이 중앙처리장치의 성능에 의해 결정된다.

주기억장치(primary storage)는 일반적으로 RAM(Random Access Memory)으로 불리며, CPU가 데이터를 처리하는 과정에서 임시로 데이터를 저장하는 역할을 수행한다. 주기억장치는 CPU의 일부이지만 마이크로칩에 들어가기에는 크기가 커서 별도의 메모리칩이 있다. 보조기억장치(secondary memory)는 일반적으로 운영체제, 애플리케이션, 데이터 등을 저장해서 쓰는 대형 저장소(storage)이다. 출력장치는 CPU가 처리한 결과를 사용자가 쉽게 활용할 수 있는 형태로 출력하는 기능을 수행한다. 사용자의 용도에 따라 모니터, 프린터, 스피커, 보조기억장치 등 매우 다양하다.

하드웨어는 그 크기는 계속 줄면서 성능은 계속 향상되고 있어 오늘날 피부 속에 살짝 묻을 수 있는 초소형 컴퓨터도 가능해졌다. 무선 환경에서 사용하는 스마트폰은 다양한 업무의 처리는 물론 오락물까지 손가락 하나로 어디에서나 즐길 수 있는 강력한 하드웨어가 되었다. 그리고 과거에는 하드웨어 장비의 가격이 전체 정보시스템에서 차지하는 비중이 매우 컸지만 오늘날 기술의 발전과 하드웨어 장비의 가격 하락으로 그 비중이 계속 줄어들고 있다.

2) 소프트웨어

소프트웨어는 컴퓨터 프로그램과 그와 관련된 문서들을 총칭하는 용어이다. 컴퓨터(하드웨어)가 자료를 입력, 처리, 출력, 저장하거나 기타 제어행위를 수행하기 위해서는 이를 가능하게 하는 프로그램으로 구성된 소프트웨어가 필요하다. 즉 소프트웨어는 컴퓨터 작업을 수행하고 운영할 수 있도록 관리하는 명령어들의 집합으로서 흔히 프로그램이라고도 한다.

소프트웨어는 컴퓨터에게 작업을 지시하는 프로그램이다. 컴퓨터로 하여금 급여처리 업무를 지시하고, 고객에게 청구서를 발행하며, 경영자에게 필요한 주요성과지표를 정보를 제공하도록 명령을 내리기도 한다. 소프트웨어는 크게 시스템 소프트웨어(예. 운영체제)와 응용 소프트웨어로 나누는데, 경영활동이나 사무작업을 지원하는 다양한 소프트웨어(예. 회계정보시스템, 급여처리프로그램, 워드 프로세스, 스프레드시트 등)들을 우리는 애플리케이션(응용) 소프트웨어라 부른다.

최근에 스마트폰에 탑재하여 사용하는 다양한 소규모의 소프트웨어는 애플리케이션(application)을 줄인 말인 앱(app)이라 부르기도 한다.

소프트웨어를 만드는 작업을 프로그래밍(또는 코딩)이라 하며, 이를 위해 수십 년간 다양한 언어들이 출현하였다. 우리는 이 언어들을 세대별로 나눠 구분하고 있다. 〈그림 2-3〉은 최근까지 컴퓨터 언어의 변천사를 요약해서 보여주고 있다.

🥣 1세대 및 2세대 언어

컴퓨터가 처음 출현한 초창기의 언어로서 컴퓨터전문가들만 사용할 수 있었던 기계어와 어셈블러가 여기에 해당된다.

🥄 3세대 언어(절차적 언어)

3세대 언어부터 고급언어로 불리기 시작한다. 컴퓨터 하드웨어에 대한 깊은 지식이 없더라도 영어를 이해하는 수준의 지식이 있으면 컴퓨터를 제어할 수 있는 프로그램을 작성할 수 있게 되었다. 초기의 절차지향언어(procedural language)는 데이터 처리과정을 언어문법에 맞게 논리적으로 코딩해야 하므로 상당한 수준의 훈련과 실습이 요구되었다. FORTRAN, COBOL, BASIC, ALGOL, PASCAL, C, ADA 및 PL/1 등이 초창기의 고급언어라 할 수 있다.

🥄 4세대 언어(비절차적 언어)

이후 컴퓨터 과학자들은 프로그래밍의 생산성을 높이기 위해 보다 효율적인 언어들을 개발하였는데, 객체지향언어와 비절차언어(DB SQL) 등이 그것이다.

4세대 언어는 3세대 언어와 달리 데이터처리과정에 대한 논리적 순서를 고민할 필요 없이 컴퓨터가 처리했으면 하는 과업을 서술하기만 하면 되므로 3세대 언어와는 달리 비숙련자도 쉽게 데이터를 조작할 수 있는 프로그램을 짤 수 있었다. 특히 4세대 언어로 짠 프로그램은 이식성(portability)이 높아 하드웨어와 운영체제가 달라도 쉽게 구동되는 특징이 있다. MS Access, SQL(Structured Query Language)와 같은 DB질의어, RPGIII(보고서 생성기), SAS(통계분석도구), Focus(어플리케이션 생성기), Powerbuilder(어플리케이션개발 종합환경) 등이 있다.

한편 객체지향언어(Object-Oriented Programming Language : OOPL)는 프로그래밍의 생산성을 획기적으로 향상시킨 완전히 새로운 접근방식의 언어라 할 수 있다. 객체지향언어는 객체(object)와 클래스(class), 상속(heritance)이라는 개념을 기본으로 한다. 예를 들면, 화면에서 자주 접하는 윈도우(dialog-box)는 일종의 객체이다. 객체는 절차와 데이터를 하나로 묶어 특정 작업을 수행하도록 만들어졌기에 쉽게 복제(상속의 의미)되어 사용될 수 있다. 수많은 객체를 만들어 두고 이를 마치 레고 조립을 하듯이 프로그램을 짤 때 재사용한다고 보면 된다. Visual C++, Visual Basic, Powerbuilder, Delphi 등이 가장 널리 사용되고 있는 객체지향언어들이며 다수의 4세대 언어들이 객체지향언어인 경우가 많다. 요즘은 객체지향언어에 비주얼 기능이 추가되면서 프로그래머에게 보이는 것을 그대로 코딩해 준다. 보다 강력하고 오류가 적은 프로그램을 신속하게 개발할 수 있다는 특징이 있다.

웹프로그래밍 언어

오늘날 웹브라우저를 통해 활용되는 모든 프로그램과 문서들은 자바, HTML, XML과 같은 웹프로그래밍 언어로 만들어진다. 자바는 위에서 설명한 객체지향언어의 성격을 띠고 있으며 플랫폼에 상관이 없이 어디서나 구동되는 높은 호환성이 장점이다. HTML(Hypertext Markup Language)은 웹페이지와 같은 하이퍼텍스트나 하이퍼미디어를 작성하는데 사용되는 언어이다. XML(eXtensible Markup Language)은 문자와 이미지의 페이지 단순 배열을 명시하는 HTML에 비해 문서 내의 데이터를 조작하여 인터넷상에서 데이터를 전송하고 교환할 수 있다는 점이 다르다. 인터넷쇼핑몰에서 대금을 결재할 때 이용자 정보나 결제정보를 받아 처리하는 웹양식 페이지가 XML으로 작성된다고 보면 된다.

표 2-1_ 컴퓨터언어의 변천사

세대	주요언어	특징	예시
1세대	기계어	• 모든 명령어가 0과 1의 조합으로 표현되는, 컴퓨터가 직접 이해할 수 있는 언어 • 그러나 각각의 컴퓨터는 그 자체의 독특한 기계어를 지니고 있으므로, 컴퓨터의 회로가 서로 다르면 기계어 프로그램도 호환될수 없다.	0010 0000 0000 0100 0100 0000 0000 0101 0011 0000 0000 0110
2세대	어셈블리언어	• 상징적인 부호(symbol)를 이용하여 프로그램을 작성하는 언어 • 어셈블러(assembler)를 이용하여 기계어로 변환시켜 주어야 한다.	LOAD X ADD Y STORE Z
3세대	고급언어 • FORTRAN • COBOL • BASIC • PASCAL • C 등등	• 영어와 유사한 문장으로 프로그램을 작성하는 기계 독립적인 언어 • 컴파일러와 인터프리터를 이용하여 기계어로 바꾼다. • 절차지향언어(procedure oriented language)로 배우기 쉽다.	COBOL : COMPUTE Z=X+Y BASIC : Z=X+Y
4세대	4GL • FOCUS • RAMIS • SAS • SQL 등	• 자연스럽고 비절차적인 문장 사용 • 언어라기보다는 일종의 범용프로그램 패키지라고 할 수 있다. • 최종 사용자 컴퓨팅(end user computing)의 확산에 크게 기여	SUM THE FOLLOWING NUMBERS
5세대	함수언어, 논리언어, 자연어	• 인간이 일상적으로 사용하는 자연어의 형태를 갖는 인공지능 언어를 사용	

5세대 언어

흔히 비주얼기능이 추가된 객체지향언어를 5세대 언어로 분류하기도 하지만, 여기에서는 4세대 언어로 분류하였다. 이러한 세대별 분류의 기준은 프로그래밍을 얼마나 쉽게 할 수 있거나 얼마나 정교한 애플리케이션을 구현할 수 있는가에 두었다. 따라서 대다수의 3세대 언어는 그 자체로는 오늘날 쌍방간에 데이터를 주고받는 복잡한 웹 애플리케이션을 구현하기는 매우 비효율적이다. 그래서 언어의 문법과 체계성을 잘 모르는 초보자들조차 쉽게 코딩할 수 있는 수준의 언어로써 5세대 언어를 분류하고 싶다면 자연어(natural language)가 될 것이다. 예를 들어 "2010년에서 2016년까지 시도별 대리점들의 분기별 매출액을 출력해줘"라는 음성명령을 줌으로써 필요한 정보를 제공할 수 있는 시스템이 있다면 이는 자연어처리 프로그램으로 작성된 고차원적 애플리케이션이다. 한편 로봇이나 기계의 정교한 작동을 프로그래밍하거나 빅데이터를 처리하기 위한 고성능 프로그램을 짤 때 효율적인 코딩과 컴파일링을 가능하게 하는 언어들, 예를 들면 Python의 Cython, Google의 Go, Java의 Scala 등이 해당될 수 있다. 이러한 언어들은 그래픽처리를 많이 해야 하는 최근의 병렬(parallel)처리 컴퓨팅 환경에 보다 최적화된 언어들이다.

3) 사람

정보시스템에서 중요한 요소는 사람이다. 정보시스템을 개발, 운영, 관리, 프로그램 작성, 유지하는 데 필요한 사람은 정보시스템 전문가이며 이렇게 개발된 정보시스템은 기업 내 각 부서별 관리자와 직원들이 사용하게 된다. 정보시스템 전문가에는 컴퓨터 오퍼레이터, 시스템 분석가, 프로그래머, 데이터관리자, 웹디자이너 등이 있으며, 유능한 정보시스템 전문가의 확보는 기업의 정보화에 있어 매우 중요하다. 한편 정보시스템의 사용자는 정보시스템을 이용하여 의사결정을 하고 문제를 해결하는 등 구체적인 과업을 수행하는 사람들을 말한다. 기업은 사용자들이 편리하게 쓸 수 있는 정보시스템을 제공해야 할 뿐만 아니라 필요한 교육을 제공해야 한다.

기술사례

차량번호 인식 소프트웨어는 어떻게 번호를 파악할까?

오늘날 정보시스템의 꽃은 단연 소프트웨어이다. 차량번호를 인식하고, 적은 정보를 가지고 범행에 사용된 차량을 검색하여 범죄자 색출을 돕는다. 고성능카메라, 사진분석 소프트웨어, 데이터베이스, 검색기술 등이 모여 차량과 관련된 많은 서비스가 가능해진다.

서울 서초동 법원 입구에 한 차량이 들어서자, 관리실 모니터에 번호판 사진과 차번호가 실시간으로 전송되고 있다. 전국 도로와 주차장 입·출구의 카메라들은 어떻게 차량번호를 그렇게 빨리 인식하는 것일까? 카메라만으로는 숫자나 글자를 판독할 능력이 없다. 카메라가 찍은 번호판, 정확히 말하면 자동차의 전면은 하나의 그림일 뿐이다. 이 그림에서 차량번호를 추출해주는 것은 '차번인식 소프트웨어'이다. 차번인식 소프트웨어는 사진에서 서로 다른 색이 만나는 경계선을 탐지해 모양을 읽어낸다. 국내 차량 번호판은 흰 바탕에 검은색이거나 초록바탕에 흰색, 아니면 노랑바탕에 흰색 중 하나다. 바탕색과 글자색이 다르기 때문에 그 경계는 결과적으로 번호판에 적힌 글자와 숫자의 모양과 일치한다. 이를 '외곽선 추출 기술'이라 하는데, 이렇게 추출된 외곽선은 이 단계까지는 한글·숫자가 아닌 그림으로 인식된다.

다음 단계는 외곽선 상태의 그림을 한글·숫자와 대조하는 것이다. 이 소프트웨어에는 숫자 0~9와 번호판에 쓰이는 한글이 모두 입력돼 있다. 미리 입력돼 있는 이들 한글·숫자와 새로 인식한 그림을 매칭한다. 그림 '4'를 보고 가장 비슷한 문자인 '4'로 전환하는 식이다. 국내 번호판은 글자 크기·번호가 표준화돼 있기 때문에 문자나 숫자를 거의 완벽하게 인식할 수 있다. 카메라가 사진을 찍는 데 수백분의 1~수천분의 1초, 이를 전송해 차번인식 소프트웨어로 외곽선을 추출·대조·판독하는 것도 눈 깜짝할 사이에 이뤄진다.

경찰의 신호·과속 단속카메라도 원리는 같다. 다만 사진을 몇 시간 단위로 모아서 센터로 전송한다. 촬영된 사진은 각 지방경찰청 산하 '무인단속 카메라 센터'로 전송된다. 센터 내 '차번인식 소프트웨어'와 '차적 조회 시스템'이 동시에 가동돼 차번과 차주가 순식간에 밝혀진다.

경찰이 사용하는 '교통경찰 업무관리 시스템'에는 국내에 등록된 모든 차량의 차종, 색, 번호 등 정보와 교통법규 위반사항(과속·신호위반 등)이 함께 입력돼 있는 통합데이터베이스가 있다. 전체 번호를 몰라도 숫자 네 자리, 차종만으로 일단 '후보군'을 추릴 수 있다. 예를 들면 경찰은 먼저 번호 '○○○○'을 검색해 1000여 대로 후보군을 추리고, 이후 '서울'이라는 키워드를 추가해 48대로 압축했다. 차종까지 검색하면 더 압축된다. 이런 과정을 거쳐 범죄차량을 색출하는 것이다.

자료원 : 조선일보, 2014.03.20.

4. 인터넷과 통신기술

1) 인터넷의 개념

기업과 개인은 자신의 컴퓨터와 서버에 데이터와 문서를 저장해 두고 수시로 활용하고 있다. 기업들은 서버에 각종 거래처리, 운영 및 계획 정보를 가지고 있으며, 개인들은 자신의 PC, 테블릿 PC, 스마트폰 등에 작업한 파일이나 참조할 정보들을 보관하고 있다. 기업들끼리 거래를 하고 다수가 협력하여 어떤 작업을 해야 한다면 서로가 가지고 있는 데이터와 정보를 공유할 수 있다면 더 없이 효율적으로 일을 할 수 있을 것이다. 이때 컴퓨터와 컴퓨터끼리 서로 통신하고 자료를 주고받을 수 있다면 더 없이 편리할 것이다. 네트워크 그리고 더 나아가서 오늘날 개방형 WWW기반 인터넷은 이러한 필요에 의해 만들어진 것이다. 처음에는 연결이 필요한 조직들끼리만 폐쇄형 네트워크를 구축해 쓰다가 그 네트워크에 또 다른 네트워크가 추가되는 방식으로 계속 확산되면서 인터넷이라는 거대한 개방형 네트워크가 구축된 것이다.

인터넷이란 '사이'를 의미하는 'Inter'와 'network'가 합성된 단어로서 네트워크들의 네트워크(network of networks)로 불린다. 오늘날 인터넷은 명실공히 전세계의 수 십억 개의 모바일 기기들, PC들 그리고 서버들을 연결해 놓은 거대한 통신망이다. 따라서 인터넷의 전체적인 형태를 정확하게 파악하는 조직이나 개인은 없으며, 전체적으로 이를 관리하는 주체도 사실 없다. 다만 각 조직이나 개인은 자신의 권한 아래 있는 자원들을 관리하는 방식으로 운영된다. 그렇지만 인터넷에서는 다양한 기종의 컴퓨터와 이질적인 네트워크들 간에 통신이 이루어져야 하므로 공통의 통신규약이 요구되는데, TCP/IP(Transmission Control Protocol/Internet Protocol)가 대표적인 개방형 통신프로토콜로 받아 드려지고 있다.

2) 통신과 네트워크

텔레커뮤니케이션(Telecommunications), 즉 통신이란 전자적인 수단을 이용하여 공간의 장애를 극복하고 한 지역에서 멀리 떨어져 있는 다른 지역으로 정보를 전송하는 것을 말한다. 오늘날 기업들은 데이터망과 전화망(음성통신)으로 구성된 복잡한 네트워크를 활용하여 정보를 상호교환하고 있다. 일반적으로 전화망은 국가가 구축한 공적인 네트워크 인프라이며 데이터망은 인터넷서비스공급자(KT, SK브로드밴드 등)들이 구축한 사설 네트워크이다.

네트워크는 참가자들이 늘어나면 날수록 그 가치가 기하급수적으로 증가한다. 이러한 통신혁명으로 기업들은 첫째, 전자상거래를 통해 거래비용을 줄일 수 있으며, 둘째, 시공간을 초월하여 업무와 직원들을 관리 및 통제할 수 있어 관리비용을 줄일 수 있으며, 셋째, 환경과 시장의 변화에 기업들이 더 민첩하게 대응할 수 있으며, 넷째, 시기적절한 정보의 제공으로 의사결정의 질을 높일 수 있으며, 다섯째, 지리적, 시간적 장애로 인해 발생하는 비용을 절감할 수 있다.

🥢 통신의 구성요소

통신이 가능 하려면 다음과 같은 기본 구성요소를 갖추어야 한다.

- 컴퓨터 : 정보처리를 담당하는 기본 기기. 보내고 받는 모든 비트형 데이터는 컴퓨터의 처리를 거친 후 송수신한다.
- 입출력 장치 : 모니터, 키보드, 마우스, 스피커 등
- 통신채널 : 네트워크에서 데이터나 음성을 송수신하는 케이블
    - 전화망, 광케이블, 동축케이블, 무선 등

- 통신처리장치 : 데이터 송수신을 지원
  - 모뎀, 멀티플렉서, 컨트롤러, 전방처리기 등
- 통신소프트웨어 : 통신네트워크의 입출력 활동을 통제하고 그 외 다른 기능을 관리

이상의 구성요소들을 다시 분류한다면 결국 통신에 필요한 하드웨어, 통신처리를 하는 소프트웨어(프로그램) 그리고 통신규약(프로토콜) 등이 될 것이다. 〈그림 2-3〉은 전형적인 통신 하드웨어들로 구성된 통신시스템을 보여준다.

(1) 통신하드웨어

모뎀(Modem)

모뎀(modem)은 디지털 신호를 아날로그 신호로 바꾸기도(modulate) 하고, 아날로그 신호를 디지털 신호로 다시 변화하는 기능(demodulate)을 수행한다. modem이라는 단어는

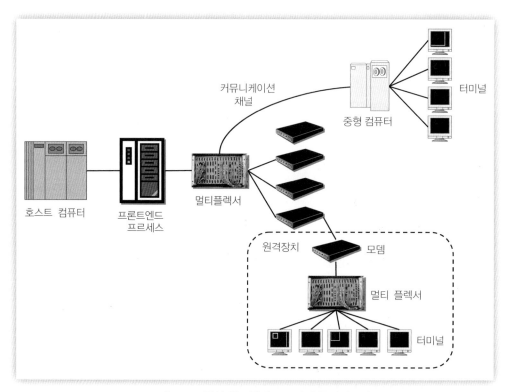

✷ 그림 2-3 _ 통신 하드웨어로 구성된 통신시스템

이 두 단어의 합성어이다. 일반적으로 모뎀은 외장형과 내장형이 있다.

멀티플렉서(Multiplexer)

멀티플렉서(multiplexer: MUX)는 데이터 전송의 효율성을 높이기 위하여 여러 개의 전송 신호를 하나로 묶어 통신채널(케이블)로 보내는 장비이다. 즉 하나의 채널에 다수의 신호를 실어 보내는 것이다. 예를 들어, 대규모 사무실에서 컴퓨터마다 케이블을 연결하려고 하면 케이블의 수가 과도하게 많아 매우 불편할 것이다. 다수의 컴퓨터를 멀티플렉서로 묶으면 다수의 사용자들이 고가의 모뎀을 공유할 수 있을 것이다.

허브와 스위치(Hub and Switch)

허브는 데이터가 여러 곳(컴퓨터 장비)으로부터 한 곳으로 모였다가 다시 다른 컴퓨터(서버)로 전달할 때 필요한 장비다. 허브는 보통 스위치를 포함하기도 하며, 스위치라고 불리는 장비는 역시 허브라 부르기도 한다. 허브는 보내고 받을 데이터가 모여드는 곳이고 스위치는 모여든 데이터를 다시 어떻게 그리고 어디로 보낼 것인지를 결정한다. 스위칭 기능을 고려한다면, 허브는 아래에 설명하는 라우터기능을 포함할 수 있다.

라우터(router)

인터넷에는 데이터를 보낼 때 보통 다수의 네트워크 경로가 존재한다. 라우터는 다수의 경로 중에 트래픽[1]이 낮은 가장 효율적인 경로를 찾아 데이터 패킷(packet)을 안전하게 전송하는 기능을 수행한다. 즉 경로흐름을 제어하는 소프트웨어를 탑재한 하드웨어라 할 수 있다. 스위치와 라우터 기능은 네트워크의 환경에 따라 허브에 포함될 수도 않을 수도 있다.

여기에서 패킷 스위칭(Packet Switching)에 대해 알아보자. 패킷 스위칭은 보내야 하는 디지털 데이터를 패킷이라는 작은 조각으로 나눈 후, 이 패킷들을 다양한 통신채널을 통해 전송한다. 목적지에 도착된 패킷들은 다시 원래 메시지 형태로 재조립되는데 이때 라우터 기능을 가진 허브(스위치)가 상대적으로 트래픽이 낮은 한가로운 경로를 찾아 패킷을 보내기 때문에 네트워크를 보다 효율적으로 활용할 수 있도록 돕는 통신기술

---

1) 오가는 데이터의 교통량

이다. 조각난 패킷을 나중에 한 곳에 모으기 위해서 모든 패킷에는 발신자와 수신자 컴퓨터의 IP주소가 저장되어 있다.

🌿 브리지와 게이트웨이(Bridge and Gateway)

브리지는 하나의 LAN(Local Area Network)에서 동일한 프로토콜을 사용하는 다른 LAN을 연결할 때 필요한 장비인 반면, 게이트웨이는 프로토콜이 서로 다른 네트워크를 연결할 때 필요한 장비이다. 이러한 장비 안에는 앞서 설명한 라우터와 스위치 등의 기능도 포함된다.

지금까지 설명한 모든 하드웨어들이 작동하기 위해서는 아래에서 설명하는 통신 관련 소프트웨어가 반드시 필요하다.

(2) 통신소프트웨어

일반적으로 통신 소프트웨어는 하드웨어 장비 안에 이미 설치되어 있거나 사용자가 필요에 따라 별도로 설치할 수 있다. 통신소프트웨어는 전화걸기(dialing), 파일전송(file transfer), 단말기 에뮬레이션(emulation) 등의 기능을 수행한다.

🌿 통신프로토콜

통신을 하기 위해서는 보내는 쪽과 받는 쪽이 서로 약속된 절차와 규칙에 따라야 하는데 이를 프로토콜(protocol)이라 한다. 프로토콜은 다음과 같은 기능을 수행한다. 오늘날 인터넷에서는 TCP/IP(Transmission Control Protocol/Internet Protocol)가 세계적인 표준으로 인정되고 있으며, TCP/IP는 디지털 데이터(메시지. 문서 등)를 패킷들로 나눈(묶은) 후 각각에 고유주소를 부여한 뒤에 보내며 수신된 패킷들은 다시 합의된 방법에 따라 도착지에서 재구성된다.

(3) 신호의 유형

통신에 이용되는 신호는 아날로그 신호와 디지털 신호가 있다. 아날로그 신호는 주파수(frequency)와 진폭(amplitude)의 크기가 달라지면서 끊임없이 변화하는 전자파이다. 디지털 신호는 시간에 따라 이산적(discrete)으로 변하는 정보를 말하며, 일반적으로 0과

1이라는 비트(bit)로 표현된다. 앞서 설명한 모뎀은 아래 〈그림 2-4〉처럼 컴퓨터가 내보내는 디지털 신호를 전송하기 쉬운 아날로그 신호로 변경해 주고 또 받은 아날로그 신호를 컴퓨터가 사용할 수 있는 디지털 신호로 변환해 준다.

:☀: 그림 2-4 _ 신호의 유형 : 디지털과 아날로그

(4) 전송채널(매체)

전송채널은 유선과 무선으로 나뉠 수 있다. 오늘날 무선채널의 성능은 갈수록 좋아지고 사용처도 확대되고 있다.

🦐 유선채널

- 동선(Twisted wire pair)
  - 한 쌍의 구리선이 서로 꼬이도록 제조된 전송매체
  - 비용이 매우 저렴하여 흔히 전화선으로 사용되며 LAN선으로도 많이 사용된다.
  - 대역폭(bandwidth)이 좁아 전송속도가 떨어진다.
- 동축선(Coaxial cable)
  - 흔히 비디오 케이블로 많이 사용한다. (예: CATV회사)
  - 선 하나로 데이터, 화상, 음성 등의 신호를 한꺼번에 전송할 수 있다.

:☀: 동선

:☀: 동축케이블

:☀: 광케이블

● 광케이블(Fiber optics cable)

- 가장 전송속도가 빠른 유선 전송매체이다.

- 보통 하나의 광섬유가 1,500개의 동선과 맞먹는 정보를 전송할 수 있다.

- 비용이 매우 높아 여러 LAN들을 상호 연결하는 기업 백본(backbone)케이블로 많이 사용된다.

🍡 무선채널

무선통신(wireless communication)은 유선매체(케이블)에 의존하지 않고 공간을 통해 신호를 전달할 수 있어 오늘날 어디서나 정보처리를 가능하게 하는 유비쿼터스 컴퓨팅 환경을 제공하는데 핵심적인 통신기술이다. 무선채널은 충돌을 방지하기 위해 지정한 주파수대역(bandwidth)의 전파만을 이용해야 하며, 이 주파수대역에 따라 다양한 특성과 용도를 갖게 된다. 통신서비스기업들(SK telecom, KT, LG U+)은 좋은 주파수대역을 정부로부터 할당받기 위해 수조 원을 투자하기도 한다.

① 마이크로웨이브

마이크로웨이브(Microwave) 신호는 라디오 전파처럼 대기공간을 통해 50km 간격으로 세워진 마이크로웨이브 중계탑을 통해 먼 거리까지 이동한다. 중계탑은 약해지는 전파를 계속 강화하여 다시 다른 중계탑으로 보내는 역할을 수행한다. 마이크로웨이브는 음성이나 데이터의 고속송신이 가능하나 직선방향으로만 전송이 가능하여 높은 빌딩이나 산이 있으면 전송이 불가능해지는 단점이 있다.

② 인공위성통신

인공위성을 이용한 통신의 경우, 지상에서 마이크로웨이브 신호를 인공위성으로 보내면 위성은 이를 증폭시켜 다시 지상으로 보낸다. 따라서 먼 거리에 데이터를 보낼 경우, 산이나 거대한 장애물이 있을 때 필요한 장비이다. 이 때 이용되는 마이크로웨이브 신호는 지상에서 이용되는 신호보다 주파수가 높다. 위성에서 마이크로웨이브를 받고 보내기 위해 접시모양의 안테나를 설치하며, 매일 전송하는 양이 많지 않을 경우에는 VSAT(very small aperture terminal)라고 하는 작은 접시 안테나를 설치하여 사용한다. 흔히 GPS(위치추적시스템) 데이터 등 대용량 데이터를 전송할 때 이용된다. 대기업들도 흔히 인공위성을 통해 본사와 해외법인 간에 대용량 데이터를 송수신한다.

③ 셀룰러통신

일반에게 가장 널리 알려진 무선통신방법은 셀룰러(cellular) 통신이다. 이는 한 지역을 여러 개의 작은 셀로 나누고 각 셀마다 무선 기지국을 세워 고주파수의 라디오파

기술사례

데이터의 송수신

오늘날 위에서 말한 모든 기술들이 복합적으로 결합되어 신속한 데이터전송 서비스를 가능하게 한다. 〈그림 2-5〉를 보면 DTE나 전화기(유선전화, 핸드폰 등)를 통해 메시지를 보내면 전화국에 있는 다중화장비를 통해 먼 거리에 보낼 메시지는 지구국에 보내지며 이는 다시 증폭되어 인공위성을 통해 목적지 지구국으로 보내져 수신자에게 전달된다. 짧은 거리에 보내질 메시지는 그림에는 없지만 마이크로웨이브 중계탑 또는 분배기(도로변 전봇대에 부착되어 있는 백색 장비들)에 전달된 후 주파수가 증폭되어 목적지 마이크로웨이브 중계탑으로 전달된 후 다중화 장비를 거쳐 최종수신자에게 전달된다. 다중화 장비는 일종의 분배기로서 전화국에 위치하고 있다.

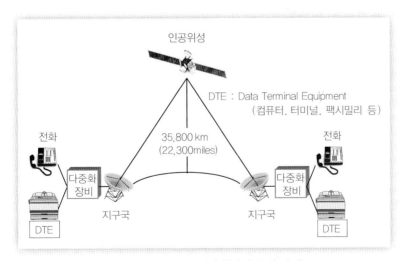

◈ 그림 2-5 _ 데이터의 원격 송수신 과정

(radio wave)를 전달함으로써 데이터를 주고받는다. 도로 위를 주행하는 자동차에서 셀룰러 전화기를 이용하여 전화를 걸면 그 셀 내에서 가장 가까운 안테나(공유기)에서 이를 받아 가까운 이동전화교환국(MTSO)으로 보낸다. MTSO에서는 메시지의 목적지가 일반전화인 경우 일반전화회선을 이용하여 보내고, 목적지가 이동하는 다른 차량일 경우에는 그 차량에서 가장 가까운 셀의 안테나(공유기)로 보낸다. 초기에는 차량전화로 시작하여 현재는 개인용 휴대 전화로 활용되고 있다. 셀룰러통신이 아나로그 방식에서 디지털 방식으로 전환된 이후 단문 메시지(통상 80자 미만) 서비스(SMS)도 할 수 있게 되었다.

3) 네트워크의 유형과 통신기술

(1) 근거리 통신망(Local Area Network: LAN)

근거리 통신망은 사무실, 캠퍼스, 빌딩과 같이 지역적으로 가까운 공간 내에서 컴퓨터와 주변 장비들을 연결하는 통신망을 말한다. 근거리 통신망은 〈그림 2-6a~c〉처럼 일반적으로 스타형, 링형, 버스형이 있다.

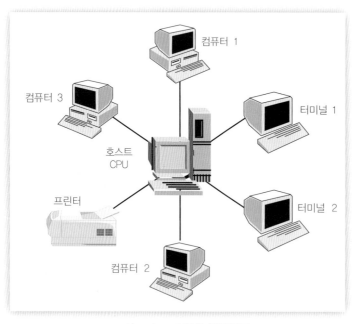

스타(star)**형**

교환기를 중심으로 한 전화망에서 유래된 것으로 중앙에 호스트(host) 컴퓨터(CPU)를 두고, 이를 중심으로 단말기나 PC 들이 연결되어 별 모양을 이루는 네트워크 구조를 말한다. 중앙의 호스트 컴퓨터가 문제가 있어 서비스가 중단되면 전체 시스템이 다운되는 취약성이 있다.

※ 그림 2-6a _ 스타형 네트워크

🍃 링(ring)형

중앙에 호스트(host) 컴퓨터가 없이 모든 컴퓨터를 상호간에 연결하는 구조이다. 메시지(데이터)는 원을 따라 한 방향으로 돌다가 목적지 컴퓨터에 도달하면 전달된다. 이때 링형의 LAN에서 가장 많이 이용되는 것이 토큰 링(token ring) 방식이다. 토큰이라는 전자신호가 LAN에 계속 머물고 있다가 메시지를 보내고자 하는 컴퓨터가 있으며 이 토큰을 받아 데이터를 부착한 후 목적지 컴퓨터에 전달하는 방식이다. 이후 토큰은 휴식상태가 되었다가 다시 다른

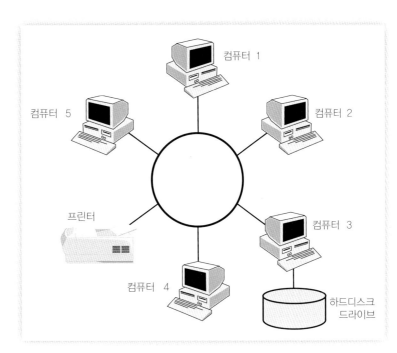

☀ 그림 2-66 _ 링형 네트워크

컴퓨터가 이 토큰을 이용하여 통신을 할 수 있다. 링형의 단점은 LAN에 연결되어 있는 하나의 컴퓨터라도 서비스가 중단이 되면 전체 시스템이 마비되는 취약성이 있다. 오늘날 인터넷은 여러 경로가 존재하므로 이러한 단점을 극복하였다.

🍃 버스형

링형과 마찬가지로 중앙에 호스트 컴퓨터가 필요 없다. 다수의 노드(node 컴퓨터 등 네트워크에 연결되어 있는 모든 전자기기를 지칭)들은 T자형의 하나의 케이블로 연결되며, 각 장치는 케이블을 버스로 사용하여 데이터를 송수신하는 방식이다. LAN에 새로운 노드를 추가하거나 제거하기 쉬우며 한 노드(컴퓨터)가 고장이 나더라도 전체 LAN은 영향을 받지 않는다는 장점이 있다.

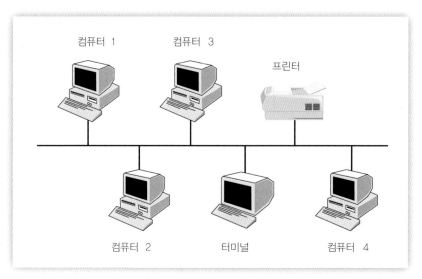

☀ 그림 2-6c _ 버스형 네트워크

(2) 원거리통신망

원거리통신망(Wide Area Network: WAN)은 지역, 도시, 국가 등 통신범위가 넓은 네트워크를 말한다. 원거리통신망은 여러 지역에 분산 운영되는 LAN들을 연결해줌으로써 원거리에 있는 조직들끼리 정보를 주고받을 수 있도록 한다. 오늘날 인터넷은 가장 일반적이고 강력한 WAN이라 할 수 있다. WAN은 전화통신망(유선), 마이크로웨이브(무선) 중계기(이동통신서비스 업체), 케이블업체, 인공위성 등이 결합되어 작동된다.

👊 전화통신망(Public Switched Telephone Network: PSTN)

전화통신망은 위성통신 이외에도 팩스라든가 모뎀을 이용한 데이터통신이 가능하다. 전송속도와 품질이 대폭적인 향상되었으며 기존에 널리 보급되어 있다는 장점이 있다. 우리나라에서는 KT(과거 한국통신)가 서비스를 제공하고 관리하고 있다.

👊 공중데이터 통신망(Public Data Network)

주로 데이터 전송을 목적으로 만들어진 통신망을 말하며, 국가가 도로를 건설하듯이 공공 인프라의 일환으로 투자하는 것이다.

대부분의 공중데이터 통신망은 앞서 설명하였듯이 메시지를 패킷이라는 작은 단위로 나누어 전송하는 패킷교환 방식을 채택하고 있어 PSDN(Packet Switched Data Network)이라 부르기도 한다. 근래에 와서 각광을 받는 프레임 릴레이(frame relay) 방식은 메시지를 매우 작은 가변길이의 패킷으로 나누어 전송하므로 실시간 음성이나 화상보다 데이터 및 이미지 전송에 적절하다. 프레임 릴레이 방식은 각 중계 노드에서 오류검출 및 복구를 위한 복잡한 제어 기능을 최소화하여 고속 전송을 가능하게 하였다. 데이콤의 NS(dacom net service), KT의 HINET-P가 이러한 통신망을 운영하고 있다.

🦅 가상사설망(Virtual Private Network)

가상사설망은 개인기업의 신청(구매)에 의해 인터넷상에서 두 통신지점 간에 일시적으로 형성되는 사설망이다. 대부분의 VPN은 인터넷서비스업체에 의해 제공된다. 개인 기업이 독자적인 네트워크를 구축하려면 WAN 네트워크, 보안기능 서버, 라우터 등을 갖추고 직접 운영해야 하므로 비용이 과다한 경우가 많다. 그렇지만 VPN을 통해 기업들은 네트워크의 운영 및 관리를 아웃소싱할 수 있어 네트워크 운용비용을 크게 절감할 수 있다.

4) 통신서비스

위에서 설명한 네트워크와 통신기술을 이용하여 오늘날 업무처리방식을 혁신하고 사무생산성을 획기적으로 개선해 줄 수 있는 다양한 통신서비스가 개발되어 있다. 이메일, 화상채팅 및 회의지원시스템, 그룹웨어, 인터넷전화, 전자문서교환(EDI: Electronic Data Interchange) 등이 그 예이다.

🦅 그룹웨어

그룹웨어는 사내에서 조직의 구성원들이 효과적으로 의사소통과 정보공유를 쉽게 할 수 있도록 지원해 주는 근거리통신망(LAN)기반의 정보기술이다. 가장 활발하게 사용되는 이메일을 비롯, 기업차원에서 업무에 관한 의사소통과 통합을 지원하는 부가기능들(전자결제, 전자문서시스템 등)을 보유하고 있다. Lotus Notes와 Livelink 등이 대표적인 상업적 그룹웨어이며 클라우드 방식[2]으로 서비스가 제공되기도 한다.

---

2) 그룹웨어 등 각종 애플리케이션이 탑재된 서버를 일반 기업이나 개인이 비용을 지불하고 공유힐 수 있도록 하는 서비스의 일종이다.

🥄 전자회의시스템

멀리 떨어져 있는 팀이나 사람들이 서로 얼굴을 보면서 회의를 할 수 있는 화상회의시스템(video conferencing), 원격에 흩어져 있는 다수의 사람들이 참여하는 공동의 프로젝트가 원활하게 진행될 수 있도록 돕는 텔레컨퍼런싱(teleconferencing), 같은 장소에 모여 회의를 할 때 정보의 원활한 공유와 회의의 원활한 진행을 돕는 전자회의지원시스템(electronic meeting system) 등 회의 등 협업을 도와 업무 생산성 향상을 돕는 다양한 시스템들이 있다.

🥄 전자문서교환(Electronic Data Interchange)

요즘 EDI라는 용어를 자주 쓰지는 않지만 VAN(부가가치망 Value-added Network)의 특수한 형태로써 기업들끼리 약속된 포맷(문서양식)에 의거 거래 및 거래서류를 컴퓨터와 컴퓨터 간에 교환해주는 시스템이다. 구조화된 형태의 데이터, 즉 표준 전자 문서를 컴퓨터와 컴퓨터 간에 교환하므로 데이터의 재입력 없이 즉시 업무에 활용할 수 있어 업무처리의 효율성과 정확성이 획기적으로 개선되는 이점이 있다.

EDI를 이용하는 기업들에게는 견적요청서, 주문서, 견적서, 운송지시서, 송장 및 지불요청서와 같은 일상적인 종이서류의 교환이 완전히 사라지므로 디지털경영 또는 e-비즈니스가 더욱 촉진된다.

오늘날 EDI는 인터넷을 기반으로 활용되므로 웹기반 EDI라 불린다. 인터넷 EDI는 개방형 인터넷 프로토콜을 기반으로 하므로 과거 VAN업체를 통할 때 보다 구축이 매우 쉽고 운영에 드는 비용도 매우 저렴하다는 장점이 있다. 취약했던 보안도 오늘날 많이 개선되었다.

5) 기타 무선 네트워킹 기술

🥄 블루투스(Bluetooth)

10세기 덴마크와 노르웨이를 통일한 바이킹 헤럴드 블루투스(910~985)의 이름에서 따온 명칭이다. 블루투스는 10m 이내의 개인영역네트워크(Personal Area Network) 구축에 필요한 무선 네트워킹 표준의 일반적인 명칭이다. 블루투스는 근거리에 있는 컴퓨터, 모바일 기기, 가전제품끼리 양방향으로 실시간 통신을 가능하게 해주는 규격이나 그 규격을 따른 제품을 말한다. 오늘날 스마트폰과 무선 이어폰, 컴퓨터와 무선마우스, 스마트폰끼리의 정보교환, 스마트폰과 가전의 통신 등이 블루투스로 인해 가능해졌다.

Wi-Fi

Wi-Fi(Wireless Fidelity)는 무선접속장치(소형의 무선접시)가 설치된 곳을 중심으로 일정거리 이내에 노트북, 스마트폰, 테블릿PC 등으로 하여금 인터넷에 접속하도록 해 준다. 전송속도가 4~11Mbps로 대용량의 멀티미디어 정보도 주고 받을 수 있으며 장시간 사용해도 가격이 저렴하다. 그러나 Wi-Fi가 커버할 수 있는 거리가 무선접시를 중심으로 30~200m 정도로 협소하다는 단점이 있다.

Wibro와 LTE(4G) 그리고 5G

한국이 국제표준화를 주도하고 있는 와이브로(Wireless Broadband Internet)는 휴대기기를 이용하여 언제 어디서나 이동하면서도 초고속인터넷을 이용할 수 있는 이동통신 서비스이다. 현재 4세대 이동통신기술인 LTE(long-term evolution)가 새로운 무선인터넷기술로 부상하면서 와이브로가 국제표준이 되는 기회를 놓쳤다.

아직 상용화되진 않았지만, 한국, 일본, 중국 중 우리가 조금 앞서가고 있는 5G 통신은 영화 한 편(750Mb 기준)을 내려 받는 데 1초 정도 밖에 걸리지 않는다. 한편 현재 4G 통신망으로는 약 80초 정도가 걸린다. 짧은 시간에 막대한 양의 데이터를 보내고 받는 홀로그램 영상 통화, 증강 현실(AR) 등의 첨단 기술을 일상적으로 쓸 수 있는 '꿈의 통신망' 시대가 열리고 있다. 〈그림 2-7〉은 5G 통신기술로 구현가능한 IoT(사물인터넷) 응용분야를 요약해서 보여주고 있다.

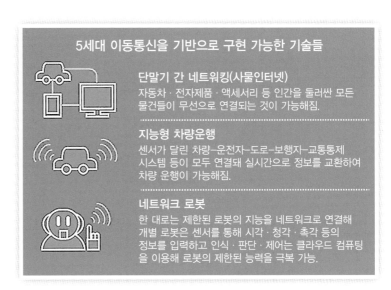

🔅 그림 2-7 _ 5G 통신기술로 구현가능한 IoT(사물인터넷) 응용분야

RFID

RFID는 Radio Frequency IDentification의 약자로서 무선전자태그기술로 불린다. RFID시스템은 태그(tag칩), 리더기, 전자식별코드(EPC: Electronic Product Code), 미들웨어를 포함한 소프트웨어, 호스트 컴퓨터로 구성된다. 물건(제품)의 정보가 저장된 RFID 전자태그를 먼 거리에 있는 리더기가 읽은 후 이 정보를 컴퓨터로 보내 여러 가지 목적으로 활용할 수 있는 무선기술이다. 현재 태그의 가격이 계속 하락하고 하드웨어의 성능이 업그레이드됨에 따라 적용분야가 물류관리, 재고관리, 항만컨테이너관리, 매장관리 등으로 계속 확대되고 있는 실정이다. 태그는 〈그림 2-8〉과 같이 사용목적에 따라 다양한 형태로 출시되어 있다.

⚙ 그림 2-8 _ 다양한 모양의 전자태그

RFID와 물류시스템

월마트는 상품추적을 자동화하기 위해 공급업체들에게 RFID태그를 상품 팔레트에 부착하도록 요구하였다. 팔레트가 창고로 입고될 때 리더기는 팔레트에 부착된 태그를 읽어 자동으로 입고내역을 기록하고 재고정보를 업데이트할 수 있다.

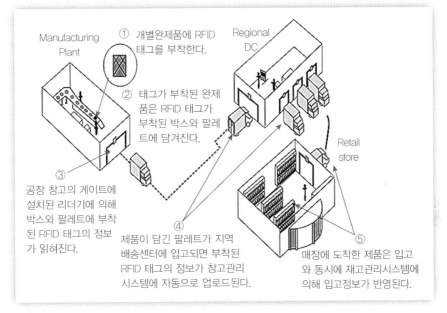

자료원 : 고일상 외, 스마트시대의 정보시스템, 이프레스, 2014, p.230

☀ 그림 2-9 _ RFID기술을 이용한 월마트 물류시스템

〈그림 2-9〉는 월마트의 RFID 태그를 이용한 물류시스템을 보여 주고 있다. 먼저 제조공장(manufacturing plant)에서 개별 완제품이 출시되기 전에 RFID 태그를 부착되고, 태그가 부착된 완제품은 RFID 태그가 부착된 박스와 팔레트에 담겨진다. 이 태그에는 해당 제품의 정보(품목번호, 품목명, 주문일, 수량, 주문처 등)가 저장되어

있다. 제품이 출고될 때 공장 창고의 게이트에 설치된 리더기가 박스와 팔레트에 부착된 RFID 태그의 정보를 읽고 이 정보를 저장한 후 지역 배송센터(regional distribution center)로 배달된다. 출고된 제품이 담긴 팔레트가 지역 배송센터에 입고되면 배송센터 입구의 리더기가 부착된 RFID 태그의 정보를 읽어 창고관리시스템(warehouse management systems)에 자동으로 업그레이드된다. 이 후 매장(retail store)이 주문한 물건이 지역 배송센터를 떠날 때도 같은 과정을 거치며, 매장(retail store)에 도착한 제품은 입고와 동시에 매장의 재고관리시스템에 의해 입고(재고)정보가 반영된다. 그런 다음 월마트 직원은 진열상품의 재고 유무를 수시로 확인하고 재고가 없을 경우 휴대용 리더기로 제품의 RFID 태그를 읽어 창고 내 위치를 확인한 후 해당 상품을 리필(refill)할 수 있다. 아울러 진열된 상품에 부착된 RFID 태그를 판독기로 읽어서 동일제품군 중에서 어느 제품이 몇 개 팔렸으며 몇 개의 여분이 남았는지를 파악할 수 있어 매장별 판매관리와 제품관리를 효율적으로 할 수 있다.

제약 유통 혁신 이룬 RFID기술

사례

한미약품 영업사원 이범영(32)씨는 최근 이전보다 약사와 대화를 많이 한다. 이씨의 업무는 약국 영업. 이전의 약국 영업은 말보다 손을 쓸 일이 많았다. 약품을 일일이 세어가며 재고를 파악하고, 약품과 장부를 대조하며 유효기간 등을 파악하는 데 대부분의 시간을 썼다. 재고 파악만으로도 대형 약국에서는 몇 시간씩 걸리곤 했다.

하지만 회사에서 RFID(Radio Frequency Identification·무선인식)를 통한 약품 생산 및 물류 관리 통합 시스템을 도입한 후 상황이 바뀌었다. 한미약품에서 출고하는 약에는 모두 이름·분류·출고일자·유통기한 등이 저장된 전자태그가 붙어 있다. 이제는 약국에 들어가서 인식 장치를 켜기만 하면 재고와 유효기간이 모두 자동으로 파악된다. 이 작업에 걸리는 시간은 단 5분. 이씨는 나머지 시간을 약사에게 신제품을 소개하는 데 쓰고 있다.

➡ 첨단 IT기술로 첨단 약품 영업

국내 제약산업은 연구·개발 분야에서는 첨단 산업으로 진화를 거듭했지만, 영업·판매 현장에서는 그렇지 못했다. 종이 전단지를 이용한 신제품 안내, 비전문 영업사원에 의한 약품 설명 등 과거로부터 이어져 온 영업을 답습할 뿐이었다.

그런데 IT(정보통신)의 도입이 제약회사 영업 일선(一線)의 모습을 바꾸고 있다. RFID를 이용한 재고 관리, 태블릿PC를 통한 약품 설명 등 '스마트 모바일 오피스'가 그 주역이다. 종이 전단지를 가득 넣은 무거운 서류 가방 대신 태블릿PC와 첨단기기를 손에 든 영업사원이 등장하고 있다. 최근 한미약품은 영업사원 1000명 모두에게 태블릿PC를 지급했다. 태블릿PC를 활용하다보니 의사와 약사들에게 이전에는 설명하지 못한 수준 높은 내용도 전달하고 있게 되었다.

태블릿PC 등을 통한 'E-마케팅'으로 영업방식이 완전히 바뀌었다. 지금까지 제약 영업은 의사·약사를 찾아가 종이 팸플릿을 보여주며 의약품을 설명하는 방식으로 이뤄졌다. 하지만 아무리 준비가 철저한 영업사원이라고 해도 현장 전문가인 의사·약사의 예상치 못한 질문에 대응할 수는 없다. 이런 때는 대화의 흐름이 끊어지곤 했다. 이제는 태블릿PC를 꺼내서 사내 전문가들의 설명 동영상을 보여준다. 이와 함께 전자 팸플릿·학술논문 등 기존에는 가지고 다닐 수 없는 다양한 콘텐츠를 통해 제품에 대한 다양한 정보를 실시간으로 제공할 수 있다.

자료원 : 조선일보, 2012.02.28

기술의 특이점 (Singularity)

실리콘밸리의 젊은 천재 2명이 최근 인공지능과 인류의 미래에 대해 설전을 벌여 화제가 됐다. 누구 말이 맞을지는 모른다. 그러나 인공지능 기술이 무서운 속도로 발전하는 것만큼은 사실로 보인다. 그런데 이들보다 훨씬 전에 "인류는 인공지능과 결합해 새로운 인류로 탄생한다"고 예언한 사람이 있었다. 바로 '에디슨 이후 최고 발명가'로 불리는 미래학자 레이 커즈와일(69)이다. 그는 인공지능이 빠른 속도로 발전해 2029년이 되면 사람처럼 감정을 느끼고, 2045년엔 인공지능이 전체 인류 지능의 총합을 넘어서는 시점, 즉 특이점(Singularity)이 온다고 2005년에 주장했다. 그에 따르면 인간은 이후 인공지능과 결합해 생물학적 한계를 뛰어넘는 다는 것이다.

"인공지능은 인류를 파멸로 이끌 것이다." (일론 머스크 테슬라 CEO)

"아니다. 우리 삶을 더 풍요롭게 만들어줄 것이다." (마크 저커버그 페이스북 CEO)

➡ 기술이 인간을 뛰어넘는 '특이점'

현재 구글에서 인공두뇌 개발에 몰두하고 있는 커즈와일은 지난 30년간 미래가 어떻게 바뀔지 예측해왔다. 그가 예언한 스마트폰, 자율주행차 발명 등은 대부분 맞아떨어졌다. 그래서 가까운 미래 커즈와일이 예언한 대로 특이점이 올지에 대해 관심이 커지고 있는 것이다.

➡ 특이점의 의미와 유래

'특이점'이란 말은 1950년대 처음 등장했다. 헝가리 태생 수학자 폰 노이만은 "기술 발전 속도가 점점 빨라져 언젠가 기술이 인류의 삶을 송두리째 바꾸는 특이점이 올 것"이라고 내다봤다. 미국 사이언스 픽션 작가 버너 빈지 역시 1993년 "기술 발전이 점점 빨라져 조만간 인간 지능을 넘어서는 기계 지능이 탄생할 것"이라고 전망했다. 이 시점을 특이점이라고 제시한 건데, 당시 빈지가 제시한 특이점은 2005년이었고, 나중에 커즈와일이 기술 발전 속도를 고려해 2040년쯤 특이점이 온다고 예상했다.

이런 예상이 나오게 된 것은 '무어의 법칙' 덕분이다. 무어의 법칙은 인텔 공동 창업자인 고든 무어가 1965년에 발견했는데, 반도체 집적회로의 성능이 2년마다 2배로 증가한다는 것이다. 집적회로는 전기신호를 전달할 수 있는 초소형 전자 소자(트랜지스터)가 집적되어 있는 시스템인데, 컴퓨터가 정보를 처리할 때 필요한 중앙처리장치(CPU)이다. 다시 말해 집적회로 성능이 일정한 시기마다 2배씩 증가한다면 컴퓨터 처리속도도 그만큼 빨라지는 것이다.

무어는 책상 위에 놓인 반도체 칩을 살피다가, 반도체 칩에 들어가는 트랜지스터 수가 일정하게 늘어난다는 사실을 발견했다. 트랜지스터는 신호를 키우거나 켜고 끄는 역할을 하는 반도체 소자인데, 칩 하나에 들어가는 트랜지스터가 많으면 많을수록 반도체 성능이 향상되는 것이다. 1959년 트랜지스터가 처음 발명됐을 때는 트랜지스터 하나가 반도체 칩 하나로 쓰였다. 그런데 1964년에는 칩 하나에 트랜지스터 32개가, 1965년에는 64개가 들어가게 됐다. 즉, 하나의 칩에 들어가는 트랜지스터 수는 2의 제곱만큼씩 증가하였던 것이다. 무어는 집적회로의 복잡성은 앞으로도 이런 추세로 증가할 것이라고 예상했다. 실제로 1980년대 초반이 되자 인텔은 가로·세로 6㎜인 작은 칩 속에 트랜지스터 수십만 개를 쌓을 수 있는 기술을 갖췄다.

물론 무어의 법칙이 애초 예상과 정확하게 맞아떨어진 건 아니었다. 무어는 반도체 집적도가 매년 2배씩 증가한다고 예측했지만, 1970년대 중반부터는 18개월로 늘어났다. 또 1990년대 중반부터는 18개월이 다시 2년으로 늘어났다. 그리고 이 속도가 점차 느려지다가 결국 2016년 2월, 반도체 업계가 공식적으로 포기 선언을 하면서 무어의 법칙은 깨지게 됐다.

➡ 피할 수 없는 인공지능 시대

무어의 법칙이 어느 정도 들어맞았던 40년간 우리 삶은 크게 달라졌다. 컴퓨터가 1~2년마다 2배씩 빨라졌고, 용량이 큰 데이터도 문제없이 저장하고 전송할 수 있게 됐다. 스마트폰 하나로 온갖 일을 할 수 있는 세상이 온 것도 빠르게 발전한 기술 덕분이다.

이렇게 기술 발전이 가속화하는 현상을 커즈와일은 '수확 가속의 법칙'이라 불렀다. 그는 생명공학이나 나노, 로봇 분야도 반도체 기술처럼 기하급수적 발전 속도를 보일 것이라고 예상했다. 바둑에서 인간을 이길 수 있는 수준에 이른 인공지능 기술이 폭발적 발전을 거듭해 2029년이면 이미 인간과 똑같은 수준이 되고, 2045년이 되면 인류 전체의 지능을 초월한다고 주장했다. 이후 인간은 인공지능과 결합하는 길을 선택해 지금까지 인류와는 전혀 다른 '포스트 휴먼'으로 탄생한다는 게 커즈와일이 주장한 핵심이다.

인공지능이 인간을 뛰어넘으면 위험하지 않을까? 여기에 대해서 커즈와일은 긱

정하지 말라고 이야기한다. 인공지능은 앞으로 인류와 함께 살아가는 도구로써 우리의 지적·신체적 한계를 극복시켜주는 역할을 한다는 거다. 우리 조상들이 무거운 돌을 옮기는 도구로 기중기를 만들어 썼듯이, 인류의 어려운 문제 해결을 도와주는 도구로 인공지능을 사용할 수 있다는 거다. 예컨대 모든 언어를 실시간으로 정확하게 번역해주는 인공지능이 탄생하면 전 인류의 언어장애는 사라질지 모른다.

커즈와일이 예상하는 특이점이 정말 다가올지는 확신할 수 없지만 인공지능이 인간을 뛰어넘을 수 있다는 데 부정적 견해를 밝힌 과학자도 많다. 무어의 법칙이 결국 깨진 것처럼 인공지능의 특이점도 쉽게 도달할 수는 없을 것이라는 시각도 있어 앞으로가 흥미진진하다.

작년 이세돌에게 한 판을 내준 알파고는 1년이 지난 지금 어떤 인간도 이기기 어려운 바둑 실력자로 인정받고 있다. 최근엔 인공지능끼리 대화를 주고받는다거나 스스로 프로그램을 만든다는 등 범상치 않은 소식도 들려온다. 2045년 인간과 인공지능이 결합하는 일은 없더라도, 인공지능 시대를 맞이할 준비는 필요해 보인다.

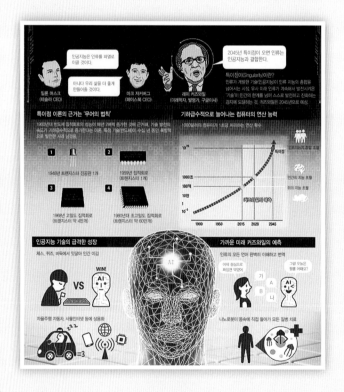

자료원 : http://newsteacher.chosun.com/site/data/html_dir/2017/08/22/2017082200018.html

기술사례

사물인터넷(IoT), 21세기 산업혁명을 이끌다

"디지털 세계와 물질세계가 융합되고 있습니다. 가까운 미래에 500억 개 이상의 기계들이 인터넷으로 서로 연결될 것이며, 연결된 기계들은 끊임없이 엄청난 데이터를 쏟아낼 것입니다." 2014년 5월말 미국 샌프란시스코에서 열린 '솔리드 2014' 컨퍼런스에서 기조연설을 한 GE의 베스 콤스탁 최고 마케팅책임자의 말이다.

10년 전 '웹 2.0 컨퍼런스'를 통해 새로운 인터넷 시대의 도래를 논했던 오라일리 미디어(O'Reilly Media)와 MIT 미디어랩이 공동 주최한 이번 컨퍼런스의 주제는 '하드웨어와 소프트웨어의 결합'(Hardware, Software & Everywhere). 새로운 혁명적 변화의 물결이 가져올 미래가 중점 논의됐다. 즉, 기계의 내면을 이해하고 소통하는 것이 새로운 경제혁명의 핵심이라는 얘기다.

➡ 산업혁명과 인터넷혁명을 이을 산업(사물)인터넷

18세기 후반 산업혁명은 새로운 에너지원의 이용, 생산성 강화를 위한 기계의 발명, 교통과 통신의 발전 등과 같은 기술적 혁신을 이루어 냈다. 인류가 물건을 만들고 에너지를 소비하는 방식을 근본적으로 바꾸었다. 이후, 세계는 인터넷 혁명이라는 두 번째 변화의 물결을 맞이했다. 컴퓨터와 인터넷의 등장은 정보의 저장, 전산 처리, 통신 기술의 혁신을 가져왔고, 대량의 정보를 빠른 속도로 처리 할 수 있게 됐다.

이제 산업혁명의 산물인 기계와 인터넷 혁명의 산물인 네트워크가 결합해 새로운 혁신의 바람이 일으키고 있다. 이른바 '산업인터넷'의 물결이다. 기술 발달로 인해 산업 현장의 기계들에 스마트 기능 탑재가 가능해졌고, 방대한 양의 정보를 처리할 수 있는 데이터 원격 저장 기술, 첨단 분석 툴 등이 널리 보급되고 있다. 특히, 기술 도입 비용이 점차 낮아지고, 클라우드 컴퓨팅이 확산되면서 보다 저렴한 비용으로 더욱 더 많은 정보를 수집하고 분석하는 것이 가능해졌다. 이러한 조건들이 모여 산업인터넷이라는 새로운 혁신의 물결로 이어지게 된 것이다.

산업인터넷이 경제와 산업에 적용되는 사례는 다양하다. 전력부족 국가인 한국에서 적용될 사례로 전력발전 장비를 실시간 모니터링하는 '플렉스에피션시 어드밴티지(FlexEfficiency Advantage)' 솔루션을 들 수 있다. 이 솔루션은 발전소가 에너지 필요량과 에너지 공급원을 조절할 수 있게 해주며, 시시각각 변하는 전력 수요와 전력그리드 상황, 연료 공급의 변화에 실시간으로 대응할 수 있게 해준다. 발전장비의 연료 효율이 개선되고 정비 간격이 늘어나 발전소는 에너지 생산량을 늘리고 보다 안정적으로 전력을 공급할 수 있게 된다.

또한, 이 솔루션은 탄소 배출량도 대폭 감소시킨다. 출력량이 525.2 메가와트인 GE의 7F 3 시리즈의 가스 터빈에 이 솔루션을 도입하면 연간 이산화탄소 배출량을 1만1400t까지 줄일 수 있다. 이미 한국 발전소에서 이 솔루션을 적용함으로써 180메가와트의 발전용량을 증대시키고 질소산화물 배출량을 절반 가량으로 줄인 바 있다.

➡ 빅 데이터, 전세계가 주목한다.

GE는 2011년 11월 미국 실리콘밸리 인근 샌 라몬에 글로벌 소프트웨어 센터를 설립하고 10억 달러 투자계획을 발표했다. 산업인터넷을 본격 추진하기 위해 차세대 지능형 시스템을 개발 한다는 것이다. 이 디지털 시스템을 통해 산업 장비에서 생성되는 페타바이트(약 100만 기가바이트)급의 정보를 자동으로 분석하고 활용해, 고객의 자산과 사업의 운용을 최적화한다는 것이다. 현재 GE는 전 세계 1만여 명의 소프트웨어 인력과 협력해 빅 데이터와 관련된 다양한 소프트웨어 솔루션들을 개발하고 있다.

전통 제조업의 대표주자인 GE가 소프트웨어에 대한 과감한 투자와 비전을 제시한 사실에 많은 이들이 의아하게 생각했다. 냉장고, 세탁기 등과 같은 가전제품으로 익숙한 GE지만, 최근 항공기 엔진, 발전 설비, 기관차, 의료진단 장비 등을 개발 공급하는 첨단 기술 인프라 기업으로 변모했다. 항공기 엔진, 병원 장비의 센서에 인터넷을 연결하고 여기서 발생한 데이터를 분석해 고객사인 항공사와 의사들에게 추가적인 가치를 제공한다는 것이다.

GE의 제프리 이멜트 회장은 빅 데이터의 중요성에 대해 "산업인터넷은 GE가 고객들에게 제공하는 서비스에 혁명을 일으키고 있다. 이를 통해 고객들은 효율성과 생산성을 더욱 높일 수 있게 되었다"며, "산업 데이터는 그 양이 방대할 뿐만 아니라, 매우 중요하고 복잡한 형태의 빅 데이터다. GE는 고객과 사회가 필요로 하는 성과를 제공하기 위해 이러한 데이터를 관리하고 분석할 것이다. 이를 위해 예측 솔루션을 개발하고, 성과를 측정하는 센서를 GE제품에 장착하고 있다"고 했다.

GE는 2012년말 소개한 10종의 산업인터넷 기술을 통해 2013년 2억9000만 달러의 매출과 4억 달러의 수주를 기록했다. 또한, 이미 확보한 1600억 달러 규모의 서비스 수주 잔고를 활용해 GE의 산업용 제품에 대한 성능을 개선하면서, 기 설치된 장비에서 매년 3~5%, 소프트웨어 판매에서는 매년 15% 이상의 매출을 늘려나갈 계획이다.

➡ 산업인터넷이란?

산업인터넷이란 제품진단 소프트웨어와 분석 솔루션을 결합해 기계와 기계, 기계와 사람, 기계와 비즈니스 운영을 서로 연결시켜 기존 설비나 운영 체계를 최적화하는 차세대 기술을 말한다. 병원의 MRI(자기공명영상진단) 장비, 발전소의 가스터빈, 제트기 엔진 등 수많은 기계들은 끊임없이 방대한 양의 데이터를 생성해내고 있다. 그러나 이러한 자료가 의미있는 정보로 활용되지 못해 많은 자원이 낭비되고 있다. 산업인터넷은 '똑똑한 기계'들이 스스로 데이터를 공유하고 분석해 관리자에게 의미있는 정보를 제공하고, 효과적인 의사결정을 돕는 디지털 생태계를 구축한다. 이를 통해 항공, 철도, 헬스케어, 제조 및 에너지 등 다양한 산업의 생산성과 효율성이 크게 높아질 것으로 기대된다.

자료원 : 조선일보 2014.6.28.~29(GE코리아 콘텐츠팀)

정보기술 Ⅱ
: 데이터 기술

Chapter

3 정보기술 Ⅱ : 데이터 기술

주요 내용

1. 데이터, 데이터베이스, DBMS의 개념적 차이, 필요성, 장점을 이해한다.
2. 데이터베이스의 설계에 필요한 다양한 모델링기법(개념적 모델링, 논리적 설계)을 이해한다.
3. 논리적 설계방법인 계층형, 네트워크형, 관계형 데이터 모델의 특징과 장단점을 이해한다.
4. 데이터웨어하우스와 데이터마트, 데이터마이닝, OLAP의 목적, 차이점, 용도를 이해한다.
5. 빅데이터의 개념과 특징을 이해한다.

[사례 1] 경찰청의 GeoPros
[사례 2] 축구와 빅데이터
[사례 3] AI, 로봇, 빅데이터

정보시스템에 있어 투입물인 데이터가 없다면 하드웨어는 존재의 이유가 사라진다. 본 절에서는 데이터와 데이터베이스와 관련된 주요 용어와 최신 기술에 대해서 설명하고자 한다.

데이터, 정보, 지식에 대한 설명은 앞에서 하였다. 데이터는 어떤 사건이나 물건의 성격을 설명하는 가공되지 않은 사실이므로 그 자체만으로는 큰 의미가 없다. 여기에서 의사결정자에게 의미를 가질 수 있는 정보를 가공해내기 위해서는 체계적으로 데이터를 조직화해서 저장해 두어야 하는데 이 때 필요한 개념과 기술이 데이터베이스 (data base)이다. 따라서 데이터베이스는 조직의 여러 애플리케이션들이 공동으로 사용할 수 있도록 체계적으로 컴퓨터에 저장되어 있는 데이터들의 집합으로 정의할 수 있다. 데이터베이스를 단순히 데이터들의 집합으로 보아 파일 캐비닛에 저장된 자료들도 데이터베이스라 부르기도 하나 일반적으로 데이터베이스시스템이란 데이터를 컴퓨터에 저장하여 사용자가 필요할 때 쉽게 수정하거나 검색할 수 있도록 돕는 프로그램까지 포함하는 개념이다.

데이터베이스의 핵심모듈은 데이터베이스 관리시스템(DBMS: Data Base Management System)이라는 소프트웨어이다. DBMS는 데이터베이스를 생성하고 효율적으로 관리해주며 응용프로그램들이 접근하여 필요한 데이터를 쉽게 활용할 수 있도록 도와주는 미들웨어의 일종이다. DBMS는 애플리케이션(소프트웨어)과 물리적인 데이터 파일(디스크 메모리)과의 중간 역할을 담당한다. 현실적으로 프로그래머나 사용자가 데이터가 어디에(where), 어떻게(how) 저장되어 있는지 알아야 할 필요는 없다. 애플리케이션이 필요한 데이터를 요청하면 DBMS가 중간에서 이 일을 대신 처리해 주는 것이다. 일반적으로 모든 데이터가 저장될 때 논리적 주소와 물리적 주소를 동시에 갖는다. 데이터의 논리적 주소란 사람의 시각에서 해당 데이터(레코드)가 몇 번째에 저장되어 있는가 하는 상대적 주소(relatve address)이다. 그러나 이 논리적 주소를 가지고 기억장치(디스크 메모리)에 저장된 데이터를 찾을 수 없기 때문에 해당 데이터(레코드)를 찾기 위해서는 이 논리적 주소를 물리적 주소로 변환해야 하며 DBMS는 이 모든 일들을 대행해 준다. 결과적으로 애플리케이션과 데이터간의 상호의존성을 줄여줌으로써 프로그램 개발이나 유지보수에 따른 비용을 현저하게 줄여준다. 데이터베이스시스템의 장점은 다음과 같다.

① 데이터 중복저장을 통제할 수 있다

데이터를 통합하여 관리하므로 데이터 중복 저장을 피할 수 있다. 설사 효율성을 위해 중복을 허용한다 하더라도 중복을 최소화하여 통제하므로 데이터의 일관성을 유지할 수 있다.

② 데이터 독립성이 확보된다

사용자나 애플리케이션은 DBMS(데이터베이스관리시스템)[1]를 통하여 데이터에 접근하기 때문에 데이터의 구조가 바뀌어도 동일한 명령어로 애플리케이션의 수정 없이도 원하는 데이터를 얻을 수 있다. 이는 DBMS라는 미들웨어가 논리적 명령을 받아 데이터의 실제 물리적 위치를 찾는데 필요한 명령어로 변환해주기 때문이다.

---

1) DBMS는 사용자 또는 애플리케이션과 데이터베이스 사이에서 데이터베이스의 생성과 관리에 필요한 모든 작업을 중간에서 처리해주는 미들웨어, 즉 소프트웨어의 일종이다.

③ 데이터를 공유할 수 있다

DBMS가 동시성 제어(concurrency control)를 제공하기 때문에 여러 애플리케이션이 동시에 동일한 데이터베이스에 접근하여 작업할 수 있다. 동시성 제어란 여러 사용자가 동일한 데이터에 동시에 접근함으로써 발생할 수 있는 오류를 방지하기 위해 접근의 순서 등을 통제하는 기능을 말한다.

④ 데이터 보안이 향상된다

데이터베이스시스템은 데이터를 중앙통제 방식으로 관리하므로 보안에 더 취약할 수도 있으나, 점점 DBMS의 보안 기능이 향상되어 권한이 없는 사용자의 접근이나 허용되지 않은 데이터의 접근시도를 효율적으로 차단할 수가 있어 보안이 향상된다.

⑤ 데이터 무결성을 유지할 수 있다

데이터 무결성(無缺性, data integrity)이란 데이터의 정확한 값을 시간이 지나더라도 일관성 있게 유지함을 의미한다. DBMS는 데이터를 처리할 때 제약조건을 설정하여 입력오류를 방지할 수 있다. 예를 들면 '근무시간의 범위는 60시간을 넘을 수 없다'라는 제약조건을 설정해 두면 직원의 주당 근무시간이 40시간이 아닌 400시간이 입력되었을 때 오류임을 사전에 알려줘 잘못된 데이터가 입력되는 것을 사전에 차단해 준다.

⑥ 표준화를 강화할 수 있다

DBMS는 데이터를 표현할 때 중앙통제 방식으로 표준(standard)을 적용할 수 있다. 이 표준화를 강력하게 실행함으로써 여러 부서들이 서로 상이한 데이터 양식을 제출하거나 요구하더라도 표준에 근거하여 조정할 수 있어 일관성 있는 데이터를 유지할 수 있다.

⑦ 트랜잭션 지원이 가능하다

트랜잭션(transaction)이란 여러 번의 데이터베이스 작업으로 이루어진 논리적 작업 단위를 말한다. 예를 들어 은행 간 이체는 출금계좌에서 일정 금액을 인출하여 다른 은행의 입금계좌에 입금하는 일련의 과정으로 이루어진다. 은행 간 이체는 출금계좌에서 인출된 금액이 입금계좌로 완전히 입금이 되든지 그렇지 않고 통신의 문제 등으로 완전한 이체가 이루어지지 않을 경우 인출된 금액은 출금계좌에 다시 입금되어 데이터베이스의 상태는 트랜잭션이 일어나기 이전의 상태로 되돌려져야 한다. 즉 트랜잭션 지원은 하나의 트랜잭션이 성공리에 수행(commit)되든지 아니면 원래의 상태로 되돌려지도록(rollback) 보장하는 기능인데 DBMS가 이러한 지원을 효율적으로 해준다.

⑧ 애플리케이션의 개발비용이 줄어든다

애플리케이션을 개발할 때 DBMS가 데이터에 대한 접근 또는 갱신작업에 필요한 변환기능(예. 데이터의 물리적 위치를 찾는데 필요한 명령어 변환기능)을 수행해 주므로 프로그래밍이 용이해지고, 데이터베이스의 구조가 바뀌더라도 프로그램 코드를 변경할 필요가 줄어들어 유지·보수비용도 줄일 수 있다.

1. 데이터 모델링(data modeling)

데이터베이스를 체계적으로 설계하기 위해서는 먼저 데이터들의 관계를 개념적으로 이해해야 하고 이어서 논리적으로 이해하는 과정을 거쳐야 한다.

1) 개념적 모델링

현실의 데이터를 바로 컴퓨터에 저장할 수 없으므로 그것을 어떻게 표현해야 할지를 먼저 개념적으로 이해할 필요가 있는데 이것이 개념적 모델링이다. 개념적 모델링에 가장 많이 쓰이는 방법이 개체-관계 모델이다. 개체-관계 모델은 현실 세계를 개체(entity)들과 그 개체들 간의 관계(relationship)로 표현한다. 개체(entity)는 데이터베이스에서 표현하고자 하는 구별 가능한 현실 세계의 객체(object) 혹은 대상을 말한다. 개체는 도서, 학생, 학과, 과목과 같이 표현하려는 대상을 말하는데 도서나 학생과 같이 유형의 개체일 수도 있고, 학과나 과목과 같이 무형의 관념적 개체일 수도 있다. 또한 단독으로 존재할 수 있는 정규 개체(regular entity)와는 달리 정규 개체가 존재하지 않으면 존재할 수 없는 약한 개체(weak entity)가 있다. 기업에서 직원의 부양가족이나 영화관의 상영관은 직원이나 영화관이 존재하지 않으면 단독으로 존재할 수 없는 약한 개체에 해당한다.

관계(relationship)는 개체들 사이에 존재하는 연관성을 말한다. 학생과 도서 사이에는 도서대출이란 관계가 있으며, 학생과 과목 사이에는 과목수강이란 관계가 있다. 항상 그런 것은 아니지만 대체로 '개체'가 명사에 해당되는 반면 '관계'는 동사에 해당된다. 동일한 두 개의 개체 사이에는 서로 다른 복수의 관계가 있을 수도 있다. 예를 들면, 부서와 사원 간에는 부서소속이란 관계도 존재하지만 부서관리책임이라는 관계도 있다. 물론 부서의 장(長)은 당연히 그 부서 소속이기는 하나 해당 부서의 책임자가 누구인지 표현하기 위해서는 부서관리책임이란 관계도 고려하여야 한다.

관계에 있어서 고려해야 할 요소로는 첫째, 하나의 개체가 관계를 맺는 상대 개체의 수이다. 모든 부서에는 한 명의 부서장이 있으므로 부서와 사원 사이의 부서관리책임관계는 일대일(1:1)의 관계이다. 하나의 부서에는 다수의 사원이 근무하므로 부서와 사원 사이의 부서소속 관계는 일대다(1:N)의 관계이다. 만약 사원들이 소속 부서에 관계없이 여러 프로젝트에 참여하고 있고 하나의 프로젝트에는 여러 사원이 참여한다면 프로젝트와 사원 사이의 프로젝트 참여 관계는 다대다(M:N)의 관계가 된다.

둘째, 개체 타입의 구성원이 모두 관계를 가지느냐 그렇지 않은가에 따라 관계 참여가 전체 참여(total participation) 또는 부분 참여(partial participation)로 나뉜다. 모든 부서에는 부서장이 있으므로 부서관리책임의 관계에 있어서 부서는 전체 참여이지만 모든 사원이 부서관리책임을 갖는 것은 아니므로 부서관리책임의 관계에 있어서 사원은 부분 참여가 된다.

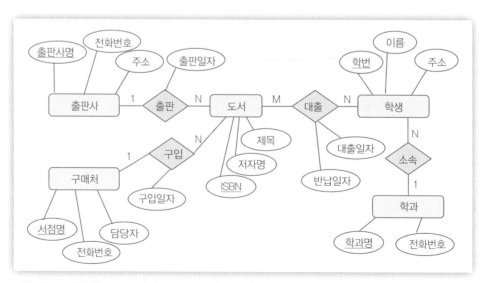

자료원 : 고일상 등, 스마트시대의 정보시스템, 이프레스, 2014, p.154.

🌼 그림 3-1 _ 도서관 도서대출의 개체관계도

개체-관계 모델에서 개체와 관계는 애트리뷰트(attribute)라는 속성(property)을 갖는다. 속성은 개체나 관계를 설명하는 데 사용되는 항목이다. 도서의 경우 도서제목, 저자, ISBN 등이 속성이며, 학생의 경우 학번, 이름, 학과, 주소 등이 속성이 된다. 개체뿐만 아니라 관계도 속성을 가질 수 있다. 학생과 도서 사이의 도서대출관계에는 도서명, 대출일자, 반납일자 등의 속성이 있다.

〈그림 3-1〉은 도서 대출과 관련된 여러 데이터(개체)와 관계를 개체-관계 모델로 표현한 개체관계도(entity relationship diagram: ERD)를 보여주고 있다. 개체는 직사각형으로, 관계는 마름모꼴로, 속성은 타원형으로 표현되었다. 각 관계는 일대다(1:N), 다대다 (M:N) 등으로 표시되어 있고 전체 참여는 두 줄, 부분 참여는 한 줄로 연결되어 있다. 속성 중에서 출판사명, ISBN, 학번과 같이 해당 개체를 유일하게 식별할 수 있는 속성을 키 애트리뷰트(key attribute)라 하며 밑줄을 그어 표시하였다.

2) 논리적 설계

개념적 모델링(설계)에 의해 개체관계도(ERD)가 그려지면 데이터베이스의 구조를 논리적으로 어떻게 표현하는가를 결정해야 한다. 이 논리적 설계는 데이터 모델화를 통해 구현된다. 데이터 모델화는 우리가 관심을 갖는 데이터를 논리적으로 이해할 수 있는 구조로 표현하는 것으로써 전체 데이터 베이스의 조직 구조를 보여준다.

지금은 제한적으로 사용되는 계층적 데이터 모델(hierarchical data model)에서는 데이터베이스를 트리(tree) 구조로 표현한다. 〈그림 3-2a〉는 트리 구조를 갖는 계층적 데이터 모델의 예를 보여 주고 있다. 트리 구조에서는 상위 노드(parent node)가 하나뿐이어서

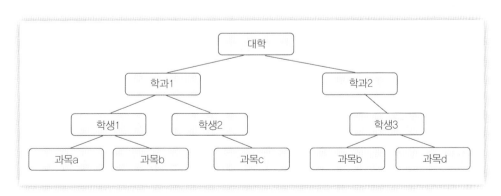

🔅 그림 3-2a _ 계층적 데이터 모델

모든 관계는 1:N의 관계를 가진다. 특정 학생이 수강하는 과목을 검색하려면 먼저 해당 학과를 찾고, 그 학과 내에서 학생을 찾은 다음 그 학생이 수강하는 과목을 모두 검색하는 식이다. 이 때 학과, 학생, 과목을 검색할 때 링크(link)를 사용하기 때문에 애플리케이션이 미리 데이터베이스의 구조를 알고 있어야 한다. 계층적 데이터 모델을 사용하는 대표적인 DBMS는 IBM사의 IMS(information management system)이다.

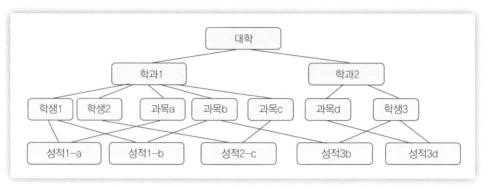

☀ 3-2b _ 네트워크형 데이터 모델

〈그림 3-2b〉는 네트워크형 데이터 모델(network data model)을 보여 주고 있다. 네트워크형 데이터 모델은 계층적 데이터 모델과 흡사하나 트리 구조가 아닌 그래프 구조(graph structure)를 취하여 상위 노드(parent node)를 두 개 이상 가질 수가 있다. 검색 연산자는 계층 데이터 모델과 같이 링크를 이용한다. 계층적 데이터 모델과 네트워크형 데이터 모델 모두 링크를 사용하기 때문에 데이터베이스 구조를 바꾸기가 쉽지 않고 애플리케이션과 데이터 간의 독립성을 유지하기도 어렵다는 단점이 있다.

한편 다음에 설명할 관계형 데이터 모델은 이해하기가 쉽고, 데이터베이스의 구조가 바뀌어도 애플리케이션의 독립성을 유지할 수 있어서 현재 판매되는 상용 DBMS는 대부분 관계형 데이터 모델을 사용하고 있다.

🍳 관계형 데이터 모델

현재 데이터베이스 시장에서 가장 많이 사용되는 것은 관계형 데이터 모델을 응용한 관계형 DBMS(relational DBMS)이다. 〈그림 3-3〉은 학생 릴레이션(relation 관계)을 그림으로 보여준다. 릴레이션(관계)이란 하나의 테이블(table, 표)을 가리키는 용어로 학생 릴레이션은 학번, 이름, 주소, 학과명을 애트리뷰트(속성)로 가진다. 릴레이션 스키마(relation sche-ma)는 릴레이션 타입(relation type) 이라고도 하는데 특정 릴레이션의 구성 형태를 보여 준다. 릴레이션의 열(column)에 해당하는 것을 애트리뷰트(attribute)라 하는데 파일에서 필드(field)와 같은 것으로 학생 개체를 표현하기 위해 사용되는 속성을 지칭한다. 릴레이션의 행(row)에 해당하는 것을 투플(tuple)이라고 하는데 파일에서 레코드(record)와 같은 것으로 그 행에 있는 애트리뷰트의 값들로 특정 학생을 표현한다. 행들의 집합을 릴레이션 인스턴스(instance)라고 하는데 특정 시점에서의 릴레이션의 값(value)을 말한다. 즉, 릴레이션의 값 또는 릴레이션 인스턴스란 특정시점에서의 투플들의 집합이므로 시간이 지나면서 수정되면서 바뀔 수 있다.

〈그림 3-3〉에서 학번을 기본키(primary key)라 하는데 키 또는 후보키란 특정 투플(레코드)을 식별할 수 있는 애트리뷰트 또는 애트리뷰트의 집합을 말한다. 개체를 식별할 수 있는 후보키가 여러 개가 있을 때는 그중의 하나를 골라 기본키로 정한다. 외래키(for-eign key)는 자신 또는 다른 릴레이션의 키를 가리키는 애트리뷰트를 말한다. 학생 릴레이션에서 학과명은 학생이 속한 학과의 이름으로 외래키이며, 학과 릴레이션의 기본키인 학과명을 가리킨다.

릴레이션은 실무에서 테이블(표)이란 용어와 많이 혼용되기도 하는데 릴레이션은 집

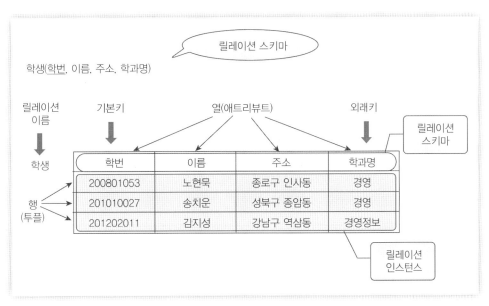

☀ 3-3 _ 관계형 데이터 모델 − 학생 릴레이션

합의 개념이므로 2차원의 테이블(表)과는 엄격하게 다르다. 다만 관계형 데이터 모델을 구현한 DBMS에서 사용되는 SQL언어(구조적 질의어)의 출력물이 테이블 형태를 보이므로 두 용어를 혼용하고 있는 것이다.

2. 데이터웨어하우스, 데이터마이닝

1) 데이터웨어하우스와 데이터마트

데이터웨어하우스(Data Warehouse)는 고차원적인 업무분석이나 의사결정을 지원하기 위해 전통적인 운영 데이터베이스에서 한 번 더 가공한 고급 정보나 데이터의 집합이라 할 수 있다. 〈그림 3-4〉는 데이터웨어하우스의 개념을 보여주고 있다. 즉 데이터웨어하우스는 기업 내 여러 운영 데이터베이스(거래처 DB, 고객 DB 등)의 일부를 일반적인 목적에 따라 재가공한(재분류, 접합, 삭제 등) 정보를 저장해둔 정보저장소(storage)라 할 수 있다. 사용자는 OLAP(Online Analytical Processing), 데이터 마이닝(Data Mining), DSS(Decision Support Systems)과 같은 도구를 이용하여 이 스토리지에 접근한 후 원하는 기준들, 즉 제품별(product line), 지역별, 시간대별, 고객별로 재구성한 다차원 고급정보를 쉽게 얻을 수 있다. 데이터웨어하우스는 일반적으로 개발 및 유지비용이 높기 때문에 그 사용이 대기업에 한정되어 있다. 데이터웨어하우스의 특징은 다음과 같다.

- 주제 중심의 데이터(subject-oriented data) : 판매·제품·고객 등 세부적인 다양한 주제 중심으로 데이터가 구성되고 정리되어 있어 관리자들은 성과를 쉽게 파악할 수 있을 뿐 아니라 성과의 원인까지도 파악할 수 있다.
- 통합적 데이터(integrated data) : 데이터웨어하우스에서는 서로 다른 데이터베이스의 데이터를 일관성 있는 형태로 보관해야 하고 이를 위해서 측정 단위나 명칭들을 일관성 있게 조정해야 한다.
- 시간에 따라 변하는 데이터(time-variant data) : 데이터웨어하우스에서는 과거 어느 시점의 데이터뿐 아니라, 의사결정을 이끌어 내는 동향·편차·예측과 비교를 위한 장기적인 추세 등을 포함하는 역사적인 데이터까지 포함한다. 데이터웨어하우스의 모든 정보는 특정 시점에서 적어도 1회 이상 가공된 정보이다.

• 비휘발성 데이터(non-volatile data) : 가공과정을 거친 데이터가 일단 데이터웨어하우스
에 저장되고 나면 사용자는 그 데이터를 변화시키거나 업데이트할 수 없다. 정해

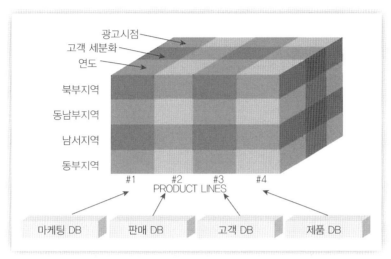

자료원 : 고일상 외, 스마트시대의 정보시스템, 이프레스, 2014, p.192.

☀ 그림 3-4 _ 데이터웨어하우스의 개념도

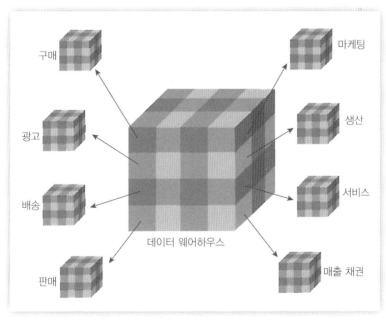

자료원 : 고일상 외, 스마트시대의 정보시스템, 이프레스, 2014, p.193.

☀ 그림 3-5 _ 데이터마트의 개념도

진 기간을 넘긴 데이터는 버려지거나 아카이브에 저장되고 새롭게 가공된 데이터는 다시 업데이트된다.

〈그림 3-5〉는 데이터마트의 개념을 보여주고 있다. 데이터마트는 특별한 주제(예: 광고, 매출채권 등)나 특정 부서(구매부서, 마케팅부서 등)의 필요에 맞춰 데이터웨어하우스에서 다시 추출(가공)한 특수목적의 정보저장소라 할 수 있다. 따라서 데이터마트의 원천은 데이터웨어하우스라 할 수 있다.

2) 데이터 마이닝

데이터 마이닝은 기업이 보유하고 있는 데이터를 이용하여 문제해결을 돕는 솔루션을 개발하는 방법이다. 소비자의 행동을 이해하기 위해 혹은 기업이 당면한 복잡한 문제를 해결하기 위해 전통적인 통계분석이나 인공지능 기법과 같은 다양한 데이터 마이닝 기법을 사용한다. 기술적으로 데이터 마이닝은 통계학, 수리모델, 인공지능, 경영과학 모델이 기본 구성을 이룬다. 대표적인 데이터 마이닝 기법은 연관분석(association analysis), 군집분석(cluster analysis), 예측모델링(predictive modeling), 이상치 탐지(anomaly detection) 등이 있다.

연관분석은 데이터 사이에 존재하는 연관성을 발견하는 기법이다. 연관성이란 데이터 사이에 존재하는 상관관계를 말한다. 월마트에서 아기 기저귀와 캔맥주를 나란히 진열해 놓았더니 맥주 판매량이 30% 증가했다는 사실은 두 품목의 연관성이 높다는 뜻이다. 비슷한 우리나라의 예는 신라면과 햇반을 들 수 있겠다. 기저귀는 일반적으로 부피가 크기 때문에 아내보다 남편들이 주로 구매하는 경향이 있으며 남편들은 기저귀를 사면서 옆 진열대에 있는 맥주에 쉽게 구매욕구를 느끼게 되는 것이다. 연관성 분석을 마케팅에 적용하면 장바구니 분석(market basket analysis)이 될 수 있다.

군집분석은 데이터의 특징이나 변수를 기준으로 동일하거나 유사한 그룹들을 묶어내는 통계적 분석기법이다. 예를 들면, 성별, 나이, 학력, 직업 등의 인구통계학적인 특징이나 구매 이력을 기준으로 분류하다 보면 구매 패턴이나 동기가 유사한 소비자들을 묶을 수 있다. 분류(classification)와는 달리 군집(clustering)에는 그룹 간의 위아래 계층이 없다는 특징이 있다.

예측모델링은 과거 데이터를 기준으로 미래의 값을 예측하는 수리적 모델을 말한다. 데이터마이닝에서 예측 모델링은 경험자의 의견을 근거로 미래를 예측하는 것

(prediction)과 수리 데이터와 수리적 모델을 기준으로 예측하는 것(forecasting)을 모두 포함하는 개념이다. 일반적으로 예측모델링은 이산형(discrete) 목표변수에 사용하는 분류(classification)와 연속형 목표변수에 사용하는 회귀(regression) 두 가지 유형이 있다. 예를 들어, 인터넷 쇼핑몰에서 이용자가 상품을 구매할 것인가 말 것인가를 예측하는 것은 이산형의 값을 가지므로 분류에 해당되고, 과거 데이터를 가지고 수산물 가격의 추세를 예측하는 것은 가격이 갖는 연속성 때문에 회귀분석에 속한다.

이상치 탐지(anomaly detection)는 기존의 데이터 패턴과 비교해서 튀는 데이터를 찾아내 문제를 진단하고 해결하는 기법이다. 신용카드회사는 도난되거나 분실된 카드가 불법적으로 사용되는 것에 매우 민감하다. 그래서 BC카드는 과거 5년간 카드가 불법적으로 사용된 시간, 금액, 장소, 업종 등을 분석하여 불법거래 시 자주 나타나는 패턴을 찾았다. 이러한 패턴분석을 바탕으로 BC카드는 카드 소지자가 평소 카드 사용 패턴과 다를 때 위험지수를 자동으로 계산하였고 이 점수가 일정 수준을 넘게되면 자동으로 거래를 중단하는 알고리즘을 개발하였다.

3) OLAP(On-line Analytical Processing)

OLAP는 특별한(ad-hoc) 분석이나 다양한 데이터를 당겨 와서 복잡한 질문에 답할 수 있도록 설계된 온라인 분석도구이다. OLAP를 다차원 큐브(cube)라 불리는 구조적 개념에 기초를 두고 이해하면 쉽다. 큐브방식으로 데이터를 조작하면 2차원에 불과한 관계형 데이터베이스의 한계를 극복할 수 있다. 즉 관계형 데이터베이스는 데이터를 생성·수정·삭제하기는 매우 편리한 시스템이지만 실시간으로 대용량의 데이터를 분석하기에는 한계가 있다. 특히 여러 개의 테이블(표)에 있는 다양한 데이터를 이용하여 질의에 응답할 때는 속도가 늦어지는 단점이 있다. 반면 OLAP는 큐브를 이용하여 이러한 단점을 극복한다. 사용자는 OLAP를 이용하여 다차원의 데이터를 여러 각도로 조작하면서 원하는 결과를 찾아갈 수 있다. 분석가는 OLAP을 이용하여 수리적 모델이나 데이터의 기본 구성을 변경함으로써 DB 내 데이터의 특정 부분을 정의할 수 있다. 이와 같이 DB의 한 부분(slice)을 더 구체화(specification)하거나, 더 상세한 정보를 찾아내려가거나(drill down), 혹은 데이터를 종합(drill up)하면서 사용자가 주도적으로 원하는 결과를 찾는 과정을 slice and dice라 표현한다. 그래서 OLAP을 이용한 데이터를 분석하는 기본적인 방법은 통합, 상세화, 슬라이스와 다이스(slice and dice) 등이 있다.

(1) 통합(consolidation)

통합이란 데이터를 합산하는 것을 의미한다. 서로 관계있는 데이터들을 단순히 통합하거나 여러 개의 집단으로 분류하는 것을 의미한다. 예를 들면, 대리점의 매출데이터는 지역 본부의 매출로 통합되고 각 지역 본부의 데이터는 본사 총매출로 통합되는 식이다.

(2) 상세화(drill-down)

OLAP는 또한 통합된 데이터를 구성하는 세부 데이터를 상세하게 줄 수도 있다. 예를 들어 대리점의 매출 총액은 다시 제품별 매출액으로 더 상세하게 보여줄 수 있다.

(3) 슬라이스와 다이스(Slice and Dice)

슬라이스는 위에서 보여준 데이터웨어하우스와 데이터마트의 개념도를 참조하면 이해하기 쉽다. 즉 하나의 데이터베이스를 다른 관점에서 보여주는 능력을 의미한다. 예를 들어 판매 데이터베이스가 있다면 한 슬라이스는 지역별 모든 제품의 매출액을 말하며, 또 다른 슬라이스는 판매 경로별 매출액을 보여주는 것이다. 이 슬라이스와 다이스에 시간적 요인을 추가하면 추세분석과 매출패턴(계절적 요인 등)을 발견할 수도 있다. 다이스 추출 작업은 데이터 큐브의 2차원 이상의 슬라이스 작업을 의미한다. 다수의 슬라이스를 조합한 다이스의 예는 최근 3년간 지역별, 판매 경로별 매출액이 될 수 있을 것이다.

3. 빅 데이터

빅 데이터란 양적으로 거대하고, 정형, 비정형 데이터를 포함하여 다양한 형태를 가지고, 생산→유통→소비(이용), 즉, 데이터의 활용주기가 짧기 때문에 전통적인 DB관리와 분석방법으로는 감당하기 힘든 데이터의 집합을 의미한다.

빅 데이터는 크게 거래 데이터(big transaction data)와 상호작용 데이터(big interactional data)

로 구분할 수 있다. 거래 데이터는 기업이 기존의 전통적인 시스템이 이미 보유하고 있는 데이터로써 생산·재고·판매 데이터 등을 말한다. 상호작용 데이터는 SNS 데이터, 웹사이트 클릭스트림 데이터, 각종 이미지 및 텍스트, RFID 등의 센서를 통해 생성된 데이터, 유전자 등 과학 관련 데이터 등 신기술에 의해 생성되는 데이터로써 일반적으로 사람과 사람, 사람과 기계, 기계와 기계의 상호작용으로 생성되는 데이터이다. 요컨대 빅 데이터는 규모(volume), 다양성(variety), 변화의 속도(velocity) 등 3V로 그 특징들을 설명할 수 있다.

1) 규모(volume)

규모는 생성되는 데이터의 양과 빈도(frequency)에 의해 결정된다. 월마트의 전 세계 8,500여 개의 매장이 생성하는 거래 데이터는 2,500테라바이트가 넘고 방대한 양의 데이터를 수집하고 통합하기 위해 자체 통신위성까지 갖추고 있다. 구글은 검색서비스를 이용하는 이용자들의 클릭스트림 데이터를 축적하여 그들의 관심 사항을 관리하고 있는데 그 데이터의 규모는 상상을 초월한다. "Data is king"이라는 슬로건을 가진 아마존 역시 엄청난 규모의 데이터를 보유하고 있다. 아마존은 고객으로부터 구매 데이터, 구매에 도달하기까지의 동선 데이터, 신용카드 결제정보, 디지털 콘텐츠, 킨들과 연계된 e-book 등에 관한 데이터를 모두 보유하고 있다. 이런 대기업이 아니더라도 데이터 웨어하우징 인스티튜트 (Data warehousing Institute)에 의하면, 미국 기업의 37%가 분석 목적으로 보유하고 있는 데이터의 규모가 빅데이터 수준인 10테라바이트 이상인 것으로 보고되고 있다.

2) 다양성(variety)

다양성은 데이터 종류(형태)의 다양성을 의미한다. 이제까지 기업이 주로 관리해온 판매, 원자재 구매, 제품재고, 생산내역과 같은 데이트는 관계형 데이터베이스로 관리되는 구조적 데이터라 할 수 있다. 그러난 빅 데이터는 웹서비스를 이용한 사용자들의 흔적들(클릭스트림), CCTV의 영상 데이터, 위치정보, SNS의 내용, RFID등과 같이 센서를 통해 수집된 데이터 등 다양한 종류의 데이터를 포함한다.

3) 속도(velocity)

빅 데이터는 데이터의 실시간 처리와 지속적 접근을 요구하는 경우가 많아 데이터의 생성, 수집, 분석, 유통이라는 사이클이 매우 빨리 진행되는 경우가 많다. 예를 들어 제조업체의 공정과정에서 센서를 통해 포착하는 수많은 데이터는 실시간으로 생성되고, 스토리지에 저장되고, 품질관리를 목적으로 즉석에서 분석된 후 품질관리팀에게 공급되기 때문이다.

사례1

경찰청의 GeoPros

경찰청이 2014년부터 사용하는 지리적 프로파일링시스템 GeoPros는 지역 특성, 주거 형태 등 범죄 위험요소를 중심으로 환경이 비슷한 지역을 '치안블록'으로 묶어 관리하는 시스템이다. GeoPros는 2009년 4월 최초로 구축되어 형사사법정보시스템(KICS) 등 여러 범죄정보시스템과 지리정보시스템(GIS)을 연계, 범죄에 대한 공간 예측·분석 정보를 제공함으로써 범죄 수사와 예방활동에 도움을 주고 있다. 수사 중인 범죄에 대한 정보(범죄자 정보 등)를 GeoPros에 입력하면 유사한 범죄 유형 등 여러 변수를 적용하여 반경 수십 킬로미터 내에 범인이 은신할 수 있는 위치를 수백 미터 범위내로 좁혀 지도에 표시해 준다.

GeoPros는 또한 각 경찰서의 관할구역 내 범죄발생 빈도를 토대로 범죄 위험도를 한눈에 보게함으로써 효율적인 순찰 경로를 정하는데 도움을 주고 있다. 여기에다 지역의 특성, 주거 형태, 소득수준, 연령대 구성, 유동인구 등 인구통계학적 요인을 추가하여 분석하면 관할구역별 범죄발생확률을 보여줌으로써 경찰의 범죄 예측력을 높여주고 있다. 아울러 기존의 범죄 발생 빈도데이터에 이 변수들을 추가해 종합적으로 분석한 '범죄위험지수'를 이용, 환경이 유사한 구역을 세분화한 치안 블록을 파악함으로써 범죄예방의 정확도와 효율성을 높일 수 있다. 예를 들면, 원룸촌이나 다가구주택 밀집지역 등 침입절도나 성범죄 등의 발생 위험이 높은 곳은 별도 치안 블록으로 지정, 순찰활동을 더 강화할 수도 있다. 그리고 순찰차의 실시간 위치와 사건 발생 장소를 지도상에 표시해 줌으로써 순찰차 신속배치시스템(IDS)을 효율적으로 활용할 수 있게 되었으며, 이를 GeoPros의 범죄예측치와 연계하여 범죄위험도 높은 곳에 더 많은 순찰을 하는 등 효과적인 순찰 경로를 결정할 수 있다.

축구와 빅 데이터

'전차군단' 독일 축구대표팀은 브라질월드컵에서 개최국 브라질, 리오넬 메시를 앞세운 아르헨티나 등과 함께 강력한 우승 후보로 꼽힌다. 독일은 세계적인 프로축구 리그인 분데스리가의 경험과 잘 구축된 청소년 육성 시스템 등을 통해 세계 최강의 자리를 지키고 있다.

이번 브라질월드컵에서는 또 하나의 비밀 무기를 장착했다. 바로 빅 데이터(Big Data)분석이다. 빅데이터 분석기법이란 대량으로 쏟아지는 데이터를 분석해 일정한 패턴이나 변화를 파악하는 것을 말한다.

➡ 센서로 선수들의 활동 분석

독일 대표팀은 훈련 때 양쪽 무릎과 어깨 등 모두 4개의 센서를 부착하고 훈련한다. 골키퍼는 양쪽 손에 1개씩을 더해 6개의 센서를 단다. 센서 1개는 1분마다 선수들의 움직임·운동량·운동 특성 등 정보 1만2000여건을 수집해 서버 컴퓨터에 보낸다. 선수 1명당 1분에 4만8000개의 정보가 모이고, 전·후반 경기 총 90분이면 무려 432만개의 데이터가 쌓인다. 중앙 서버는 이 방대한 데이터를 분석한 결과를 실시간으로 감독·코치·선수의 태블릿PC에 알려준다.

이를 통해 독일 대표팀은 선수별 특징을 낱낱이 파악할 수 있다. 예를 들어 A선수는 왼발로 플레이하는 데 더 익숙하고, 필드에서 앞뒤로 움직이는 것보다 좌우로 움직이는 것이 더 효과적이라는 것 등을 알 수 있다. 또 정지 상태에서 순간 가속도와 패스 성공률, 슈팅 성공률 등도 분석할 수 있다.

독일 대표팀은 빅데이터로 선수의 활동량, 패스 성공률, 순간 속도 등을 분석해 맞춤 전술을 준비한다. 이렇게 분석한 결과는 감독과 코치진이 경기를 앞두고 전술을 짤 때 활용된다. 상대팀의 특성에 따라 수비수와 공격수로 어떤 선수가 적합한지 데이터로 판단하는 것이다. 무조건 스타플레이어나 감독이 선호하는 선수 위주로 주전 라인

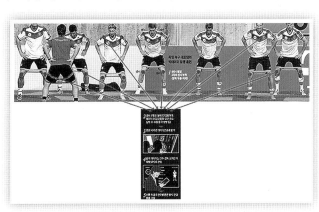

업을 짜는 것이 아니라 신뢰할 수 있는 데이터로 선수를 뽑는 것이다. 갑작스러운 부상에도 대응할 수 있다. 월드컵 같은 단기 토너먼트전에서는 갑작스러운 부상으로 주요 선수가 빠지면 팀워크가 무너지는 경우도 있다. 하지만 독일 대표팀은 특정 선수가 부상을 당해도 데이터를 통해 가장 비슷한 스타일의 선수로 대체할 수 있다.

센서를 사용할 수 없는 실제 경기에서는 경기장 바깥에 설치된 카메라로 선수들의 움직임을 분석한다. 포지션별 선수들의 움직임, 패스 방식, 반경 2·5·10m에서의 움직임 등을 카메라로 녹화해 분석한다.

➡ 전력 향상·팬 관리도 빅 데이터로

이 분석 시스템은 독일의 유명 비즈니스 소프트웨어 회사 SAP가 월드컵을 앞두고 독일 국가대표팀만을 위해 만든 것이다. SAP은 미국 올랜도에서 열린 'SAP 사파이어 나우(Sapphire Now) 2014' 행사에서 독일 축구 국가대표팀에 빅 데이터 기술을 적용한 사례를 발표했다.

행사장의 대형 TV에서는 2013년 11월에 열린 독일과 이탈리아 대표팀 간 평가전이 나오고 있었다. 화면에 나온 독일 선수를 클릭하자 그 선수의 운동량·패스 성공률·순간 속도 등 각종 정보를 한눈에 볼 수 있었다. 상대편인 이탈리아 선수들 역시 마찬가지였다. 프랭크 휠러(Wheeler) SAP 스포츠 담당 부사장은 "현대 스포츠에서 정보는 곧 힘"이라며 "앞으로 빅데이터를 이용하는 팀과 이용하지 않는 팀 간의 전력 차이는 더욱 심해질 것"이라고 말했다.

빅데이터 기술은 스포츠팀의 전력을 향상시켜줄 뿐만 아니라 팬들과의 결속력도 높여준다. 단순히 특정 팀을 응원하는 것을 넘어 각 선수의 기록을 분석하고, 팬이 팀의 전술까지 짤 수 있도록 데이터를 지원해주는 것이다. 예를 들어 특정 선수가 페널티킥을 찰 때 주로 어디로 들어갔는지, 골대의 왼쪽과 오른쪽 중 어디를 노렸을 때 성공 확률이 더 높은지 등 경기 중에 일어나는 데이터를 관객이나 시청자에게 알려준다. 이럴 경우 경기를 눈으로만 보는 것과는 한 차원 높은 재미를 느낄 수 있다.

※ 빅데이터(Big Data)

디지털 환경에서 생성되는 방대하고 복잡한 데이터를 뜻한다. 최근 IT(정보기술)업계뿐 아니라 스포츠·헬스케어 등 다양한 분야에서 빅데이터를 분석해 전략수립, 기업경영, 질병연구 등에 활용하고 있다. 4차 산업혁명의 주요 기술이기도 하다.

자료원 : 조선일보, 2014.06.09.

AI, 로봇, 빅 데이터

인공지능(AI), 전자·기계공학, 로보틱스, 뇌과학 등 첨단기술의 발전은 인간과 비슷하게 행동하고 생각하는 로봇을 만드는데 획기적인 기여를 하고 있다. 아울러 각종 기계와 사물 그리고 인간에게 부착되어 있는 센서를 통해 축적되고 있는 엄청난 양의 데이터를 활용하여 운영과 서비스를 계획하고 실행하고 필요하면 통제할 수 있는 시스템이 출현하고 있다. 엄청나게 복잡한 이러한 시스템의 출현은 기업과 사람들에게 기회이면서 동시에 위협이 되고 있다.

이 멀티 사례에서는 인공지능, 로봇, 빅 데이터, 드론, 3D 프린터 등이 다양한 업종과 개별기업에게 실제로 어떻게 활용되어 전략적 도구로 활용되는지를 보여주고자 한다.

1. 스마트 제조

2017년 5월 9일 독일 북부 볼프스부르크에 있는 세계 최대 자동차 회사 폴크스바겐의 본사 공장. 650만㎡(약 196만6200평)에 이르는 볼프스부르크 공장은 특이하게도 조립 중인 자동차가 컨베이어 벨트 대신 천장에 매달린 형태로 이동했다. 자동차가 위로 지나가면 로봇이 부품 조립 작업을 했다. 필요에 따라 차체를 좌우로 기울이기도 하고 로봇 한 대가 문을 잡고 있으면 다른 한 대가 구멍을 내고, 또 다른 로봇이 거기에 나사를 끼우며 사람처럼 협업했다. 공정 라인별로 1~2명씩 배치된 사람들은 모니터를 점검하며 로봇이 제대로 작동하는지만 살폈다. 요나스 하인츠 폴크스바겐 자동화 공정 연구 그룹장은 "80년 전 독일 국민차 '비틀'을 생산하기 위해 탄생한 이 공장이 과거와 달라진 것은 더 이상 사람이 자동차를 만들지 않는다는 것"이라고 말했다. 이 공장은 로봇의 작업 속도나 부품의 공급 정보를 사내 인터넷망을 통해 실시간으로 체크할 수 있다. 한 로봇이 문제를 일으키면 곧바로 다른 라인으로 흐름을 변경하는 것도 가능하다.

자동차 부품 기업 보쉬는 공장 내 로봇과 기계에 센서를 집어넣고 빅데이터 분석으로 개선점을 찾아내면서 2012년 이후 지난해까지 매년 20%씩 생산성을 향상시켰다. 보쉬는 2020년까지 스마트공장 전환으로만 매년 11억2000만달러(약 1조2500억원)의 추가 매출을 달성할 것예상되고 있다.

독일 최대의 스포츠용품 업체 아디다스는 로봇과 3D(차원) 프린터를 이용한 스마트공장으로 제조업의 개념을 바꾸고 있다. 아디다스는 현재 바이에른주 안스바흐에 스마트공장을 건설하고 있다. 이 공장들은 로봇과 3차원(D) 프린터를 이용해 연간 100만 켤레의 운동화를 찍어낼 계획이다. 운동화 종류에 따라 생산 라인을 교체할 필요 없이 3D프린터의 프로그래밍만 새로 하면 되기 때문에 고객의 요구에 즉각 대응할 수 있다. 3D 프린터는 비행기 동체나 엔진은 물론, 단백질을 소재로 해 사람의 장기까지 제작하는 단계로 발전했다"고 말했다.

➡ 로봇

유럽 최대 산업용 로봇 기업 ABB의 스위스 취리히 본사 연구실의 연구원들이 사람 상체 크기의 양팔 로봇 '유미(YUMI)'에게 인간의 동작을 가르치고 있었다. 한 연구원이 유미 앞에 앉아서 학습 기능을 켜고 동작을 반복하자, 유미는 몇 차례 시행착오를 거친 뒤 같은 동작을 따라 하기 시작했다. 앞에 놓인 종이를 접어 비행기를 만들어 날리거나 큐빅 퍼즐 맞추기 같이 세밀하고 복잡한 동작도 따라 했다. 사스와토 다스 ABB 이사는 "유미는 사람이 양손으로 할 수 있는 동작은 모두 몇 시간이면 완벽하게 배울 수 있다"면서 "비싼 돈을 들여서 공장 라인을 바꿀 필요 없이 사람이 일하는 라인에 곧바로 투입할 수 있다"고 말했다.

일본 사이타마현 가조시에 있는 계산대 제조업체 글로리 공장에서는 양팔 로봇이 사람과 협업해 제품을 조립하고 있다. 키 150㎝의 양팔 로봇 '넥스트에이지(NextAge)'가 한 손으로 기판을 잡고 다른 한 손으로 부품을 집어 끼워 넣고 있었다. 조립한 부품은 라인 건너편에 앉은 직원에게 넘겼고, 직원은 추가로 부품을 꽂아 다음 작업자에게 전달했다. 한 생산 라인에 5~10명의 사람과 3~5대 로봇이 한 팀을 이뤄 일하는 모습이 물 흐르듯 자연스러웠다. 이 회사의 가토 마사루(加藤優) 공장장은 "로봇은 지치지 않고 정확히 시킨 일을 해내고, 사람은 돌발상황에 민첩하게 대응할 수 있다"면서 "로봇과 사람을 한 팀으로 만들자 장단점이 조화를 이루면서 불량률은 낮아지고 생산성은 높아졌다"고 말했다.

로봇이 바꾼 것은 공장뿐이 아니다. 상점이나 가정에서 사람과 소통하는 로봇도 현실화되고 있다. 일본 도쿄 신주쿠의 대형 쇼핑타운 4층에 있는 미용실 입구. 키 120㎝ 정도의 하얀색 로봇이 지나가는 사람들에게 "머리 안 자르세요?"라며 말을 걸고 있었다. 소프트뱅크의 생활형 로봇 '페퍼'였다. 가까이 다가가니 페퍼의 왼쪽 눈에서 파란색 불빛이 반짝였다. 사람과 눈이 마주친 걸 인식한 것이다. 페퍼는 가슴의 디스플레이로 할인 행사와 미용 관련 정보를 보여줬다. 기자가 발길을 돌리자 곧바로 "저 춤 잘 춘다"고 말을 걸었다. "춤춰 봐" 하자, 두 팔과 엉덩이를 들썩거렸다. 고객이 관심을 갖자 다시 머리를 자르라고 권하기 시작했다. 페퍼는 일본 내에서만 1만대 이상 깔려 있으며 미즈호은행, 야마다전기, 닛산자동차 판매장, 기차역 등 도쿄 곳곳에서 점원을 대신해 손님을 맞고 있다.

미국 햄버거 체인 캘리버거 매장에 배치된 로봇 '플리피' 자동으로 햄버거 패티를 굽는다. 점심시간에 직장인들이 길게 줄을 늘어섰지만 주문을 받는 점원과 식사를 만드는 종업원의 모습을 찾아볼 수 없었다. 손님들은 레스토랑 입구에 있는 태블릿 PC 앞에서 주문하고 신용카드로 결제했다. 결제를 마치고 3분 정도 기다리니 레스토랑 벽면에 붙어 있는 화면에 이름과 식사를 받아갈 수 있는 배출구 번호가 떴다. 배출구 입구를 두 번 두드리니 문이 열리고 주문한 샐러드와 커피가 나왔다. 이트사와 10분가량 떨어진 곳에는 로봇 '바리스타'가 커피를 만들어 주는 '카페 X'가 있다. 유리창 너머로 보이는 주방에서는 로봇 바리스타가 에스프레소를 내리고 뜨거운 우유를 넣어 카페라테를 만들고 있었다.

미쓰비시연구소는 이르면 2020년 '1가구 1로봇' 시대가 올 것으로 예상하고 있다. 로돌프 젤린 소프트뱅크 로보틱스 수석부사장은 "페퍼와 같은 생활형 로봇은 스마트폰에 앱을 설치하는 것처럼 프로그램만 바꿔주면 무엇이든 팔거나 안내할 수 있는 로봇 직원"이라며 "현재는 단순 접객 업무를 하는 수준이지만 앞으로는 레스토랑에서 주문 음식에 맞는 와인을 추천하는 등 광범위한 영역에서 활약할 것"이라고 말했다.

문제는 사람과 로봇이 공존할 수 있느냐다. 폴크스바겐 볼프스부르크 공장의 자동화 비율은 95%에 이르지만 아직은 근로자들의 숫자가 매년 꾸준히 늘어나고 있다. 현재 이 공장의 근로자 수는 7만5000명으로 단일 공장으로는 유럽 최대 규모다. 토르스텐 크람 폴크스바겐 매니저는 "로봇의 도입과 공정 효율화로 생산량이 증가하고 생산량 증대에 따라 지난 5년간 이 공장의 근로자는 1만명 이상 늘었다"고 말했다. 하지만 아디다스의 3D 프린터는 해외에 있는 아디다스 생산라인을 통째로 없애버릴 가능성이 크다.

2. 아마존닷컴

23년 전 온라인 서점으로 출발한 아마존은 온라인 유통, 클라우드컴퓨팅(서버 임대 서비스)에 이어 오프라인 식료품 판매에 뛰어들면서 거대한 제국으로 성장하고 있다. 아마존은 전 세계 5억 명의 고객들에게서 모은 방대한 데이터를 AI(인공지능)

로 분석해 경쟁자를 초토화시키고 있다.

▶ 물류시스템

2017년 5월 9일 오전 10시 미국 시애틀에서 차로 한 시간 거리에 있는 '아마존 듀폰트시(市) 창고'. 축구장 46개 크기(37만2300㎡)로 북미 최대 규모의 이 물류 창고에는 미국 최대 전자상거래업체 아마존의 핵심 경쟁력이 모두 집약돼 있다. 창고 안에서는 '아마존로봇(AR)' 1000여대가 곳곳을 누비고 있었다. 대형 로봇 청소

출처: chosun.com

❋ C무게 6t까지 한꺼번에 들어 올리는 노란색 기중기 로봇 '로보스토'가 물류 창고로 들어오는 각종 제품을 1층에서 2층 재고 구역으로 옮기고 있다(위 사진). 오렌지색 '아마존로봇(AR)'(아래 사진)은 2층에 도열해 있다가 로보스토로부터 짐을 받아 지정된 선반 위치로 상품을 옮긴다. 축구장 46개 크기의 물류센터에는 로봇 1000여대가 있다.

기처럼 생긴 아마존로봇은 2000만 종의 물품이 쌓인 복잡한 재고 더미에서 주문받은 상품을 정확하게 찾아내 컨베이어 벨트 위에 올려놓았다. 창고 안에 이어진 컨베이어 벨트의 길이는 무려 9㎞에 달하고 롤러코스터처럼 복잡한 경로로 움직였다. 마치 고가도로 한가운데에 서 있는 느낌이었다. 이 창고 안의 로봇들은 아마존 서버(대형 컴퓨터)에 있는 인공지능의 명령에 따라 움직인다. 아마존의 인공지능은 홈페이지와 창고 내의 모든 것을 파악해 로봇을 조종한다.

아마존이 공식적으로 밝히지는 않았지만, 아마존의 주문처리량은 초당 50건 하루 300만개 이상에 이른다. 고객이 아마존 쇼핑몰에서 상품을 결제하는 순간부터 이 창고에서 트럭에 물품이 실려 배송 준비가 끝나기까지 10분이면 충분하다. 아마존로봇 한 대가 사람 4명분의 일을 할 수 있다. 직원 1000여 명이 이곳에서 하는 일은 포장 직전에 물품을 확인하는 것뿐이다.

애슐리 로빈슨 아마존 매니저는 "이곳은 인공지능과 로봇 기술을 총동원해 만든 아마존의 8세대 창고"라고 말했다. 하지만 9세대나 10세대는 창고 형태 자체가 없어질 수도 있다. 아마존은 물품을 싣고 떠다니는 거대한 열기구형 공중 창고 '항공수송센터'를 개발하고 있다. 고객의 주문이 들어오면 가까운 공중 창고에서 드론(무인기)이 상품을 집까지 배송한다는 것이다.

➡ 소매유통

2017년 5월 9일 미국 시애틀 아마존 본사 1층의 수퍼마켓 '아마존 고(Go)'. 편의점처럼 꾸며진 167㎡(약 50평) 규모 매장은 고객들로 북적였다. 지난해 12월 문을 연 이곳은 계산대와 계산원이 없는 세계 첫 무인(無人) 매장이다. 고객들은 스마트폰에서 '아마존 고 앱(응용 프로그램)'을 켜고 매장에 들어서서 장바구니에 빵·우유·샌드위치 등 원하는 상품을 담았다. 장을 다 본 사람들은 상품을 종이봉투에 옮겨 담은 뒤 계산하지 않고 매장을 나섰다. 계산대 앞에서 길게 줄을 서는 모습이 사라진 것이다. 매장 안에 설치된 카메라와 센서가 장바구니에 담기는 물건을 파악한 뒤 사람들이 매장을 나설 때 앱에 등록된 신용카드로 자동 결제한다.

인공지능은 물품별 판매량을 예측해 알아서 주문을 넣고, 사람들이 많이 찾는 제품 위주로 상품 배치까지 결정한다. 아마존은 미국에만 아마존 고 매장 2000곳을 열 계획이다. 아마존 고의 등장은 소매 산업의 개념을 흔드는 일대 사건이다. '계산원'이라는 직업이 사라지는 것은 물론 매장 크기와 상품 진열에 대한 고정관념을 아마존이 뒤엎고 있다.

3. 의료와 식량

인공지능과 빅데이터 분석 등 혁신 기술은 사람 질병을 예측해 수명을 늘리거나 농작물의 미래를 예측하는 분야까지 진출했다. 2017년 5월 12일 미국 샌디에이고의 유전자 분석 기업 일루미나 본사 건물 2층에 있는 '메디신 룸(medicien room)'에는 100대가 넘는 유전자 분석 장비가 늘어서 있었다. 이 장비는 2014년 일루미나가 선보인 '하이섹(Hiseq)'이다. 누구나 1000달러(약 110만원)만 내면 자신의 유전자를 분석할 수 있다. 태아 때부터 노인이 될 때까지 어떤 질병에 걸릴 가능성이 높은지를 미리 분석해 발병 위험을 없앨 수 있다는 것이다. 일루미나의 라이언 태프트 수석 과학자는 "지금은 독감이 유행하면 독감 예방주사를 맞고, 암 종양이 발견되면 그때부터 항암 치료에 들어가지만 앞으로는 암에 걸릴 가능성이 높은 유전자가 발견되면 이 유전자를 치료하거나 발병 가능성 자체를 차단하는 방식으로 치료법이 바뀔 것"이라고 말했다. 일루미나는 수년 안에 100달러(약 11만원)짜리 유전자 분석 시대를 열겠다고 공언했다.

세계 최대 종자 기업 몬산토는 농업의 개념을 바꾸는 '빅데이터 바이오 혁명'을 진행하고 있다. 2017년 5월 16일 미국 미주리주 몬산토는 본사에서 클라이밋필드뷰의 기후 빅데이터 분석 장면을 시연하였다. 클라이밋필드뷰는 트랙터에 GPS 위성 장치를 연결해 농경지의 수분량, 질소량, 병해충 상태 등을 모두 데이터로 입력한다. 이를 바탕으로 예상 수확량이 낮은 곳은 빨간색으로, 높은 곳은 초록색으로 표현한다. 개리 바튼 매니저는 "옥수수 씨앗을 분석해 옥수수가 얼마나 자랄지, 어떤 맛을 낼지 미리 알 수 있다"고 말했다. 그는 센터에 보관된 옥수수 알에서 잘라낸 가로·세로 1mm 조각을 유리그릇에 담아 '농작물 DNA(유전자) 추출 분석기'에 넣었다. 분석 결과를 몬산토가 보유한 옥수수 DNA 빅데이터 1200만 건과 비교하면 옥수수 잎 모양이나 옥수수 알 크기는 물론 성장에 필요한 적정 강수량까지 알려준다. 바튼 매니저는 "DNA 빅데이터 덕분에 이제는 농작물을 시험 재배해 보지 않고도 최고 품종을 가려낼 수 있다"고 말했다.

자료원 : 조선일보, 4차 산업혁명… 이미 현실이 된 미래, 2017.07.24.

Chapter

4

정보자원의 전략적 활용

주요 내용

1. 시대별 기업의 정보사용의 특징을 이해한다.

2. 정보자원인 IT자산(asset)과 IT역량(capabilities)의 개념과 사례를 이해한다.

3. 5가지 경쟁적 힘의 모델(Five Competitive Forces Model)을 이해하고 응용할 수 있어야 한다.

4. 가치사슬모델(Value Chain Model)을 이해하고 응용할 수 있어야 한다.

5. 가상가치사슬, 확장가치사슬모델의 개념을 이해한다.

6. 자원기반관점(Resource-Based View)에서의 전략의 필요성과 용도를 이해하되, 특히 앞의 5
   가지 경쟁적 힘의 모델과 가치사슬모델과의 차이점을 이해한다.

[사례] 경쟁적 힘의 모델과 가치사슬혁신모델의 적용: Zara

이 장은 기업이 'IS기반 애플리케이션(소프트웨어)을 활용하여 경쟁적 우위를 구축한
다'는 개념을 소개하는 장이다. 따라서 본 장은 먼저 역사적으로 기업이 정보자원을
어떻게 활용해 왔는지를 시대별로 조망하면서, IT자산(asset)과 IT역량(capabilities)의 개념
과 중요성을 설명하고자 한다. 아울러 이 장에서는 정보자원의 전략적 활용과 연관된
3가지 중요한 이론을 소개하고자 한다. 첫째는 기업이 시장에서 생존하기 위해서 확
보해야 하는 전략적 우위(strategic advantage)를 잘 설명해주는 마이클 포터 교수의 '5가지
경쟁적 힘의 모델(Five Competitive Forces Model)', 둘째는 전략적 파트너십을 구축하기 위해
필요한 비즈니스 프로세스를 연결하는 방법을 설명하는 '가치망모델(Value Chain)', 셋째
는 정보를 포함한 기업의 다양한 가용자원을 활용하여 경쟁적 우위를 유지하는 방법
을 설명하는 '자원기반 관점(Resource-Based View)'을 설명하였다.

1. 정보자원의 진화

에라스(Eras) 모델은 지난 수십 년에 걸쳐 기업이 어떻게 IS를 활용해 왔는지를 잘 설명하고 있다(《표 4-1》참조). 1960년대부터 1990년대에 걸쳐 IS전략은 내부적 필요에 맞춰 만들어졌다. 초반에는 거래비용을 계속 낮추기 위해서였고 이어서 정보를 수집하고 잘 분배함으로써 경영자의 의사결정을 잘 지원하기 위해서였고 그리고 끝으로 비즈니스 프로세스[1]를 재설계할 필요가 있기 때문이었다.

기업은 스스로 확보한 경쟁적 우위를 언제라도 잃어버릴 수도 있다. 기업에게 한때 경쟁적 우위를 주었던 전략정보시스템(strategic information system)을 경쟁업체가 이를 모방해 버리면 그 우위는 그냥 사라져 버리기 때문이다. 이밖에도 기술적 요인 이외에 다른 요인들에 의해서도 경쟁적 우위는 쉽게 무너질 수 있다. 최근에는 사회적 IT 플랫폼[2]이 새로운 애플리케이션, 프로세스 그리고 전략적 기회를 기업에게 제공하고 있다. 기업이 적절하게 이 기회를 활용하지 못하면 경쟁력을 잃을 수도 있다.

각 시대가 시작될 때마다 기업들은 자신의 내부적 환경과 외부적 환경을 고려하여 IS를 어떻게 전략적으로 활용할 지를 고민한다. 예를 들어 2000년대 '가치창조'시대에 기업들은 경쟁자를 제칠 수 있는 애플리케이션을 찾기도 하며, 혁신적인 비즈니스 모델을 가진 신흥기업이나 새로운 시장에 들어오는 기존 기업들의 위협을 이겨낼 수 있는 애플리케이션을 찾기도 한다. 예를 들어 2000년대 초반 인터넷을 기반으로 하는 혁신적 시스템을 가지고 시장에 진입했던 수많은 닷컴(dot-coms)[3]들은 모든 산업분야에서 전통적 기존 기업들에게 큰 도전을 주기도 하였다.

IS의 전략적 활용은 3장에서 다룰 기업전략들과 연결된다. IS전략과 조직전략은 밀접하게 연결되어야 하는데, 이는 주로 내부적 요구사항에 부응하기 위한 것이다. 그리고 IS전략과 전사적 비즈니스(경영)전략도 매우 밀접하게 연결되어야 하는데 이는 주

---

1) 비즈니스 프로세스란 하나의 목적(예: 고객서비스, 신상품개발 등)을 달성하는데 필요한 과업들을 기능의 유사성과 상관없이 IT를 이용하여 보다 효율적으로 엮은 일련의 업무처리과정을 말한다. 흔히 전통적인 기능적 조직의 문제점을 극복하기 위한 대안으로 제시되는 정보자원의 조직개념이다.

2) 사회적 미디어(스마트폰에서 사용할 수 있는 SNS 의미)를 기반으로 비즈니스를 수행할 수 있는 소프트웨어를 의미한다.

3) 인터넷이 활발하게 보급되던 1990년대 후반, 2000년대 초반에 인터넷을 기반으로 비즈니스를 수행했던 벤처 기업들을 지칭한다. 인터넷을 기반으로 상거래를 수행한 기업들이 주를 이루었다.

로 외부의 환경변화에 적극 대응하기 위한 것이다. 즉 비즈니스 전략, IS전략, 조직전략을 유기적으로 잘 연결하여 전략의 효과성을 극대화하기 위해서는 경영자가 자원으로 쓸 수 있는 정보가 무엇인지를 잘 구분할 수 있어야 한다.

표 4-1_ 기업의 시대별 정보사용의 특징

	시대 1 1960년대	시대 2 1970년대	시대 3 1980년대	시대 4 1990년대	시대 5 2000년대	시대 6 2010년~
IT의 주요역할	효율성 수작업을 자동화 하는 일	효과성 문제해결과 기회창출	전략적 개인/그룹 의 효과성 증대	전략적 산업/조직 의 변환	가치창출 협업적 파트 너십 창출	가치확장 공동체 및 사회적 비즈니스
IT지출 정당화 근거	ROI	생산성 향상 과 결정의 질적 향상	경쟁적 우위 점유	경쟁적 우위 점유	부가가치 창출	관계구축
시스템의 대상	조직	조직/그룹	개인/경영 자/그룹	비즈니스 프 로세스 기업 생태계[a]	고객/공급 업체 기업생 태계	고객/직원/ 공급업체 기업생태계
정보모델	개별 애플리 케이션	데이터 주도	사용자 주도	비즈니스 주도	지식 주도	사람(관계) 주도
주요기술	메인프레임 중심 (중앙집중)[b]	미니컴퓨터 중심 (중앙집중)	마이크로컴 퓨터(PC) (분권형)	클라이언트- 서버 (분산형)[c]	인터넷, 글로벌 유비쿼터스 인텔리전스	사회적 플랫 폼과 네트워 크, 모바일, 클라우드
기반 가치	희소성	희소성	희소성	풍요 (다양)성	풍요 (다양)성	풍요 (다양)성
숨겨진 경제 논리	정보경제 학과 재화 (things) 경 제학 묶임[d]	정보경제 학과 재화 (things) 경 제학 묶임	정보경제 학과 재화 (things) 경 제학 묶임	정보경제 학과 재화 (things) 경제학이 분리됨	정보경제 학과 재화 (things) 경제학이 분리됨	관계 경제학 과 정보경제 학이 묶임

자료원 : K. E. Pearlson & C. S. Saunders, Strategic Management of Information Systems, 2013, p.46.
해설 : a. 기업 생태계(ecosystem)란 서로 긴밀하게 협조해야 하는 기업들이 모인 환경을 의미하는 것으로 환경학에서 빌려온 용어이다.
　　　b. 메인프레임(main frame)은 대기업들이 주로 쓰는 대형컴퓨터를 의미한다.
　　　c. 서버(server)란 정보처리를 담당하는 컴퓨터를 말하며 클라이언트(client)란 정보처리를 요청하기 위해 사용자가 사용하는 기기들을 말한다. 주로 PC, 테블릿, 스마트폰을 의미한다.
　　　d. 정보경제학은 네트워크를 통해 거래되는 디지털상품·서비스를 주로 다루는 디지털세계의 경제를 의미하여, 재화경제학은 전통적인 경제학을 의미한다.

2. 전략적 도구로써 정보자원

기업이 전략적 우위를 만든다는 것은 자신이 보유하고 있는 재무, 생산, 인적, 정보자원 모두를 지혜롭게 결합하고, 인터넷과 같은 외부적 자원과 다양한 기회를 적극 활용할 때 가능한 것이다. 정보자원(information resources)이란 비즈니스 프로세스나 과업을 수행하기 위해 사용될 수 있는 데이터, 기술, 사람, 프로세스를 포함하는 매우 포괄적 개념이다. 이 정보자원은 기업의 IT자산(asset)이나 IT역량(capabilities)으로 다시 구분될 수 있다. IT자산이란 제품·서비스를 창조하거나, 생산하거나 제공하는 프로세스에서 기업이 사용할 수 있는 모든 유무형의 자산을 의미한다. 한편 IT역량은 제품·서비스를 창조하거나, 생산하거나 제공하기 위해 기업들이 오랜 기간에 걸쳐 학습하고 개발하는 것들을 의미하는 것으로 IT자산을 효과적으로 활용할 수 있는 능력을 의미한다(Piccoli and Ives, 2003).

우리가 흔히 말하는 IS인프라(infrastructure)는 IT자산을 의미하므로 데이터, 기술(정보 및 네트워크 기술), 사람(IS전문가, 파워유저 등) 그리고 혁신적 프로세스를 말한다. 이 인프라는 기업이 제품이나 서비스를 제공할 수 있는 기초(foundation)와 같은 것이다. 모든 전자상거래 사이트는 거래를 위한 인프라이며, 우리나라의 멜론(Melon)은 음원판매를 위해 만들어진 인프라인 것이다. 때로 우리는 인프라 대신 플랫폼(platform)이라는 말을 사용하는데 이 역시 애플리케이션을 만들어내는 개발환경이나 제품이나 서비스를 제공하는 기반을 의미한다. 예를 들어, 구글은 현재 다양한 앱애플리케이션를 개발하거나 정보서비스를 제공할 수 있는 가장 강력한 플랫폼 운영자라 할 수 있다.

또 다른 IT자산으로는 체계적으로 정돈된 정보저장소(데이터베이스)를 들 수 있다. 어떤 기업의 정보저장소는 내부의 효율성 향상을 지향하는 내부 데이터로만 구성되기도 하지만, 어떤 기업은 산업전반, 경쟁업체, 고객을 아우르는 외적 환경에 대한 광범위한 데이터를 수집하여 저장하기도 한다. 중요한 것은 많은 데이터를 가지고 있는 것이 아니라 이를 효과적으로 사용하는 능력에 있다.

웹 2.0[4] 영역이 계속 확대됨에 따라 IT자산에 대한 개념도 변화되고 있다. 이제 기

---

4) 개방형 서비스 구조를 기반으로 사용자 참여를 통해 가치를 창출하는 인터넷 서비스를 말한다. 따라서 개방, 참여, 공유의 정신을 바탕으로 사용자가 직접 정보를 생산하여 쌍방향으로 소통하는 웹 환경이 요구된다.

업도 더 이상 모든 IT자산을 소유할 필요가 없게 되었다. 즉 기업들은 독자적으로 개발하거나 구매한 시스템을 통해 정보서비스를 얻을 수도 있지만, 오늘날 이러한 자원을 외부전문업체로부터 빌릴 수 있는 시대가 된 것이다. 예를 들어, SalesForce.Com은 SaaS(Software as a Service)로 불리는 인터넷기반 서비스를 통해 기업이 고객정보를 관리하는 새로운 방법을 제공하고 있다. Facebook, LinkedIn과 같은 SNS는 매우 적은 비용으로 기업들이 혁신적이고 고급지식을 갖춘 인재 네트워크에 손쉽게 접근할 수 있게 함으로써 인재채용비용을 절감시켜준다.

IT역량은 기술적 기술(technical skill), IT경영 기술(IT management skill), 관계 기술(relationship skill)로 나눌 수 있다. 기술적 기술은 정보시스템을 설계하고, 개발하고, 구현할 때 필요한 기술이다. IT경영 기술은 IS부서와 IS프로젝트를 관리할 때 필요한 기술이다. 이를 위해서는 비즈니스 프로세스를 잘 이해하고, 이러한 프로세스를 지원하는 시스템의 개발과 유지보수를 감독할 수 있어야 하고, 새 시스템을 도입하는 사업부서나 사용자들과 잘 협력할 수 있는 능력을 갖추어야 한다. 관계 기술은 내부 및 외부 관계자 모두에게 적용된다. 시장의 요구에 잘 대응하고 공급업체나 고객과 잘 협력하는 능력을 말한다. 내부적으로 IS부서 책임자와 다른 현업부서의 책임자간의 관계는 다양하고 포괄적인 성격을 띠는데, 특히 IS부서 책임자들은 이들과 좋은 파트너십을 유지하는 것이 매우 필요하다. 평소에 구축된 좋은 관계들은 또 다른 형태의 IT자원으로 간주될 수 있다.

정보자원의 확보는 상당한 재정적 지출이 요구된다. 투자에 대한 재무적 관점을 고려할 수밖에 없는 최고경영자는 정보자원이 창출해 낼 수 있는 이익(우위: advantage)을 고려하지 않을 수 없을 것이다(Collis and Montgomery, 1995).

🌱 정보자원을 가치 있게 만드는 것들

〈표 4-1〉을 보면 시대 1~3에서는 정보의 가치가 물리적 운송수단과 별반 다르지 않았다. 당시 컴퓨터를 포함하여 필요한 정보를 생성하는데 드는 비용이 막대했으므로 그런 시스템을 갖춘 기업들이 희소하였다. 그런 희소성은 다른 기업들에 비해 경쟁적 우위를 줄 수 있었다. 시대 4에 이르러 네트워크화된 경제규모가 확대됨에 따라 가치는 풍요(다양성)로부터 오기 시작하였다. 네크워크 효과(network effects)는 다다익선이라는 양적 팽창이 가져다주는 새로운 가치라 할 수 있는데, 기업의 네트워크(예: 전자상거래

시스템)에 많은 사람이 가입하면 할수록 그 네트워크의 가치는 확대되는 것이다. 예를 들어, 하나의 이메일 계정은 아무런 가치가 없지만 이메일 계정의 수가 늘어나면 날수록 이메일의 가치는 확대되는 것과 같다. 더구나 스마트폰과 같은 모바일기기를 통해 이메일을 보낼 수 있게 됨으로써 이메일 시스템이 갖는 가치는 더욱 상승하고 있다. 더구나 이메일 계정에서 거의 추가 비용 없이 또 다른 사람에게 정보를 복제하여 보낼 수 있으니 네트워크의 가치는 더욱 상승하게 되는 것이다. 따라서 정보관련 제품의 가격을 결정짓는 것은 직접적인 생산비용보다는 그것이 구매자에게 주는 가치(value)에 의해 결정된다고 볼 수 있다(Broadbent, Weill and Clair, 1999).

정보자원을 통해 창출되는 가치를 누가 정하는가?

자원의 가치가 어디에서 오는지, 조직에게 유리하도록 자원을 어떻게 활용해야 하는지를 알기 위해서는 가치가 어떻게 그리고 왜 만들어지를 분석해봐야 알 수 있다. 가치에 영향을 줄 수 있는 자원들 중에 경쟁적 우위를 만들고 유지시키는 자원의 속성이 있을 수 있다. 스페인 패션의류업체인 Zara의 경우, 정보공유의 속도가 분명히 그 회사에게 특별한 가치를 주는 것으로 보인다. 매장에서 생성되는 정보(판매량, 고객의견 등)가 신속하게 디자이너에게 전달되어 미래의 제품개발에 반영되기 때문이다.

정보자원 분배의 공정성

기술의 생명주기 측면에서 초기 도입자(early adopter)들은 경쟁적 우위를 경험할 수 있다. 예를 들어, 위키피디아[5]의 가치를 일찍 알게 된 경영자는 그것으로부터 많은 금전적인 이득을 얻을 수 있을 것이다. 그러나 길게 볼 때 이러한 자원은 금방 일용재가 되어버려 원래의 가치는 사라진다. 정보자원의 사용경험은 분명 기업과 기업에 따라 차이가 있을 것이다. 때로 한 산업 안에서 특별한 경험을 축적한 기업은 다른 기업이 가질 수 없는 경쟁적 우위를 누림으로써 그 가치를 경험할 수 있다. 어떤 산업에서는 정보의 불균형(비대칭)으로 정보의 가치가 양극화되기도 한다. 정보를 가진 자가 정보가 없는 개인이나 기업이 불리하도록 그것을 사용할 수 있기 때문이다.

---

5) 온라인 백과사전. 다수의 이용자가 참여하여 편집한 고급정보를 공유하는 인터넷 사이트.

이동이 용이한 정보자원

여러 정보자원들 중에 이동이 용이한 정보자원이란 사람과 하드웨어가 있다. IT기술자들이 가진 개인기에 너무 의존하는 기업은 핵심인재가 쉽게 떠나는 리스크를 떠안아야 한다. 이러한 리스크를 줄이기 위해서 지식공유과정을 구축하거나 조직적 기억(organizational memory)[6]을 개발하는 것이 도움이 될 것이다. 프로젝트가 끝난 후 팀 구성원들이 학습한 것들을 기록하거나 구성원끼리 있었던 대화와 활동을 SNS를 이용하여 기록하는 것도 그러한 위험을 줄이는 방편이 될 수 있다. Zara에서는 모든 고객정보가 중앙에서 접수되고 관리되므로 디자이너가 수 백 곳의 매장으로부터 중복되는 수많은 정보가 아닌 통합된 정보에 접함으로써 자신의 업무에 보다 효과적으로 활용할 수 있다.

정보자원의 용도폐기 속도

정보자체가 닳아 없어지는 것은 아니지만 시간이 지남에 따라 그 용도와 효용은 자연스럽게 줄어들다가 급기야는 사라진다. 굉장히 역동적인 시장일수록 정보의 용도폐기 속도는 더욱 빨라져 그 가치는 제로에 가까워진다. 경영자는 다양한 정보자원 가치의 하강 속도를 가늠하고 그 속도에 영향을 미치는 요인들에 대해 관심을 기울일 필요가 있다. 예를 들어 현재 DB에 기록된 고객정보(예: 집주소, 직장주소, 전화번호 등)가 얼마 동안 유효할 것이며, 구매행동에 영향을 미치거나 현재 데이터의 예측력을 감소시킬 경제적 사건은 어떤 것들이 있는 지를 이해하고 있어야 한다. 과거 데이터를 이용한 예측정보가 미래에 언제까지 유효할 것인지 관심을 가져야 한다.

경영자는 정보자원 외에도 다양한 경영자원을 가지고 있고, 이 모든 자원들이 기업의 전략적 목표를 달성하는 일에 맞도록 확보되고 배치할 책임이 있다. 이것들을 효과적으로 활용하기 위해서는 각 자원들의 속성을 잘 이해할 필요가 있다. 경영자는 IS전략을 비즈니스(경영) 전략에 잘 일치시킬 때 이러한 목표를 보다 효율적으로 달성할 수 있다. 그렇지만 경쟁회사도 이와 똑 같은 노력을 하고 있음을 잊지 않아야 한다. 이러한 경쟁적 환경에서 우리는 조직이 효과적으로 경쟁하기 위해 어떻게 정보자원을 조직해야 할지 궁금하지 않을 수 없다.

---

6) 10장에서 다룰 지식경영시스템의 일종이다.

3. 정보자원의 전략적 사용

　기업은 자신이 속한 경쟁적 환경에 영향을 미칠 수 있는 수많은 상황(요소)들을 매일 접하게 된다. 때로 중요한 것을 하나만이라도 놓치면 그 조직에 치명적인 결과를 가져다 줄 수 있기에 경영자는 매우 사소한 것들도 지켜보는 전략적 눈을 가질 필요가 있다. 이 장에서 소개할 3개의 전략적 눈(도구)은 IS전략과 비즈니스 전략을 일체시키는 데 큰 도움이 될 수 있을 것이다. 첫째, 마이클 포터 교수의 '5가지 경쟁적 힘의 모델(Five Competitive Forces Model)'은 조직의 경쟁적 환경에 영향을 미칠 수 있는 주요 요인들을 알려준다. 기업의 입장에 유리하도록 이 경쟁적 힘을 바꾸는데 정보자원을 어떻게 활용할지를 전략적으로 생각할 수 있도록 돕는 모델이다. 둘째, 역시 마이클 포터 교수의 '가치망모델(Value Chain)'은 조직의 내부 프로세스와 공급망에 편입되어 있는 파트너 기업들의 외부프로세스의 경쟁력을 종합평가할 수 있도록 돕는다. 당연히 기업의 활동들이 가치를 창출하거나 이를 돕도록 정보자원이 적용되어야 할 것이다. 이 가치망모델을 잘 활용하면 산업 전반의 가치망을 분석함으로써 기업이 전략적 우위의 확보를 가져다줄 전략적 가치망의 기회를 찾도록 도울 수도 있다. 셋째, '자원기반관점(Resource-Based View)'은 경쟁적 우위를 확보하거나 유지하는데 필요한 정보자원의 유형을 제시한다. 이 3가지 모델을 잘 활용하면 전략적 기회를 찾고 정보자원을 적용하는 일에 이르기까지 다양한 관점(눈)을 가질 수 있을 것이다.

1) 경쟁적 힘에 변화를 줄 정보자원

　마이클 포터는 〈그림 4-1〉과 같이 5 가지의 경쟁적 힘이 시장의 경쟁적 환경을 결정 짓는다고 보았다. 정보자원(정보기술)은 기업들의 경쟁적 지위에 영향을 미치는 다양한 경쟁적 힘에 영향을 미침으로써 경쟁의 판도를 바꾸기도 한다.

(1) 신규진입업체의 위협

　대기업인 현대자동차를 예를 들어 이 기업의 경쟁적 특성을 이해해 보자. 현대자동차에게 있어 국내에서 잠재적 진입업체는 거의 없다고 봐도 무방하다. 자동차제조업

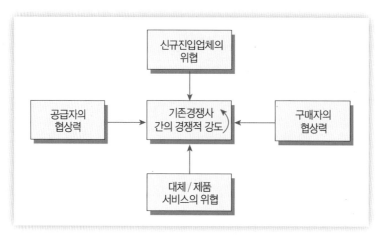

※ 그림 4-1 _ 마이클 포터의 경쟁적 힘(competitive force)의 모델

은 엄청나게 많은 초기 투자와 기술력이 요구되기 때문이다. 그러나 경쟁이 글로벌화 되면서 외국기업들이 국내시장에 진입함으로써 경쟁은 더욱 치열해 지고 있다. 게다 가 전기차(예. 테슬러 등)와 자율운행차(구글 등) 등의 출연은 신규진입업체의 위협을 더욱 다 양하고 예측이 어렵게 만들고 있다.

높은 진입장벽은 기존의 기업들이 계속 경쟁적 우위를 유지할 수 있도록 돕는 요인 이다. 유통(공급)채널 접근 제한, 기업의 대외 이미지, 정부의 규제 등이 이러한 진입장 벽을 만든다. 마찬가지로 진입장벽을 만드는데 정보자원을 활용할 수도 있다. 예를 들어, 구글의 검색 알고리즘은 강력한 경쟁적 우위의 원천이므로 구글은 다양하고 보 다 효율적인 알고리즘의 개발로 계속 경쟁적 우위를 지켜가고 있다. 아마존, 월마트 의 효율적인 첨단 물류시스템은 궁극적으로 운영비용을 낮춰 고객에게 저렴한 제품 을 공급할 수 있게 하므로 강력한 진입장벽을 형성하는데 기여한다. 이들이 주도하고 있는 소매시장에 진입하려는 어떤 기업이든 이러한 물류시스템과 정보시스템에 수백 억 달러를 투자해야 하므로 쉽지 않은 일이다. 트위터는 마이크로블로깅(microblogging) 시장에 진입장벽을 세운 또 다른 사례이다. 다수의 타인과 트윗을 하기 원하는 모든 사람은 트위터의 문을 두드릴 수밖에 없다. 페이스북도 SNS 분야에서 비슷한 진입장 벽을 친 사례이다. 아무튼 SNS서비스를 시작하기를 원하는 어떤 기업이든 이들이 쳐 둔 진입장벽을 먼저 극복해야 하므로 이 분야의 신규진입업체의 위협은 상대적으로 낮다고 할 수 있다.

(2) 공급자의 힘(협상력)

공급자의 협상력이 크다면 공급자가 제공하는 제품이나 서비스를 필요로 하는 기업의 선택지가 줄어들고 궁극적으로 이익을 잠식할 것이다. 공급자는 때로 자신의 주문시스템이나 재고관리시스템을 통하여 고객을 묶어두려 한다. 예를 들어, 사용자가 자신의 데이터를 백업하고자 할 경우 많은 옵션이 있다. 즉 옵션이 많기 때문에 시장에 있는 모든 공급자의 힘은 낮을 수밖에 없다. 그러나 애플이나 구글은 자신의 운영체제로 쉽게 클라우드 서비스를 제공할 수 있다. 애플과 구글의 운영체제는 고객들이 자신들의 클라우드 서비스만을 사용하도록 묶는 효과가 있어 이들의 힘(협상력)은 매우 크다고 할 수 있다.

선택할 수 있는 공급자가 적거나, 공급자 제품의 질이 완제품을 만드는데 매우 중요하거나, 공급자 입장에서 구매량이 미미할 때 공급자의 힘은 극대화된다. 예를 들어, 철강회사는 자동차제조사들이 강력한 첨단 품질관리시스템을 갖게 됨에 따라 힘을 잃게 되었다. 자동차제조사가 품질수준에 미치지 못하는 제품을 스스로 거부할 수 있게 되었기 때문이다. 한편 현대자동차 입장에서 원자재와 부품을 공급하는 업체들은 대체적으로 규모가 작아 협상력이 약한 편이다.

기업들은 인터넷을 통해 더 많은 고객이 자신의 웹사이트를 방문토록 하고, 더 많은 고객정보를 모아 더 많은 정보와 편리한 서비스를 공짜로 제공하려는 노력을 한다. 이로 인해 힘이 약해진 정보공급자들은 콘텐츠를 개발하고 공급하는 새로운 방법을 찾아야 했다. 많은 인터넷기반 기업들이 후방 M&A를 통해 자신의 정보를 더 만들어내고 그것을 다른 인터넷사이트에 되팔아 공급자의 힘을 유지하려 노력하고 있다. 재정이 든든한 기업은 아예 콘텐츠제공업체를 M&A[7]하여 더 빨리 정보제공능력을 확보하기도 한다. e-Bay는 PayPal을 인수하여 인터넷 전자지불기능을 더욱 강화하였고, 아마존은 Zappos라는 신발소매채널을 인수하기도 하였다.

일반적으로 대기업은 개인이나 자영업자들이 개인적으로 대응할 수 없을 정도의 강한 힘을 가지고 있다. 이런 상황에서 힘의 균형을 이루기 위해 불공정거래 등을 감시하기 위한 정부의 노력이 지속되고 있으며, 소비자권익보호와 관련된 시민단체의 역할이 증가하고 있다.

---

7) M&A는 Merger & Aquisition의 약자로 기업인수합병을 의미한다.

(3) 구매자의 힘^(협상력)

세 번째 경쟁적 환경에 영향을 미치는 요인은 고객 또는 구매자의 힘^(협상력)이다. 구매자는 좋은 품질의 제품을 낮은 가격에 편리하게 구매하기를 원한다. 그런 측면에서 이마트, 홈플러스, 월마트 등과 같은 많은 점포를 가진 소매업체는 구매자의 힘을 현저히 약화시킬 수 있다. 대형할인점들은 좋은 위치에 점포가 있을 뿐만 아니라 제품 공급자로부터 유리한 조건에서 구매함으로써 저렴한 가격으로 일반고객에게 판매할 수 있다. 따라서 대형할인점은 공급자와 개인 소비자 모두를 향해 강한 협상력을 가졌다고 할 수 있다.

전환비용^(switching cost)이 높으면 자연스럽게 구매자가 공급자를 바꿀 힘은 약화된다. 따라서 공급자는 이 전환비용을 높임으로써 계속 자신에게 머물게 하고 구매자의 힘을 약화시킨다. 아마존을 비롯한 강력한 인터넷전자상거래 업체들은 어디서나 몇 번의 클릭으로만 손쉽게 쇼핑을 가능하게 함으로써 소비자들이 오프라인 매장으로 가는 길을 막고 있다. 인터넷전자상거래 업체들은 보유한 고객정보를 가지고 보다 편리하게 쇼핑하고 결제할 수 있는 길을 만들어 고객이 다시 방문하도록 계속 유도한다. 애플의 iTunes나 구글의 Play스토어 등은 디지털상품^(앱, 음원, 소프트웨어 등) 중계사이트라 할 수 있다. 이들은 편리한 인터페이스와 방대한 콘텐츠를 무기로 소비자가 쉽사리 떠날 수 없게 하는 강력한 플랫폼^(인프라)을 가지고 있기에 스타와 노래를 제작하여 공급하는 기획사보다 더 큰 협상력을 가지고 있다.

한편 대기업이 주도하는 상황에서 구매자의 협상력은 마냥 약해질 것이라고만 할 수 없다. 웹 기반 마켓플레이스^(B2B 전자상거래), 인터넷 경매사이트, 비교쇼핑에이전트의 발전은 고객과 구매자에게 더 많은 정보를 제공하여 협상력을 높여준다. 때로 구매자^(소비자)의 단결된 힘이 강력한 힘을 발휘하기도 한다. 2007년 페이스북은 자신이 소유하고 있는 44개의 사이트를 통해 고객들이 자신의 정보를 친구들과 공유할 수 있는 Beacon이라는 서비스를 출시했다가 소비자들의 강력한 항의에 부딪쳐 철수한 적이 있었다. 사생활침해, 보안, 통제에 불안을 느낀 소비자단체가 페이스북의 전략에 제동을 걸었던 것이다.⁸⁾ 따라서 기업은 때로 확장되는 고객과 구매자의 힘에 적절하게 맞설 수 있는 전략을 세워야 할 것이다.

---

8) http://www.facebook.com/blog/blog.php?post=7584397130 2007년 12월 5일 게시물

(4) 대체재의 위협

시장에서 대체제의 잠재력은 구매자의 대체의욕, 대체제의 가성비, 구매자가 부담해야 하는 전환비용에 달려있다. 정보자원을 잘 활용하면 이러한 대체제의 위험을 줄일 수 있다. 인터넷경매 사이트 이베이는 주요 수입원인 소기업들을 위해 특별한 서비스를 제공하기 위해 IT를 활용하였다. 한 때 고객들이 불평하고 판매자가 비용에 대해 의문을 제기할 때 이베이는 모든 판매자가 자신의 판매사이트를 구축할 수 있는 ProStores라는 서비스를 내세웠다. 이베이 경영자는 많은 판매자들이 다른 웹사이트에 가게가 없다는 것을 알았고 그래서 그러한 서비스를 통해 고객(판매자)들을 자신의 사이트에 묶어 둘 수 있었다. 경쟁에서 이기기 위해서는 대체재를 내어놓기 보다 더 나은 서비스를 제공하는 것이 정석이다.

위협이 될 수 있는 대체제가 나올 소스는 매우 다양하다. 내부의 혁신의 결과물이 때로 자신의 수입을 깎아 먹는 수도 있다. 삼성전자가 갤럭시폰 신모델을 출시하고 기존의 고객이 자신의 폰을 업그레이드함으로써 매출이 오를 수도 있지만, 거꾸로 구모델의 매출을 잡아먹을 수도 있을 것이다. 즉 위협은 과거 제품을 무용지물로 만들어버리는 새로운 혁신에서 올 수도 있다. 디지털 카메라, MP3 플레이어, CD 플레이어 모두 스마트폰이나 음원판매웹사이트에 의해 모두 무용지물이 된 사례이다. 증가하는 오픈형 소프트웨어와 앱들이 웹기반 서비스를 제공하지 않은 소프트웨어 개발업체나 유통업체에 큰 위협이 될 수 있다.

현대자동차와 같은 대기업에게 있어서도 대체재의 위협은 많다. 전기자동차, 자율운행차, 카세어링비즈니스, 공공교통수단 등이 단기간에는 큰 위협이 되는 것은 아니지만 이러한 대체위협을 소홀히 다룰 경우 장기적으로 현대자동차(특히 화석연료로 구동되는 자동차)도 어려움을 겪을 수 있다.

(5) 기존 경쟁사간의 경쟁적 강도

비즈니스를 접고 해당 산업을 뜨는데 드는 비용이 매우 크거나, 업종의 성장력이 하강하거나, 제품의 차별화가 어려워지면 해당 업종 내 경쟁사간의 경쟁적 강도는 높아질 수밖에 없다. 이러한 상황에 처한 기업들은 시장점유율을 방어하기 위해 경쟁사가 갖는 경쟁적 이점에 집중해야 한다. 따라서 경쟁적 강도가 높은 업종에서는 기업들이 경쟁업체의 전략적 행동에 매우 신속하게 반응한다. 소셜미디어의 강자 페이스북은 시장에서 높은 경쟁적 우위를 점하고 있기에 경쟁업체들은 목표고객, 인터페이스 설계, 기타 기능 등을 다르게 하여 고객을 뺏기 위해 안간힘을 쓴다. 이들은 제2의 페이스북이 되겠다는 일념으로 치열한 경쟁을 치른다. 그럼에도 페이스북은 지속적인 혁신, 큰 규모의 고객을 기반으로 계속 진입장벽을 만들어 경쟁업체들을 앞서가고 있다.

기존 국내 자동차제조사 간의 경쟁은 그다지 치열하지 않았지만 FTA 등 자유무역협정이 체결되고 국민소득이 증대하면서 수입차의 상대적 경쟁력이 향상되고 있어 향후 이 경쟁은 더욱 치열해질 것이다.

결론적으로 기업은 정보자원을 활용하여 잠재적 신규진입업체를 제압하고, 공급자와 구매자의 힘을 축소시키며 대체재에 대한 위협을 감소시켜 나가야 할 것이다. 기업이 잠재적 신규진입자를 제압하기 위해 자주 택하는 방식이 M&A(인수합병)이다. 거대 소프트웨어 회사인 Microsoft는 지금까지 자사와 유사한 소프트웨어를 만드는 기업이나 새로운 소프트웨어 기업들을 인수합병함으로써 소프트웨어 시장을 주도해온 대표적인 기업이다.

기업은 때로 EDI를 중심으로 한 SCM(공급망관리)시스템을 구축함으로써 공급자나 구매자와의 유대성을 강화하여 다른 경쟁업체의 진입을 사전에 차단하기도 한다. IT기반 전략적 제휴는 이러한 경쟁적 구도를 바꿀 수 있다. 이제 경쟁구도는 개별기업 대 개별기업에서 가치사슬망(value-chain) 대 가치사슬망으로 변하고 있다. 즉 기업이 단독으로 잘하기보다 가치사슬망으로 묶여 있는 협력업체, 파트너와 협력적 전략을 수립할 때 더 효과적으로 경쟁할 수 있는 것이다

🐟 본원적 전략

마이클 포터 교수는 기업이 위에 설명한 다섯 요인의 힘을 이해한 후 경쟁적 우위를 창출하기 위해 선택할 수 있는 본원적 전략(generic strategy)을 i) 비용우위전략, ii) 차별화 전략, iii) 집중화 전략으로 나누었다. 물론 기업들은 이 중에 한 가지만이 아닌 2개 이상의 전략을 섞어 구사할 것이다.

• 비용우위 전략

기업들은 원가와 비용을 절감하여 제품과 서비스의 가격을 낮게 책정함으로써 경

쟁업체를 이길 수 있다. 기업들은 비용우위를 얻기 위하여 규모의 경제와 경험효과를 극대화하며, 생산프로세스의 효율성 제고, 제품디자인의 개선 등 경영혁신을 부단히 추구해야 한다. 오늘날 대부분 대형할인점들은 자신들의 강한 구매자 협상력을 바탕으로 대량구매를 통한 규모의 경제를 추구하며, 이를 바탕으로 낮은 가격을 책정하여 경쟁우위를 유지하려 하고 있다.

동일한 업종의 기업들이 표준화된 프로세스와 기술(흔히 SAP과 Oracle의 전사적 시스템, (예) ERP, SCM, CRM 등)을 도입함에 따라 점점 서로가 인수합병을 통해 덩치를 키움으로써 규모의 경제의 이익을 누릴 수 있다. 표준화된 IS로 인한 공유 서비스(shared service)의 출현은 두 기업의 합병과정에서 발생하는 조정비용을 줄여주고 덜 경쟁적인 시장 환경을 조성해주기 때문이다.

• 차별화 전략

많은 소비자들은 가격보다는 차별적인 가치를 제공하는 제품에 더 열광한다. 즉 경쟁업체와는 차별화된 제품과 서비스를 공급함으로써 경쟁업체를 이기려는 전략이다. 애플은 스마트폰을 개발할 때 디자인과 기능면에서 끊임없이 차별화를 추구해 온 기업이다. 특히 iTunes라는 인터넷장터를 만들어 자신의 iPod, iPhone, iPad의 구매자들이 손쉽게 소프트웨어(어플리케이션)와 다양한 콘텐츠를 구매할 수 있도록 하여 서비스를 계속 차별화해 왔다. Amazon을 선두로 많은 전자상거래업체들은 고객의 과거 구매 기록을 근거로 고객의 취향에 맞는 제품들을 같이 추천하는 개인화(personalization) 서비스를 하고 있는데 이것 역시 차별화 전략이라 할 수 있다.

• 집중화 전략

집중화 전략은 세분화된 아주 작은 시장에 집중하는 전략이다. 시장을 세분화하는 기준은 연령, 성별, 직업, 지역, 취미, 특수 상황 등 매우 다양할 것이다. 임신부, 출산 후 3년 미만의 주부, 은퇴자 등이 집중화 전략의 대상이 될 수 있을 것이다. 이러한 집중화 전략은 비용우위를 강조하는 저가시장에서도 가능하고, 차별화우위를 강조하는 고가특수제품시장에서도 가능하다.

경영자는 포터의 모델들을 이용하여 경쟁적 힘(competitive force)에 영향을 미치는 요인들을 분석하고, 자사가 이 힘을 기르기 위해 정보자원을 활용하는 방법을 탐색하고,

이러한 힘이 긴 세월에 걸쳐 어떻게 변해가는 지를 파악할 수 있다. 경쟁적 힘이 변할 때마다 이러한 변화가 사업전략과 IS전략 수립에 반영되어야 하며, 사업부서 또는 전사적 차원의 경쟁적 우위를 만들기 위해 정보자원을 적극 활용해야 한다.

2) 가치사슬혁신을 위한 정보자원

이어 소개할 「가치사슬모델」은 기업의 제품 또는 서비스를 생산하고 배달하고 지원하는 모든 활동을 포괄한다. 이 가치사슬 개념은 메킨지(McKinsey) 컨설팅사가 개발한 비즈니스 시스템을 마이클 포터 교수가 훨씬 정교하게 발전시킨 것이다. 포터는 이 모든 활동들을 〈그림 4-2〉와 같이 주요활동(primary activities)과 지원활동(support activities)으로 나누었다. 주요활동들은 제품이나 서비스의 가치에 직접적으로 기여하는 활동을 말하며, 지원활동은 이러한 주요활동들을 가능하게 하고 조정하는 활동들이다. 각각의 활동은 다른 활동에 영향을 미치므로, 즉 상호연관되어 있으므로 정보자원을 적용할 때도 독립적으로 하기 보다는 통합적으로 접근해야 한다. 예를 들어 제품수리를 위해 보다 효율적인 IS를 구축하였다면 그 결과 주당 수리건수는 늘어나겠지만 그것이 고객에게 주어지는 부가적인 가치는 전혀 없다. 한편 주당 수리건수가 늘어나면 여분의 부품이 더 필요하게 될 것이다. 즉 수리율의 변화는 결국 여분의 부품주문에

✸ 그림 4-2 _ 가치사슬모델

영향을 미칠 것이다. 따라서 정보자원을 너무 좁은 영역에 적용하면 얻을 수 있는 전체적인 부가가치는 기대 이하가 될 수 있다.

유입물류를 지원하는 활동들은 원자재의 입고와 관리를 포함한다. 제품 생산에 필요한 원자재 재료의 조달에 있어 중요한 역할을 담당할 수 있는 정보기술로서 EDI(electronic data interchange), 전자우편, 자동주문시스템, 재고 및 창고관리시스템, RFID 전자태그기술들을 들 수 있다.

생산활동은 원자재를 가공하여 부가가치가 더해진 완제품을 만드는 과정이다. CAD/CAM(computer assisted design/computer assisted manufacturing)은 효율적이고 정확한 제품 설계와 이를 제조공정데이터로 변환해 주는 공장자동화 기술들이다. CIM(computer integrated manufacturing)은 CAD/CAM, CNC기계, 로봇, 자동화 프로그램으로 구성된 스마트자동화시스템이다.

유출물류는 주문을 처리하고 구매자에게 제품을 배송하거나 서비스를 제공하는 과정이다. 주문시스템, 재고관리시스템, 배송관리시스템 등으로 구성된다. 특히 공급망관리(SCM) 시스템을 도입하여 고객과 공급업체의 시스템들과 통합되면 주문과 생산 그리고 출하와 배송에 이르는 전 과정에 대한 정보를 협력업체들과 공유함으로써 전 프로세스의 효율성을 극대화할 수 있다.

마케팅 및 판매는 광고, 판촉, 영업사원관리를 포함하는 제반 활동들을 말한다. 정보기술이 마케팅과 판매활동을 지원하는 부분은 매우 다양하다. 마케팅 및 판촉 전략을 수립하기 위해서는 고객접점(현장)에서 생성되는 거래정보를 정밀 분석할 필요가 있다. POS를 통해 확보되는 거래데이터를 적절하게 DB화하고 데이터마이닝이나 OLAP기법 등을 이용하여 DB를 분석하여 소비자들의 새로운 구매패턴과 트렌드를 찾아낼 수도 있다. 오늘날 CRM[9]은 고객관계관리를 위한 종합적인 전략이자 고객서비스 프로세스의 혁신전략이라 불린다.

서비스는 제품이나 서비스가 판매된 후 사후 관리에 필요한 제반 활동들을 포함한다. 정보기술은 판매된 제품이나 서비스에 대해 지원함으로써 고객과의 관계를 창출, 유지, 향상을 도모할 수 있다. 다수의 택배회사는 택배주문이 시작된 후 고객이 궁금해 할 수 있는 배달정보를 SMS를 이용하여 실시간으로 제공하고 있으며, 삼성전자나 LG전자와 같은 기업들은 가전제품이 배달 설치된 직후, 서비스에 대한 만족도를 조사

---

9) 고객관계관리, Customer Relationship Management를 의미한다.

하는 전화를 자동으로 건다.

지원활동인 기업 하부구조, 인적자원 관리, 기술 개발, 구매는 세부적인 내용은 다음과 같다.

기업의 하부구조(인프라와 조직)는 기업의 주요 활동들이 원활하게 진행될 수 있도록 감시하고 통제하고 조정하는 기능을 수행한다. 기업의 조직체계, 네트워크 그리고 이를 기반으로 하는 그룹웨어, 전자결제시스템, 이메일 시스템 등이 이에 해당된다.

인적자원관리는 기업이 필요로 하는 인력을 충원하고 교육하고 평가하는 전 과정을 관리하는 기능이다. 포괄적으로 인사정보시스템이 이러한 기능을 수행한다.

기술개발(R&D)은 신제품에 대한 연구와 제조공정의 효율성을 증대하기 위한 연구들로 구성된다. 오늘날 일부 기업들은 인터넷을 이용하여 R&D기능을 아웃소싱하는 경우도 많다. P&G는 신제품과 기존 제품의 업그레이드에 대한 아이디어를 외부의 전문가나 과학자들로부터 40% 이상을 얻고 있다. 이러한 네트워크가 다음에 설명할 가상가치사슬이라 할 수 있다.

구매활동은 제품에 투입되는 원자재, 부품 그리고 서비스와 사무에 필요한 MRO(Maintenance, Repair, Operation) 자재를 확보하는 업무이다. B2B e-마켓플레이스(전자장터), 인터넷주문시스템, SCM(공급망관리) 시스템 등 효율적인 구매활동을 돕는 IS들이 즐비하다.

가치사슬모델은 i) 경영활동에 드는 비용을 줄이거나 ii) 제품과 서비스에 더 많은 가치를 부가함으로써 구매자가 더 비싼 가격을 지불하게 함으로써 경쟁력을 높일 수 있음을 말해준다. 진정한 경쟁적 우위를 점하기 위해서 기업은 조직 밖에 있는 요소들에 대한 정확한 정보를 확보하는 것이 중요하다. 즉 자사의 활동비용을 더 낮추기 위해서는 경쟁업체의 원가구조를 잘 알고 있어야 가능할 것이다. 특정 부서나 활동에 드는 비용을 줄여 이윤을 일시적으로 늘일 수는 있지만, 경쟁업체보다 전체적인 비용을 낮추지 못한다면 그 우위는 오래가지 못할 것이다.

마찬가지로 고객이 원하는 것에 대한 정확한 정보가 있어야 기업은 정확한 가치를 자신의 제품과 서비스에 녹여 넣어 경쟁적 우위를 확보할 수 있다. 제품의 디자인이 중요한지 아니면 신속한 서비스가 더 중요한 지를 판단하여 가치가 높은 곳에 더 집중해야 한다. 오티스 엘리베이트는 신속한 고객서비스(A/S)가 중요한 가치를 준다고 판단하여 Otisline System을 개발하였다. 이 시스템은 고객의 서비스요청전화가 접수되는대로 수리에 필요한 기술을 가진 A/S요원을 바로 호출하도록 설계되어 고객 엘리베이터의 작동이 멈춰있는 시간을 최소화하는 것을 목표로 삼았다. 시스템은 서비스 요청내용을 구체적으로 정확하게 고객서비스 DB에 저장된 후 해당 고객을 담당하는 기술자를 즉각적으로 호출할 수 있다. 이러한 신속한 소통을 통해 기술자는 수리에 필요한 부품과 지식이 무엇인지 즉각 알 수 있어 A/S에 필요한 준비를 사전에 할 수 있었다.

많은 전자상거래사이트가 컴퓨터 업그레이드용 메모리를 판매한다. 그런데 특히 crucial.com이라는 사이트는 판매하기 전에 메모리 옵션을 선택하는 일을 돕는 자동화 프로그램을 제공하고 있다. 대부분 사이트에서는 고객이 직접 자신의 컴퓨터에 맞는 메모리사양을 선택해야 하는 번거로움이 있지만 crucial.com은 "Crucial System Scanner Tool"이라는 도구를 통해 고객 컴퓨터의 구성요소, 사양, 용량 등을 스캔한 후 호환에 문제가 없는 메모리상품을 추천해준다. crucial.com은 자신의 주문프로세스에 구성·사양 탐색기를 결합하여 고객서비스프로세스에 가치를 더 부가함으로써 경쟁적 우위를 가질 수 있었다.

기업들은 가치를 창출하는 모든 경영활동을 보다 효율적으로 수행할 수 있도록 IT/IS를 적절하게 적용해야 하며 그 결과 전반적인 제조 및 서비스 원가를 최소화하고 고객의 필요에 신속하게 대응함으로써 경쟁적 우위를 확보할 수 있다. 특히 개방형 인터넷(네트워크)을 중심으로 구축되는 가상가치사슬의 구축은 기업들에게 중요한 IS전략이 될 수 있다.

🥢 가상가치사슬(Virtual Value Chain)

레이포트와 스비오클라는 물리적 제품과 장소를 의미하는 물리적 시장(market place)과 정보가 물리적 제품과 장소를 대체하는 사이버 시장(cyber market)을 구분하였다. 인터넷을 기반으로 하는 상거래 세계에서 우리는 어떻게 기업들이 사이버 시장에서 가치를 창조할 것이며, 어떻게 사이버 시장과 물리적 시장에서 가치를 창조하고 이들을 상호보완 할 수 있을지를 생각해야 한다.

전통적인 가치사슬에서는 정보를 가치의 원천으로 보기보다는 지원적 요소로 생각한다. 그러나 사이버 시장에서 고객을 위한 새로운 가치를 창출하기 위해서는 정보를 적절하게 이용할 수 있어야 한다. 예를 들면, 미국의 택배회사 FedEx는 물류추적시스템을 개발하여 고객이 스스로 자기 물품의 현 위치를 조회할 수 있도록 정보를 공개하였다. 사이버 시장에서 가치를 창조하는 일은 정보가 전달되고 공유되는 가상가치 사슬에도 적용된다. 사슬의 각 단계마다 정보를 통한 가치가 5가지 방법으로 추가될 수 있다. 즉 정보를 모으고(gather), 조직하고(organize), 선택하고(select), 합성하고(synthesize), 분배(distribute)하는 일을 통해서다.

가상가치사슬에서 기업이 정보자원(특히 정보)을 활용하여 가치를 더하는 일은 3단계를 거치면서 계속 발전해 간다.

● **운영**(operation)**상황을 투명**(visible)**하게 볼 수 있다.**

기업은 정보를 통하여 실제(물리적) 시장의 운영상황을 잘 알고 있어야 한다. 직원이 실제 운영상황에 대한 정보에 접할 수 있게 하면 실제 가치사슬망에 있는 모든 활동들을 더 잘 조정할 수 있게 되고 그로 인해 경쟁적 우위를 얻을 수 있다. 프리토레이사(미국의 스낵 제조회사)는 영업사원으로 하여금 매장에서 바로 제품 정보, 경쟁사의 제품 및 판촉활동을 휴대용 단말기를 이용하여 입력할 수 있도록 하고 있다. 이러한 정보를 통해 기업은 수요변동에 따라 생산스케줄을 더 잘 맞출 수 있게 되고, 더 효율적인 배달 루트를 정할 수 있으며, 현지에 보다 적합한 판촉이벤트를 기획할 수 있게 된다.

● **실제**(물리적) **활동을 가상 활동으로 대체하도록 한다.**

예를 들어, 가상디자인팀은 전 세계에 흩어져 있는 디자인팀의 구성원들을 가상공간에서 묶어주고 협력해서 디자인을 할 수 있도록 돕는다. 즉 시간과 공간이 이들의 재능과 기술을 묶는 일에 더 이상 제약조건이 되지 못한다. 각자가 작업한 것을 서로 공유하고 의견을 올릴 수 있는 인터넷 게시판, 이메일, 화상회의시스템 등이 이들에게 유용할 것이다.

● **가상공간에서 고객과의 관계를 형성한다.**

기업은 가치가 고객에게 잘 전달되도록 정보의 흐름을 잘 설계하여야 한다. 즉 가상공간을 근거로 한 새로운 고객관계를 구축하여야 한다. 여러 해에 걸쳐 USAA(미국의 군인보험공제회사)는 고객(퇴역군인)에 대한 정보를 모아 그것을 직원들이 접근할 수 있게 함으로써 더 나은 고객서비스를 제공할 수 있었다. 예를 들면, 고객별 리스크 프로파일을 만들어 고객에 꼭 맞는 맞춤형 보험 상품을 개발할 수 있었다.

확장 가치사슬모델

가치사슬모델을 단일 기업에만 한정하지 않고 외부조직에까지 확장·적용하면 경쟁적 우위를 더욱 확대할 수 있다. 확장된 가치사슬은 관계를 맺고 있는 여러 조직들의 활동의 가치를 IT를 통하여 결합함으로써 더 큰 시너지를 제공하기 때문이다.

가상가치사슬에서 설명하였듯이 정보를 외부업체와 공유할 때 더 큰 전략적 기회를 가질 수 있다. 예를 들어 제조업체가 자신의 판매예측, 생산계획 정보를 공급업체와 공유할 수 있는 가상네트워크를 구축하였다면 번거로운 주문 및 조율과정을 최소화할 수 있다. 보다 효율적인 주문처리와 낮은 재고비용으로 생성된 부가가치는 사슬에 묶여 있는 모든 업체들이 나눌 수 있을 것이다.

공급망관리(Supply Chain Management: SCM), 전사적자원관리(Enterprise Resources Planning: ERP), 고객관계관리(Customer Relationship Management: CRM)과 같은 통합시스템들이 내부 및 외부 프로세스를 최적화할 수 있는 시스템들이다.

전략정보시스템

모든 기업들은 적어도 한두 가지의 전략정보시스템(Strategic Information System)을 갖기 원한다. SIS는 기업에게 전략적 우위를 주는 모든 IT/IS를 종합하여 일컫는 용어이기 때문이다. 즉 SIS는 조직의 목표, 운영, 제품, 서비스 또는 환경과의 관계를 자신의 조직에게 유리하도록 바꾸어서 경쟁사들 보다 우위를 획득할 수 있도록 지원하는 정보시스템이라 할 수 있다.

그러나 한 번 구축된 SIS가 영원히 그 기업의 SIS가 될 수 없는 것은 경쟁업체도 그러한 시스템을 모방하거나 따라 하기 때문이다. 따라서 기업들은 SIS의 구축을 통해 경쟁업체에 대항하는 진입장벽을 만들기 위해서는 부단히 이 시스템에 투자를 해야 한다.

델컴퓨터는 최초로 온라인 구매시스템을 구축하여 저가의 컴퓨터를 고객들에게 공급하였다. 기존의 경쟁사들은 매장에서만 컴퓨터를 팔 수 있다고 생각한 반면, 델컴퓨터는 온라인으로도 편리하게 낮은 비용으로 컴퓨터를 판매할 수 있다고 생각했던 것이다. 온라인 구매시스템을 원자재 공급업체, 배송업체와 바로 연결한 공급망시스템(SCM)은 델만의 독특한 경쟁적 우위를 제공하였지만 오늘날 대부분 경쟁업체들이 이러한 시스템을 가짐에 따라 초창기에 누렸던 경쟁적 우위는 많이 사라졌다.

아마존은 자신의 사이트가 고객들에게 새로운 경험과 만족감을 높여주기 위하여 끊임없이 새로운 서비스를 개발해 온 대표적인 기업이다. e-book의 확산을 예견하여 스스로 책을 판매하는 일에만 머물지 않고 자체적으로 e-book기기인 킨들(Kindle)을 만들어 보급하였고, 배송에 소요되는 시간을 줄이기 위해 드론을 도입하기도 하였다. 최근 국내 주요 인터넷 서점들도 저가의 e-book단말기를 만들어 보급하고 있다.

위의 예에서 볼 수 있듯이 SIS는 다음과 같은 측면에서 경쟁적 우위를 제공할 수 있다.

- 신규 경쟁업체가 시장에 진입하지 못하도록 진입장벽 구축한다.
- 구매자와 새로운 관계를 맺음으로써 그들의 업무 의존도(operational dependency)를 높일 수 있다.
- 기업과 구매자 사이에 전환비용(switching cost)을 높여 이전이 어렵도록 한다.
- 기업이 공급자를 네트워크로 묶어둠으로써 공급자의 교섭력을 약화시킨다.
- 내부시스템의 혁신으로 업무효율성을 높임으로써 경쟁사의 경쟁력을 약화시킬 수 있다. 즉 원가절감을 통해 가격우위를 계속 유지할 수 있다.

3) 자원기반관점(Resource-Based View)에서의 전략

자원기반관점(RBV)은 기업 전략이 IT를 활용하여 가치를 창출할 수 있는 지를 판단하는 일을 돕는다. 포터 교수의 「5가지 경쟁적 힘의 모델」은 기업이 처한 업종(산업)의 여러 조건(상황)들이 상대적으로 안정적인 경쟁적 우위를 조성한다는 견해인 반면, RBV는 경쟁적 우위가 기업의 정보자원 및 다른 자원들로부터 온다는 견해를 가진다. RBV는 「가치사슬모델」과 마찬가지로 기업에 가치를 부가하는 분야에 집중하지만, 급속하게 변하는 경쟁적 환경에서 전략적으로 관리할 수 있는 자원들에만 집중한다는 점이 「가치사슬모델」과 다르다.

RBV는 정보자원을 i) 기업이 경쟁적 우위를 확보하도록 하는 정보자원과 ii) 기업이 한 번 획득한 경쟁적 우위를 오랫동안 계속 유지하도록 돕는 정보자원으로 나누었다. IS관점에서 볼 때 어떤 자원은 기업이 경쟁적 우위를 결정짓는 속성(예: 가치, 희소성)을 만드는데 더 효과적인 한편, 경쟁적 우위를 지속시키는 속성(예: 낮은 대체가능성, 낮은 이동성, 낮은 모빙성)을 만드는데 더 효과적일 수 있다.

(1) 경쟁적 우위를 제공하는 자원들

특정기업이 우수한 자원을 가질 수 있도록 돕는 가치 있고(valuable) 희소성(rare)이 높은 자원은 분명 경쟁적 우위를 줄 수 있을 것이다. 기업을 더욱 효율적이고 효과적으로 만드는 자원은 가치 있는 자원일 것이고, 경쟁업체가 가질 수 없는 자원은 희소성이 높은 자원일 것이다. 예를 들어, 대부분의 은행들이 운영하는 ATM은 자신들의 효율적인 고객서비스를 위해 매우 가치 있는 자원이지만 드문 자원은 아니기 때문에 오늘날 경쟁적 우위를 전혀 주지 못한다. 본 장의 앞에서 설명한 시대 1, 2 그리고 특히 3에 출현한 시스템들이 당시에는 드물고 가치 있는 자원이었지만 이젠 모두가 가지고 있는 일용재가 되어버린 것들이다.

초기에는 가치 있고 희소한 자원이었지만 시간이 지나면서 일용재가 되어버리는 사례는 많은 기업들이 자신의 오프라인 비즈니스를 활성화하기 위해 만든 사이버공동체에서도 볼 수 있다. 오프라인으로 남성건강용품을 팔던 한 업체가 사이버공동체를 개설하였다. 많은 남성들이 이 사이트에 가입하였고, 다이어트와 건강에 유용한 UCC[10]가 폭발적으로 늘어났으며, 회원들끼리도 활발하게 정보를 교환하는 뜨거운 사이트가 되었고 덩달아 매출도 올랐다. 그러나 그 때 뿐이었다. 그러한 사이트가 많지 않았던 그 때는 그러한 사이버공동체가 가치가 있었고 경쟁적 우위를 줄 수 있었지만 유사한 사이트가 다수 출현하면서 그러한 서비스는 더 이상 신선한 것이 되지못하기 때문이다.

(2) 경쟁적 우위를 지속시키는 자원들

새로운 시스템에 투자했던 많은 기업들은 한 때 확보했던 경쟁적 우위가 시간이 지나면서 자동적으로 유지되지 않는다는 경험을 하였다. 장기간에 걸쳐 경쟁적 우위를 유지하기 위한 유일한 방편은 자신의 자원이 모방되고, 대체되고, 이전되는 위험으로부터 방어하는 것이다. 예를 들어, 월마트의 물류관리시스템은 자사는 물론 공급업체의 운영과 프로세스에 깊이 매립되어(embedded) 있어서 타사가 쉽게 모방할 수 없는 것이었다. 이베이의 경우도 판매자가 스스로 자신의 판매사이트를 구축할 수 있는 Pro-Stores라는 서비스를 제공하면서 판매자들이 다른 웹사이트로 이전하는 것을 막았다.

---

10) User Created Contents

'머니볼(Moneyball)'이라는 영화에서 소개된 미국의 프로야구팀 '오클랜드 A'는 다른 구단에는 없었던 '스카웃지원시스템'을 만들어 매우 비용효과적으로 메이저리그 승리를 거둘 수 있었다. 그러나 다른 구단이 비슷한 시스템을 만들어 운영하면서 '오클랜드 A'가 누렸던 경쟁적 우위는 사라지고 말았다. 끝으로 경쟁적 우위를 지속시키기 위해서는 자신이 정보자원이 이전되고 복제되고 이동하기가 상대적으로 어려워야 한다. 컴퓨터 하드웨어나 소프트웨어는 쉽게 구매할 수 있고 팔 수 있다. 그러나 기업의 운영과 관계되는 특별한 기술적 노하우, 독특한 기업문화, 관리경험은 얻기도 쉽지 않고 다른 조직에 이전하기도 힘든 것들이다.

일반적인 IT경영기술은 이전하기도 모방하기도 쉬운 것들이다. CIO[11]에게 IS인프라, 시스템개발, 비용효과적인 시스템운영과 같은 내부자원을 관리하는 기술은 중요하지만 대부분의 IS중역들이 구비해야 하는 일반적인 기술에 불과하다. 그렇지만 때로 취득하기에 오랜 시간과 비용이 요구되는 기술과 지식, 예를 들면 기업의 독특한 운영방식, 핵심 프로세스에 대한 이해, 사회적으로 매우 복잡한 작업관계에 대한 기술과 지식들도 분명히 존재한다. 아무튼 RBV는 IS중역이 내부의 IS자원을 넘어 현업책임자와 사용자들이 변화하는 사업환경을 빨리 이해하고 외부의 파트너들과 잘 협력하는데 필요한 자원들을 준비하는 일에 더 집중해야함을 말해준다. 내부 정보자원을 이용함에 있어서 조차 가치를 부가하는 정도가 다 다르다는 점을 알아야 한다. 많은 사람들이 IS요원들은 자기 기술을 필요로 하는 업체가 높은 연봉을 제시하면 쉽게 이직한다고 주장하지만 때로 비즈니스 프로세스를 지원하기 위한 특정기술의 활용능력이나 기술의 통합능력은 쉽게 이전될 수 없는 지식들이다. 한 걸음 더 나아가 하드웨어나 많은 소프트웨어는 구매도 가능하고 아웃소싱될 수 있기에 쉽게 모방되고 이전될 수 있다. 그러나 두 회사가 동일한 전략적 대안을 갖는 경우는 드물므로 한 회사가 보유한 정보자원이 다른 회사가 그대로 모방하거나 가져갈 수 있는 위험은 그다지 높지 않다.

4) 전략적 제휴

정보활용 발전사에서 비교적 최근에 논의된 주제들 중에 하나가 협력적 파트너십

---

11) Chief Information Officer, 정보담당 최고경영자(중역)

이나 관계의 중요성이다. 협력과 네트워킹을 강조하는 웹 애플리케이션의 증가는 바로 이런 제휴의 중요성을 대변하는 것이다. 제휴는 조인트 벤처, 조인트 프로젝트, 동업조합,[12] 구매자-공급자 파트너십, 카르텔 등 여러 가지 형태를 가진다. 이러한 파트너십은 전략적 제휴를 지원하기 위한 IT를 필요로 하고 참여 파트너들의 정보시스템과 데이터의 통합을 요구한다. 전략적 제휴(strategic alliance)는 관계를 맺은 둘 이상의 기업이 전략적 우위를 갖도록 돕는 조직-조직간(interorganizational) 관계를 말한다. 근래에 페이스북과 게임업체 찡가(Zynga)가 맺은 전략적 제휴는 2012년 페이스북이 상장되면서 상호간에 유익했던 제휴로 기록되었다. 찡가는 페이스북의 안정된 기존 회원들을 바탕으로 인기 있는 게임들을 개발할 수 있었고, 페이스북은 독점게재권을 가진 찡가의 게임으로 더 많은 회원을 모집할 수 있어 양측 모두 매출을 현저하게 올릴 수 있었다(Wingfield, 2011).

IT/IS는 전략적제휴가 작동될 수 있는 훌륭한 플랫폼이 될 수 있다. 기술협업으로 쉽게 신제품을 개발할 수 있으며, 파트너들의 기존 가치사슬을 활용한 정보자원을 공유할 수 있으며, 파트너들 간의 소통과 조정을 원활하게 할 수 있기 때문이다. 예를 들어 델타항공사와 여행서비스앱 개발회사인 e-Travel Inc.는 전략적 제휴를 맺었는데, 델타는 자신의 온라인예약시스템의 이용자를 더욱 확대할 수 있었고, e-Travel은 대기업으로 비즈니스를 확장할 수 있었다. 앞서 언급하였듯이 두 기업이 SCM을 통한 가치망을 연결하게 되면 IT기반의 전략적제휴가 더욱 날개를 달게 된다.

5) 협력적 경쟁(Co-opetition)

오늘날 협력적 경쟁 모델이 전략적 제휴를 대체하는 협력모델로 많이 언급되고 있다. 협력적 경쟁은 가치망(value net)을 공유하는 기업들이 협력과 경쟁을 동시에 하는 전략으로 정의할 수 있다(Brandenburg and Nalebuff, 1996). 가치망에 포함될 수 있는 기업들은 경쟁업체, 보완업체,[13] 고객, 공급업체 그리고 이들 모두와 상호작용하는 조직들을 포함한다.

---

12) trade association

13) 영어로 complementary company라는 의미를 갖는데, 이는 우리 조직에 결핍된 것을 보완해주는 자원을 가진 기업으로 볼 수 있다. 공급업체와 비슷한 개념이다. 예를 들어, 타이어제조사는 자동차제조사의 보완업체가 된다.

협력적 경쟁은 경쟁과 협력을 최적으로 묶어 최선의 결과를 만들어내는 전략이라 할 수 있는데, 다른 조직이나 그룹에게 정보 형태의 힘을 제공함으로써 경쟁적 우위를 만드는 경우가 가장 흔한 모습이다. 미국의 자동차부품 B2B 전자장터(e-Marketplace)인 Covisint는 GM, 포드, 다임러-크라이슬러, 닛산, 르놀트 등의 자동차제조업체들이 만든 컨소시엄에서 발전한 것이다. Covisint는 기업간 협업, 공급망관리, 구매, 품질관리 등 자동차제조업체들이 전 제조과정에서 공유하면 보다 경제적인 기능들을 서비스로 제공하였다. 그러한 서비스로 인해 기업들의 내부 프로세스는 더욱 효율화되었고 자동차제조산업의 전반적인 효율성이 개선될 수 있었다.

사례

경쟁적 힘의 모델과 가치사슬혁신모델의 적용: Zara

본 장에서 설명된 많은 개념과 프레임들을 페스트 패션의류기업인 Zara 사례를 이용하여 설명하고자 한다.

Zara는 스페인에 기반을 둔 패션의류 제조 및 유통기업이다. Zara는 급변하는 의류시장에서 고객의 필요에 빨리 부응하기 위해 매우 다이나믹한 비즈니스 모델을 만들어 적용하고 있는 기업이다. 모델의 핵심은 수요(판매)와 생산 그리고 생산과 유통을 긴밀하게 연결하는 비즈니스 프로세스와 정보시스템에 있다. Zara의 전략적 목표는 한정된 수량의 신제품을 끝임 없이 매장에 진열하여 노출효과를 극대화하고 한편 재고를 최소화하는 것이다. 그 결과 대부분 경쟁업체의 경우, 고객이 1년에 평균 4번 방문하지만 Zara는 평균 17회를 방문하는 것으로 드러났다. 이러한 전략을 잘 아는 고객들은 자신이 좋아하는 의류가 보이면 그 자리에서 바로 구매하는 등 충성도가 매우 높은 특징을 보였다.

Zara가 이렇게 할 수 있는 것은 IS전략과 비즈니스전략이 긴밀하게 잘 조율되었기 때문이다. Zara의 웹사이트에는 이러한 전략을 엿볼 수 있는 내용이 있다.

Zara의 디자인 접근방식은 고객과 긴밀하게 연결되어 있다. 매장에서 포착되는 고객의 욕구와 요구사항에 대한 정보는 쉼 없이 흘러 우리의 창조적인 200명 디자이너들에게 영감을 준다.

공장에서 매장에 이르는 모든 프로세스는 IS를 이용하여 Zara의 본사에서 조율 된다. 매장의 POS^(Point of Sale)는 매 거래에 대한 정보를 기록하고 영업종료 후 매 일 그 정보는 본사에 전달된다. 아울러 Zara의 매장매니저는 소형의 모바일장비 를 이용하여 당일 팔린 품목과 고객이 찾았지만 재고가 없었던 품목에 대한 정보 를 본사의 디자이너들에게 보낸다. Zara의 본사는 그런 정보를 활용하여 계속 생 산할 제품라인과 색상을 결정하고, 변경하거나 중지할 제품을 결정한다. 디자이 너들은 생산부서 직원들과 직접 소통을 하며 매년 30개 이상의 디자인을 생산하 는 계획을 협의한다(Kentish, 2011).

매장매니저는 테블릿PC를 이용하여 한 주에 2회 새로운 디자인을 주문할 수 있으며, 주문 전에 새로운 디자인을 확인할 수 있다. 주문이 일단 제조공장에 접 수되면 거대한 컴퓨터기반 재단기가 파기량을 최소화하면서 주문한 패턴의 옷감 을 100매까지 자른 다음 봉재 전문 외부업체로 배달된다. 완제품은 배송센터로 보내지며 자동분류기계(컨베이어벨트)에 의해 다른 제품들과 함께 포장된 후 각 매장 에 배달된다. Zara의 IS부서는 컨베이어벨트 업체와 협력하여 컨베이어벨트를 통 제할 수 있는 프로그램들을 개발한다.

Zara의 사례는 정보자원의 혁신적 사용이 어떻게 경쟁업체를 누를 수 있는 경 쟁적 우위를 제공하는지를 잘 보여준다.

1. Zara에 적용된 5가지 경쟁적 힘의 모델

• 신규진입업체의 위협

Zara의 IS는 디자이너, 시장전문가, 생산관리자, 생산계획자를 긴밀하게 묶어 준다. 신규진입업체가 이러한 시스템을 짧은 시간에 쉽게 구축하기는 매우 어렵 다. 게다가 오랫동안 축적된 풍부한 고객정보도 경쟁업체가 쉽게 모방할 수 없는 것이다.

• 공급자의 힘(협상력)

컴퓨터기반 자동재단기는 한 번에 1000장까지 옷감을 자를 수 있다. 그런 다음 봉제전문 협력업체로 보내지는데, 봉제는 단순한 작업이어서 대체할 수 있는 봉 제업체들이 많이 있다. Zara는 물량의 50%를 자체 생산공장에서 염색을 하므로 외부 염색업체에 대한 의존도 낮은 편이다. 그리고 고객의 칼라선호도가 바뀌 어 시즌 중에 갑자기 칼라를 바꿔야 하더라도 쉽게 대응할 수 있다. 따라서 Zara

의 공급자의 협상력은 약하다고 할 수 있다.

● 구매자의 힘(협상력)

신제품을 매장에 계속 진열하는 관계로 구매자는 Zara매장에 자주 끌리는 편이다. 경쟁업체는 2,000~4,000개 정도에 불과한 새 디자인이 Zara는 매년 30,000점을 제공할 수 있다. 진열된 신상들은 고객들에게 빨리 소비되는 편이어서 (신상회전율이 빨라 다음 방문에는 그 디자인이 없을 수 있기 때문) 재고비용도 낮은 편이다. Zara는 또한 최근에 도입한 레이저기술을 이용하여 만 명의 자원 여성들(volunteer women)에게서 추가로 얻은 정보를 기존 고객정보에 추가함으로써 Zara고객들의 취향에 더 잘 맞는 신제품을 생산할 수 있게 되었다. 이러한 모든 노력들이 구매자의 힘(협상력)을 축소하기 위한 것이었다.

● 대체제의 위협

Zara의 IT는 한 디자인(품목) 당 10개를 넘지 않을 정도로 엄청난 다품종 소량생산의 역량을 제공한다. 따라서 Zara는 최고의 가격에 트랜디한 패션의류를 빠른 속도로 공급하므로 이를 대체할 수 있는 제품이나 서비스의 탄생이 쉽지 않다.

● 기존 경쟁사들 간의 경쟁적 강도

같은 업종 내 주요 경쟁자들은 내구성이 좋은 클래식한 제품라인에 주력해 온 반면, Zara는 트랜디한 저가 제품을 선호하는 고객들에 초점을 두었다. 그래서 경쟁사들 사이에서 Zara는 가장 높은 m²당 판매량을 기록한 기업인데, 광고를 거의 않고 미판매 재고가 10% 미만이므로 가능한 것이다. 향후 Zara는 계속 재고량을 최소화하며 업계의 최고 속도로 신제품을 출시(아이디어에서 매장까지 평균 15일)할 것이므로 매우 효율적인 생산 및 유통시스템을 가진 기업으로 계속 남을 것이다.

2. Zara에 적용된 가치사슬모델

➡ 주요활동

● 유입물류

IT기반의 Just-In-Time 전략으로 필요한 자재소요량만 공급하므로 재고비용을 낮출 수 있다. 대부분의 염색은 자회사가 수행하므로 JIT전략에 잘 부합하고 비용도 낮다. 많은 공급업체들이 생산공장 근처에 위치하고 있는 것도 이점이다.

• 생산 활동

최적의 옷감, 커팅, 가격책정을 위한 의사결정지원시스템이 잘 구축되어 있다. 의류는 다름질되고 옷걸이에 걸려 포장이 되므로 매장에서 다시 다름질을 할 필요가 없다. 가격표는 이미 제품에 부착되어 있다. Zara는 제품의 60%를 자체생산을 하고 있다. 고도로 자동화된 23곳 공장에서 로봇들이 옷감을 재단하고 염색한다.

• 유출물류

완성된 의류들은 물류센터에서 자동화 벨트에 의해 운반되고 48시간 이내로 매장에 도착한다.

• 마케팅 및 판매

재고를 최소화하므로 팔리지 않은 재고를 최대한 낮출 수 있다(10%). 매장의 POS들이 스페인 본사 컴퓨터에 모두 연결되어 있어 어떤 품목이 팔리는지, 고객이 원하는 것이 무엇인지 즉각 확인할 수 있다. 이러한 정보들을 매일 매장매니저와 본사 디자이너들끼리 주고받는다.

• 서비스

제품에 대한 서비스는 크게 중요하게 다루지 않는다.

➡ **지원활동**

• 기업의 하부구조(인프라와 조직)

IT가 디자이너, 매장매니저, 시장전문가, 생산매니저, 생산계획담당자들을 긴밀하게 엮어주어 신속한 협업을 도와준다.

• 인적자원관리

매장매니저는 매장에서 모니터링하고 디자이너에게 보고해야 하는 주요정보에 대해 교육을 받는다. 매장매니저는 고객의 생각에 귀 기울이고 중요 정보를 본사와 소통함으로써 Zara 전체 의류라인들이 계속 고객의 주목을 받도록 만드는 핵심적인 사람이다.

• 기술개발(R&D)

기술은 주요활동을 지원할 수 있도록 늘 통합되어야 하고, Zara의 IT요원은 배송활동을 지원하는 자동화 컨베이어 시스템을 개발하고 유지하기 위해 공급업체와 협업을 잘 할 수 있어야 한다.

- 구매활동

Zara는 수평적 통합을 많이 하여 구매의 필요성을 최소화하고 있다.

3. Zara에 적용된 RBV

Zara의 경쟁적 우위는 구체적인 하드웨어나 소프트웨어기술에서 오는 것은 아니다. 경쟁업체와 비교해서 Zara가 IT에 투자하는 비용은 1/5~1/10 정도에 지나지 않기 때문이다. 대신 Zara는 POS장비, 태블릿 PC, 컨베이어장비, 옷감 자르는 자동재단기 등을 기술적으로 잘 이용하고 있다. 그렇지만 경쟁사가 언젠가는 구매하거나 모방할 수 있는 기술들이다. 가치창출(value creation) 측면에서 Zara의 IT인프라는 중간수준이라 할 수 있다. 자동화된 컨베이어장비를 제외하고는 대부분이 모방하고 이전하기 쉬우므로 Zara의 인프라는 전략적 가치를 유지하는데 특별히 도움이 되지는 않는다. 한편 Zara가 가진 고객의 선호정보와 신체사이즈에 대한 정보는 상당한 가치를 제공하는 정보자원으로 보인다. 고객선호정보는 매장매니저와 본사의 디자이너들이 매일 소통할 때 발생하고 저장되는 정보로써 디자이너, 시장전문가, 조달담당자, 생산매니저가 쉽게 접근하고 공유할 수 있는 정보이다. Zara의 정보저장소는 분량도 많은 뿐만 아니라 소통에 필요한 직원들의 관계네트워크의 구축이 필요하므로 다른 경쟁업체들이 쉽게 모방하기 힘든 시스템이라 할 수 있다. 따라서 이 정보저장소는 Zara에 큰 가치를 제공할 뿐만 아니라 운영시스템과 직원이 잘 통합되어야 가능한 것이어서 희소하기도 하다.

정보역량(information capability) 측면에서 가치 있고 희소한 IT경영 기술(management skill)로부터 Zara의 가치가 많이 창출되고 있다. IT경영 기술은 IT자원을 지렛대로 적절하게 활용하는 등 쉽게 복제하거나 이전하거나 대체할 수 기술로 보인다. 반면 비록 탁월할 정도로 가치 있고 희소한 것은 아니지만 Zara의 기술적 기술(technical skill)은 Zara의 여러 시스템들을 통합하고 아주 쉽게 모방하거나 이전되거나 대체할 수는 없기에 경쟁적 우위를 유지하는데 어느 정도 도움을 주는 것으로 보인다. 탁월한 통제 및 조정능력을 보여주는 본사의 팀들 역시 시장에서 쉽게 복제하거나, 모방하거나 구매할 수 없는 귀중한 자원이다. 이 팀들은 고객의 필요를 신속하게 해석한 후 대응하는 능력을 가지고 있다. Zara는 또한 제품 아이디어에서 유통에 이르기까지 5주 정도밖에 걸리지 않을 정도로 외부 공급업체, 유럽의 제조업체들과 지속적이고 집중적인 관계를 잘 유지하고 있다. 전반적으로 Zara는 IT경영기술과 관계기술에서 높은 가치를 창출하고 있으며, 이를 대체하거나 이전하거나 모방하는 위험도는 낮거나 중간정도이다.

표 4-2_ Zara의 정보자원 수준 (L = 낮음, M = 중간, H = 높음)

	가치창출		가치유지		
	가치	희소성	모방	대체	이전
IT 자산					
IT인프라	M	M	H	M	H
정보저장소	H	M	M	L	M
IT 역량					
기술적 기술(technical skill)	M	L	M	M	M
IT경영기술(management skill)	H	H	L	L	M
관계기술 – 외부조직 초점	H	M	L	M	L-M
관계기술 – 통제 및 조율	H	H	L	L	L

자료원 : K. E. Pearlson & C. S. Saunders, Strategic Management of Information Systems, 2013, p.63.

경영전략과
정보시스템전략

Chapter

5 경영전략과 정보시스템전략

1. 경영전략의 필요성과 개념

군대조직과 마찬가지로 전략(戰略)이 결여된 기업은 경쟁이 치열한 시장에서 살아남을 수 없다. 시장환경적 측면에서 경영전략은 불확실한 미래 환경에 대한 준비과정으로 필요하며, 의사결정 관점에서는 조직 전체가 일관성 있게 따르고 준수할 수 있는 통일된 기준과 우선순위가 필요한데 경영전략이 이러한 역할을 한다. 경영활동 관점에서 볼 때 경영전략은 계획(plan)_조직화(organize)_지휘(direct)_통제(control)로 이어지는 일련의 경영활동에서 출발점인 계획이라 할 수 있는 전략은 반드시 필요하다. 즉 조직이 나아가야 하는 방향성, 목표 그리고 평가기준 등이 먼저 설정되어야 불확실한 환경에서 의사결정도 체계적이고 일관성 있게 할 수 있을 것이다.

전략이란 경쟁적 우위를 획득하는 방법에 대한 이론이다(Druker, 1994). 따라서 뛰어난 전략이란 그런 우위를 장기간 가능하게 하는 이론일 것이다. 그렇지만 한 산업이나 업종에서 언제나 맞는 만사형통형 전략은 있을 수 없다. 예를 들어, 유료 음악다운로드업종에서 애플은 i-tunes라는 자사의 웹사이트(앱)에서만 다운을 받을 수 있게 한 반면, 아마존의 이뮤직과 소니BMG는 구매자들이 다운활동에 제약을 받는 것을 싫어할 것이라 생각하여 개방형 플랫폼에서 서비스를 제공하였다. 애플이 폐쇄형 플랫폼 전략을 택한 것은 고객을 묶어둘 수 있는 강력한 아이폰, 아이패드와 같은 하드웨어(플랫폼)를 함께 팔아야 하기 때문이었다.

이처럼 음악다운로드업에서 조차 이익을 창출하는 다양한 이론들이 가능하며, 그런 이론들은 각 기업들이 시장과 고객을 이해하고 경쟁적 상황이 어떻게 발전할지에 대한 가정과 전제를 하였기에 만들어질 수 있다. 기업들이 이러한 가정과 전제를 얼마나 정확하게 현실에 맞게 세웠는가에 따라 전략의 성공과 실패여부는 결정되는 것이다. 만일 이 가정과 전제가 정확하지 못했다면 그 전략은 기업에게 전략적 우위를 주지 못할 것이다.

기업이 아무리 훌륭한 전략을 세웠다할지라도 미래의 시장, 고객, 경쟁기업의 전략, 기술 모두를 정확하게 예측하기는 불가능하므로 현실에서 항상 성공을 보장하는 전략을 세우기는 거의 불가능하다. 기업이 현재 최고의 전략을 수립하여 수행하고 있다고 확신하기는 어렵지만 적어도 전략적 경영프로세스(strategic management process)를 따르면 실패의 가능성을 현저하게 줄일 수는 있을 것이다.

2. 전략적 경영프로세스

전략적 성영프로세스란 기업이 뛰어난 경쟁우위를 창출하는 전략을 수립하는데 필요한 분석과 선택의 절차를 나열한 프로세스다. 사명의 설정, 목표의 설정, 외부 및 내부환경분석, 전략의 개발과 선택 순으로 설명하고자 한다.

1) 사명(mission)의 설정

전략적 경영프로세스는 기업의 사명을 정의하는 것에서 출발한다. 사명이란 기업이 존재하는 이유 즉 장기적인 목적을 말한다. 즉 기업이 장기적으로 성취하고자 하는 것 그리고 또 피해야 할 것들을 명시한다.

대부분의 기업 사명에는 기업의 업종을 명시하는 경우가 많다. 포드는 자동차사업을, IBM은 컴퓨터 하드웨어, 소프트웨어, IT서비스를 명시하였다. 기업이 추구하는 가치를 표현하기도 하는데, 델(Dell)은 "…… 구매자, 직원, 이웃과 직접적인 관계를 형성함으로써…… 구매자에게 가치를 제공하고…… 이웃, 지역사회, 전 세계에 다양성과 환경적이고 범세계적인 시민의식을 통해 가치를 창출한다"라고 적었다. 그러나 이러한 사명들이 실제로 기업의 성과에 어떤 영향을 미칠 지에 대해서는 의견이 분분하다. 추상적인 사명의 선언이 기업의 성과에 실질적으로 영향을 미치지 않은 경우가 많았는데, 예를 들어 미국의 에너지회사 엔론(Enron)은 회사는 다음과 같은 사명문을 가졌음에도 분식회계를 통하여 이윤을 조작하였고 결국 최고경영자는 사기죄로 감옥에 가야했다(Emeshwiller, Solomon and Smith, 2004).

> 신뢰 : 우리는 열린 자세, 정직, 진실함으로 고객을 대한다.

어떤 기업의 경우, 사명과 비전이 기업의 모든 활동에 반영되어 긍정적인 성과를 가져오기도 하였다. 예를 들어, 기업의 사명이 모든 경영활동의 중심이 되는 비전을 가진 기업(visionary company)이라 할 수 있는 3M, 휴렛팩커드, IBM, 보잉, 포드, 월마트, GE 등의 회사들은 1926년에 1달러를 투자했다고 가정했을 때 1995년에는 그 가치가 6,536달러에 이르렀다는 연구가 있다(Collins and Porras, 1994). 비전을 가진 기업은 기업 존재의 이유로 이윤의 극대화를 들지 않았지만 다른 평균적인 기업들 보다 훨씬 높은 수익을 창출하였다.

때로 사명이 기업의 성과에 부정적으로 영향을 미치기도 한다. 기업의 가치와 우선순위가 경제와 시장 현실에 맞지 않고 창업자나 최고경영층의 개인적인 신념에 기초하였을 때 기업의 경쟁력을 오히려 깎아 먹을 수도 있다. 예를 들어, 벤엔제리스 아이스크림은 최고의 아이스크림을 만들겠다는 신념과 1960년대 저항문화의 가치에 근거하여 1977년에 설립된 기업이었다. 이러한 독특한 가치 때문에 직원의 최고 급여가 최저 급여의 5배를 넘지 못하도록 하는 인사정책을 수립하였는데 이러한 정책은 탁월한 CEO를 모셔오는데 늘 한계로 작용하였다. 그런 가운데 1990년대 냉동빙과류 산업의 M&A가 유행할 때 벤엔제리스는 보다 광범위한 유통망과 풍부한 자원을 보유한 적절한 파트너를 만나지 못해 성장성과 수익성이 크게 침체되었고 결국 2000년에 유니레버에 인수되고 말았다.

2) 목표의 설정

목표(objectives)는 기업이 사명을 달성하기 위해 설정하는 현실적이고 측정가능한 지표(indicator)를 말한다. 좋은 목표는 기업의 사명과 직접적으로 연결되어야 하며 측정하기도 쉬워야 한다. 예를 들어, 3M의 경우 매년 10% 이상 주당 순이익 증가, 27% 이상의 자본수익률 달성, 개발된 지 4년 이내 제품의 매출이 총 매출의 30% 이상 점유 등의 구체적인 목표를 설정하였다.

3) 외부환경 및 내부환경 분석

기업은 외부환경분석(external analysis)을 통해 기업이 처한 경쟁적 환경을 이해함에 있어 다가오는 기회와 위협을 인지하는 기회를 가질 수 있다. SWOT분석에서 기회(opportunity)와 위협(threat)을 분석하는 것과 같다.

기업의 기회와 위협을 분석하기 위해서는 기업의 성과에 영향을 미칠 수 있는 사업환경을 분석해야 한다. 일반적으로 사업환경은 기술변화, 인구통계적변화, 문화적 동향, 경제환경, 법적 정치적 환경, 특정한 국제적 사건 등으로 구분할 수 있다. 최근의 인공지능(AI) 부각, 초고령화사회, 북한의 핵미사일 실험 등이 모두 사례가 될 수 있을 것이다.

외부환경분석 기법으로 널리 알려져 있는 것은 4장에서 설명한 마이클 포터의 '5가지 경쟁적 힘의 모델'이다. 신규진입업체의 위협, 공급자의 힘(협상력), 구매자의 힘(협상력), 대체재의 위협, 기존 경쟁사간의 경쟁적 강도를 분석함으로써 자사에 경쟁력에 영향을 미칠 환경요인들을 분석할 수 있다.

기업은 또한 내부환경분석(internal analysis)을 통해 자신의 장점과 약점을 인식할 수 있다. 즉 내부환경분석을 통해 기업이 스스로 경쟁적 우위를 가져다 줄 어떠한 자원과 역량을 보유하고 있는지 알 수 있다. SWOT분석에서 강점(strength)과 약점(weakness)을 분석하는 것과 같다.

내부환경분석에 적절한 기법으로는 역시 4장에서 설명한 자원기반관점(Resource-Based Value)을 들 수 있다. 자원이란 기업이 전략을 개발하고 실행하는데 이용할 수 있는 유·무형의 자산들이다. 자원기반관점은 기업에 가치를 부가하는 분야에 집중하며 급속하게 변하는 경쟁적 환경에서 전략적으로 관리할 수 있는 자원들에 집중한다. 일반적으로 조직 자원으로는 재무자원, 실물자원(공장. 자재. 설비 등), 인적자원(직원 개개인의 역량 등) 그리고 조직자원(집단 역량, 조직체계 등)을 포함한다.

4) 전략의 개발과 선택

기업 전략의 수준과 종류는 규모에 따라 달라지는데, 일반적으로 비즈니스 전략(business strategy)과 전사적 전략(corporate strategy)으로 나눌 수 있다. 비즈니스 전략은 한 업종 또는 하나의 시장에서 적용할 수 있는 전략을 말하며, 전사적 전략은 여러 업종 또는 시장을 포괄하는 기업전체에 적용할 수 있는 전략을 말한다. 우리나라에서 여러 사업부서(business line)를 가진 대기업의 경우에 전사적 전략과 비즈니스 전략이 모두 필요하다.

비즈니스 전략은 한 시장이나 업종에서 경쟁적 우위를 창출하려는 것이므로 4장에서 마이클 포터가 제안하였던 본원적 전략(generic strategy) 중에 하나를 선택할 수 있다. 본원적 전략은 다시 i) 비용우위전략, ii) 차별화전략, iii) 집중화 전략으로 나뉜다.

전사적 전략은 기업이 여러 시장이나 업종에서 다양한 사업(비즈니스)을 추진함으로써 경쟁적 우위를 창출하는 것이므로 비즈니스의 조합(포트폴리오)이 매우 중요하다. 전사적 전략으로는 i) 수직적 통합전략, ii) 다각화 전략, iii) 전략적 제휴, iv) 인수합병(M&A) 전략, v) 국제적 전략 등이 포함된다.

🔰 수직적 통합전략(vertical integration)

수직적 통합은 기업이 현재 수행하고 있는 활동에서 가치사슬(value chain) 내 전방 또는 후방으로 확장함으로써 추가적인 경쟁적 우위를 확보하고자 하는 전략이다. 패션의류업체가 섬유제조업체를 인수하면 이는 후방수직통합이 되며 유통을 위한 대리점 체인을 인수하면 이는 전방수직통합이다. 물론 통합하는 방식은 여러 형태가 있을 수 있다. 완전한 자회사로 인수하는 방법, 전략적 제휴를 하는 방법, 조인트 벤처 방식 중에 선택할 수 있을 것이다.

일반적으로 수직적 통합은 거래 파트너의 기회주의적 행동을 방지하기 위해 구사된다. 예를 들어 어떤 회사가 우리 회사의 자회사로 편입된다면 품질, 배달편의, 납품 가격 등에서 불이익을 줄 가능성이 현저히 줄어들어 기회주의적 비용이 줄어든다.

다각화 전략(diversification strategy)

기업이 복수의 업종 또는 시장에서 동시에 여러 비즈니스를 수행할 때 다각화 전략이라 할 수 있다. 앞서 설명한 수직적 통합전략을 구사하다보면 자연스럽게 다각화가 되는 경우도 빈번하다. 다각화 전략은 i) 제한적 다각화 ii) 관련 다각화 iii) 이질적 다각화 전략으로 나눌 수 있다.

한 기업이 단일 업종과 단일 지역 내에서 모든 또는 대부분의 사업을 할 때 제한적 다각화 전략이라 할 수 있고, 이는 다시 단일 사업 기업(단일 시장에서 총매출의 95% 이상을 가진 기업), 지배적 사업 기업(단일 시장에서 총매출의 70~95%를 가진 기업)으로 나눌 수 있다. 예를 들어, 반도체 제조공정에서 사용되는 세정액을 생산하는 업체가 그 품목의 매출이 총매출의 95%를 차지한다면 단일사업기업이 될 것이다. 한편 치킨프랜차이즈 업체의 경우, 프랜차이즈업(총 매출의 70~95%)은 지배적 사업이 될 것이며, 닭을 조리하는데 필요한 설비를 제조하는 자회사도 소유할 수 있을 것이다.

관련 다각화 전략은 기업 매출의 70% 이하가 단일 제품 시장에서 발생하고 다양한 사업(제품)들이 모두 관련되어 있는 경우를 말한다. 예를 들어, ㈜오뚜기는 국내에서 복수의 사업을 하고 있지만 대부분 모두 음식(수프, 카레, 라면 등)과 관련된 것들이다.

이질적 다각화 전략은 단일 제품이 기업 총매출의 70% 이상을 차지하지 않고 그 제품들이 모두 서로 관련성이 없는 사업 포트폴리오를 가진 경우를 말한다. 미국의 GE는 항공기제조, 금융서비스, 에너지 관련 제품제조 등의 사업을 하고 있는데 이 모든 사업들이 큰 관련성이 없다. 국내 대기업집단의 사업포트폴리오를 보면 이질적 다각화 전략이라 할 수 있다. 롯데그룹은 식음료, 유통, 엔터테인먼트, 여행 및 숙박 등 이질적인 사업들을 벌이고 있다.

5) 전략 실행

전략 실행(strategy implementation)은 기업이 선택한 전략과 일치하는 조직적 행동이 따라주어야 전략의 실현이 가능하다. 구체적으로 정식 조직구조를 만들어야 하고, 경영 및 통제시스템을 구축해야 하고 적절한 직원 동기부여 및 보상정책을 마련하여야 한다. 예를 들어, 어떤 기업이 제품디자인을 차별화하여 새로운 브랜드를 구축하겠다는 전략으로 선택하였다면 디자인을 전문적으로 연구할 센터를 설립해야 할 것이며, 엔지니어와 디자이너들을 동기부여하는 정책과 인센티브를 개발하여야 할 것이다.

3. 사업전략, 시스템전략, 조직체계의 연계

앞서 경영전략의 필요성과 개념 그리고 전략적 경영프로세스를 설명하였다. 어떤 전략을 선택하든 기업의 사업(비즈니스) 전략, 시스템 전략 그리고 조직체계가 잘 연계되고 조율되는 것이 매우 중요하다(Pearlson & Sunders, 2013, 23).

2010년 BP[1]는 인류 역사상 가장 규모가 큰 오일 유출 사고를 겪었고 이로 인한 기업이미지 회복과 오염된 바다를 복구하는데 천문학적인 돈을 쏟아 부었다. BP가 이 사고의 원인을 오랫동안 분석한 결과 내린 결론은 다수의 기업들과 작업팀이 관여된 연이는 실수로 말미암아 폭발이 일어났고 거대한 오일 유출사고가 발생하였다는 것이다. 안전수칙을 반복적으로 지키지 않는 것이 사고 원인의 핵심이지만, 사고의 원인을 시간대별로 분석해보면 망가진 조직체계가 정보시스템의 실패와 맞물려 사고로 이어졌다는 것이 최종적인 분석결과이다.

이 사고는 오일 시추 장비를 위한 안전메커니즘을 설계할 때 사업전략, 정보시스템, 조직체계가 잘 연계되어야 하는 이유를 잘 설명하는 사례이다. 고압으로 매탄가스가 시추장비 밖으로 유출되어 폭발했을 때 대부분 작업자들은 구명보트에 의해 구조되었다. 그러나 폭발은 어쩔 수 없었다하더라도 시추 정보시스템과 조직의 통제메커니즘이 사고와 최악의 오일 유출을 막을 수 있어야 했다. 폭발 후 오일 방류를 막는 비상 해체시스템을 포함한 자동화 시스템이 실패하였다. 조기모니터링시스템이 작동하고

---

1) British Petroleum의 약자로서 영국에너지 기업이다.

있어 폭발 1시간 전에 오일의 흐름에 문제가 있음을 알렸지만 시추현장의 매니저와 엔지니어들은 사고 당일 일찍 해당 테스트 결과를 무시한 것으로 조사되었다. 이 사고로 BP의 조직문화, 프로세스, 리더십에 문제가 있음이 드러났다.

이 사례를 보면 현장의 총괄관리자(general manager)가 IS에 관한 결정에 중요한 역할을 해야 함을 알 수 있다. 비록 총괄관리자가 깊은 기술적 지식을 필요하지 않더라도 작업환경과 관련된 기술이 잘못되면 초래될 심각한 결과를 이해하고 문제가 없는지를 끊임없이 질문할 수 있어야 한다. 경영자가 ITIS 결정을 온전히 IT관리자들에게만 맡겨버릴 경우, 회사가 받을 불이익이 있음을 알아야 한다. 비록 IS부서가 정보를 전달하고, 교환하고, 가공하는 일을 책임지지만 때로 상황에 따라 부적절하게 작동되는 경우도 발생하는데, 특히 BP사고에서 그것을 목격할 수 있었다. IS부서는 고립된 섬이 되어서는 안되며, 조직이 제대로 작동되는데 필요한 인프라를 관리하는 부서가 되어야 한다. BP사례는 또한 기업의 ITIS가 직원과 프로세스를 관리하는 방식과도 잘 연계되어야 함을 보여준다. 엔지니어와 작업자들이 상황 모니터링과 관련된 모든 절차를 따르도록 인사정책을 바꿀 필요가 있으며, 품질기준이 적절하고 벤더가 공급한 장비와도 잘 맞는지 확인하는 부가적 절차도 필요했다.

이러한 측면에서 아래 〈그림 5-1〉 시스템 전략 삼각형(Information System Strategy Triangle)은 정보(시스템) 전략과 사업전략의 연계성, IS가 조직에 미치는 영향을 간결하게 설명해 준다.

성공적인 기업은 조직적 전략과 IS전략을 주도하는 사업전략을 가지고 있어야 한다. 조직적 전략을 구성하는 조직구조, 고용정책, 협력업체 관리 정책들, 정보 전략을 구성하는 소프트웨어, 하드웨어, 네트워크, 기타 구성요소 모두는 경영목표, 경영전략과 전술을 포함

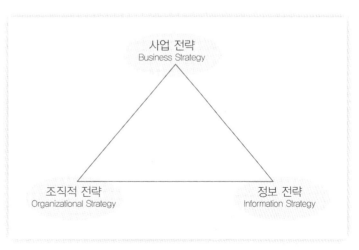

자료원 : Pearlson & Sounders (2013, p.24)

✸ 그림 5-1 _ 시스템 전략 삼각형

하는 사업전략과 긴밀하게 연계되어야 할 뿐만 아니라 균형을 이루어야 한다.

정보전략은 기업의 사업전략과 조직적 전략에 영향을 주기도 하고 받기도 한다. 지속경영에 필요한 세(3) 전략의 지속적인 균형을 위해서는 정보전략에 변화가 생기면 그것에 맞춰 조직적 전략의 변화는 물론 전반적인 사업전략의 수정도 따라야 한다. 만일 기업이 ITIS를 활용하여 적극적으로 경쟁우위를 창출하는 사업전략을 수립하였다면 IS부서가 리더십을 갖고 지속적인 혁신을 할 수 있도록 해줘야 한다. 즉 세 전략에 하나라도 변화가 있으며 다른 2개도 함께 재조정되어야 한다.

정보(IS)전략의 일환인 ITIS자원을 배치할 때 원하지 않는 결과를 피하고자 한다면 사업 및 조직적 전략을 고려해야 한다. 예를 들면, 직원이 직무를 위해 스마트폰이나 테블릿PC를 쓸 수 있게 하려면 직무명세, 업무프로세스, 급여체계 등의 변화를 고려해야 한다. 그렇지 않을 경우 예상치 않았던 부작용을 겪게 되고 원하는 생산성의 향상도 기대할 수 없다.

4. 정보전략 수립 프로세스

1) 전통적 사업(Business)전략 및 정보(IS)전략 수립방법

전통적으로 사업전략과 이를 위한 정보전략 수립은 상당히 선형적으로 진행된다. 선형적인 사업전략 및 정보전략 수립과정은 다음과 같이 단계적으로 이루어지는 것이 특징이다〈그림 5-2〉참조).

① 경영자는 기업의 미션과 목표를 설정하고 이를 달성하는데 필요한 사업전략을 수립한다. 즉 사업전략은 정보전략의 방향을 설정해 준다고 할 수 있다.
② 이 사업전략에 근거로 해서 IS중역은 ITIS가 어떻게 사업전략을 지원할 지를 결정한다. 사업별로 현업사용자 요구에 근거하여 어플리케이션 개발 등을 포함한 정보전략을 수립한다.
③ 이 정보전략을 어떻게 수행할지를 설명한 구체적인 IT(실행)전략을 수립한다.

기업들은 이러한 사업전략(예를 들면 5년 계획)을 수립하기 위해 때로 1~2년이라는 긴 시간을 소요하기도 하는데, 만일 IT중역이 사업전략을 수립하는 최고경영진에 포함되어 있지 않다면 사업전략에는 정보전략이 고려되어 있지 않을 것이다. 그렇다면 사업전략이 나온 후 다시 정보부분을 반영하려 한다면 또 상당한 시간이 소요되어 전략수립에 큰 차질이 빚을 수 있다. 더구나 오늘날과 같이 인터넷으로 연결된 초연결사회에서 사업전략과 정보전략을 병행해서 수립하는 발빠른 경쟁업체가 있다면 우리 기업에 더 치명적인 불이익을 가져다 줄 것이다.

이러한 선형적, 사업 및 정보전략 수립방법은 다음과 같은 오늘날 비현실적인 가정(assumption)을 전제로 하고 있기에 개선할 필요가 있다.

- 미래는 예측할 수 있다.
- 3단계를 거치면서 순차적으로 사업 및 정보전략을 수립하는 시간이 충분하다.
- IS(부서)는 무조건 사업(현업)을 지원하고 따라갈 뿐이다.
- 기업에 대한 넓은 시야를 가지고 있는 최고경영자만이 기업을 가장 잘 안다.
- 기업은 군대와 같기 때문에 최고경영자가 명령을 내리면 사병들은 모두 따라간다.

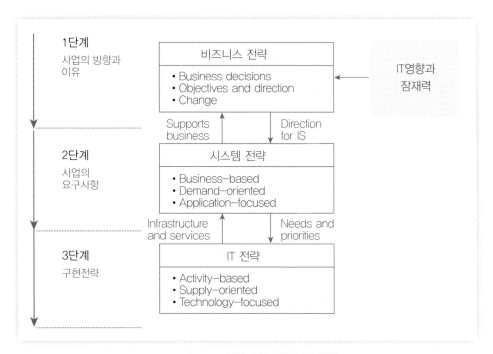

🔆 그림 5-2 _ 전통적인 전략수립 방법

그러나 사실 이러한 가정들이 오늘날 낯설며 더 이상 적용될 수 없다. 미래의 불확실성은 더욱 고조되고 있으며, 경쟁업체들은 보다 신속하게 사업/정보전략을 수립하고 있으며, IT가 비즈니스모델의 핵심이어서 거꾸로 IS가 사업을 주도해 가야 하는 경우도 많다. 따라서 오늘날에는 다음과 같은 보다 현대적 접근방법이 필요할 때가 있다.

2) 현대적 접근방법 : 감지와 대응(Sense-and-Respond)전략

🦅 하나의 대규모 전략을 세우기보다 다수의 소규모 전략을 동시다발적으로 전개한다

과거에는 최고경영자가 단일 전사적 사업전략을 분명하게 드러내는 것이었다. 그러나 빠른 속도로 변하는 현대에는 이러한 전략이 갖는 위험이 매우 크다. 만일 한 전략에 모든 것을 걸었는데 잘못되었을 경우 그 기업에 치명적일 수 있기 때문이다. 따라서 극단적인 경우에는 전사적 사업계획이나 전략을 만들지 않고 소규모 팀의 목표

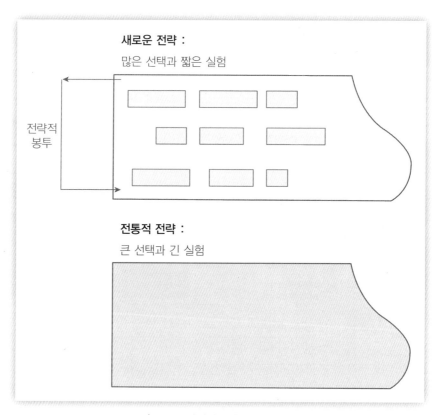

🌞 그림 5-3 _ 감지와 대응방식의 전략수립

만 있는 경우도 있다.

예측이 어려운 불확실한 사업 환경에서는 미래를 한 걸음씩 한 걸음씩 감지와 대응 방식으로 접근해야 한다. 즉 소규모 팀으로 하여금 새로운 기회나 가능성을 탐지하게 한 후 실험적으로 즉각적으로 그 성과를 확인하는 방식으로 미래를 탐색해 나가는 것을 말한다. 따라서 환경변화가 빠른 업종일수록 실행조직의 규모를 작게 가져가야 성공할 수 있다.

즉 감지와 대응방식이란 〈그림 5-3〉과 같이 수많은 작은 실험적 사업들을 동시다발적으로 전개하며 미래에 이루어질 것으로 설정한 가설들이 맞아떨어지는 지를 수시로 점검하며 나아가는 것을 말한다.

🍃 모바일직원을 중심으로 전략을 세운다

초연결시대에는 고객, 협력업체, 파트너기업과 긴밀하게 의사소통을 해야 한다. 급속하게 변하는 시대에 Zara와 같이 시장과 긴밀하게 연계되는 전략을 세운다는 것은 시장(고객)과 밀접한 접촉이 가능한 전략을 세워야 한다는 것이다. 따라서 전략은 항상 이동하는 모바일직원, 즉 고객, 협력업체, 파트너기업과 늘 소통하는 직원(예: 영업사원, 콜센터 응답원, A/S요원, 웹마스터 등)을 중심으로 수립되어야 한다.

닥쳐올 기업의 미래를 가장 잘 감지할 수 있는 직원, 즉 젊은 직원들을 전략을 실행하고 수정하는 에이전트로 활용해야 한다. 모바일 인터넷 시대에는 인터넷을 자신의 의복처럼 자연스럽게 입고 지내온 젊은 직원들이 전략수립의 중심에 두어야 한다.

🍃 전략수립(실행)가이드 : 전략적 봉투(strategic envelope)

수많은 소규모 사업전략들을 중앙의 통제도 없이 마구잡이로 집행한다는 것은 더 큰 혼란과 조직 자원의 낭비를 야기할 수 있다. 이를 위해 전략적 봉투(strategic envelope)라는 메커니즘을 만들어 활용해야 하는데, 이것을 만들고 실천하는 일이야 말로 최고경영자의 가장 중요한 책임 중에 하나라 할 수 있다. 즉 방향과 목표만을 정해준 후 최고경영자는 새로운 실험(시도)을 설계하고 추진하는데 필요한 기본적인 파라미터(parameter)[2]를 지정하는 전략적 봉투를 준비하는 것이다. 다시 말해 소규모 전략들을 수

---

2) 제한사항을 포함한 기본지침과 가이드라인

립하고 실행하는데 필요한 맥락(context)만을 지정해준 후 새로운 시도들이 이 봉투를 벗어나지 않는지를 계속 모니터링 하는 것이다.

　시장에서 일어나고 있는 추세의 변화를 감지하고 각각의 실험적 사업들이 잘 진행되고 있는지, 각 실험적 프로젝트들이 후속적인 지원을 충분히 얻고 있는지 아니면 추진력을 잃어가는 지를 알기 위해서는 적절한 회의를 통한 지속적인 논의가 필요하다. 최고경영자가 이 전략적 봉투를 관리하는 방법은 다음과 같다.

● 전략 간담회

　전략 간담회는 경영환경의 변화에 대해 정보를 공유하고 변화에 대한 대응책을 의논하기 위한 중역들의 모임이라 할 수 있다. 예를 들면, 운영담당 부사장의 책임 하에 모바일 직원의 규모에 대한 현황과 대책을 보고하거나, 기술담당 이사가 기업에 응용될 수 있는 미래의 첨단기술을 소개하는 일들이 있을 수 있다. 이러한 회의에서는 현재의 시장변화의 속도와 보조를 맞추거나, 시작되고 있는 새로운 경향을 포착하거나 새로운 프로젝트를 시작하거나 유망 분야에 대해 자원을 더 투입하는 등의 결정을 내릴 수 있다.

● 신규사업 실험자들과 정기적인 모임

　현재 진행 중인 소규모 전략적 프로젝트에 참여하고 있는 팀장 및 구성원들과 만나는 정기회의에서는 사업의 추진현황, 성공가능성, 자원의 충분성, 사업의 중복성 등을 검토함으로써 프로젝트의 추진 속도를 앞당기거나 방향을 조정하거나 부족한 자원의 추가공급 등의 결정을 내릴 수 있다.

실리콘밸리의 전설, 스티브 블랭크 인터뷰
: 스타트업은 빠른 실행이 생명

스티브 블랭크(Steve Blank·61)는 억만장자가 된 실리콘밸리의 전설 중 하나다. 미시간대 입학 후 학업에 흥미가 생기지 않아 한 학기 만에 그만뒀다. 1978년 실리콘밸리에 처음 발을 디딘 뒤 지금까지 벤처기업 8곳 설립에 참여했고, 이 중 4곳을 상장시켜 갑부가 됐다. 그가 자신의 경험을 집대성해 지난해 펴낸 책 '기업 창업가 매뉴얼(Startup owner's manual)'은 젊은 벤처 지망자들에게 바이블로 통한다. 그가 벤처기업 창업과 관련해 강조하는 건 일명 '린 스타트업(Lean Startup)' 전략이다. 도요타 자동차의 '린 제조(lean manufacturing)'란 말에서 차용한 단어다. 요약하자면 아이디어가 있으면 머뭇거리지 말고 빠르게 최소 요건 제품(시제품)으로 제조한 다음 일단 내놓고, 시장의 반응을 보면서 다음 제품 개선에 반영하는 전략이다. 짧은 시간 동안 제품을 만들고 성과를 측정해 다음 제품 개선에 반영하는 것을 반복해 성공 확률을 높이는 방식이다. 이는 몸집이 가벼운 벤처기업 생리에 딱 맞는 창업 전략이다. 그는 "스타트업(갓 창업한 회사)에는 스타트업에 맞는 방식이 있다. 대기업에서 통한 방식을 무조건 적용하면 안 된다"고 강조했다. 인터뷰동안 그가 군데군데 설명한 전략은 앞에서 배운'감지와 대응(Sense-and-Respond)전략'을 매우 닮았다. 이하는 기자와 블랭크의 일문일답이다.

Q. 린 스타트업 철학에 대해 좀 더 설명해 달라.

A. 스타트업은 대기업의 작은 버전이 아니라는 점에서 출발한다. 전통적인 MBA 과정은 대기업에서 배운 방식과 규칙, 과정을 전달하려 한다. 하지만 스타트업은 다르다. 스타트업에는 실행, 더 빠른 실행이 중요하다. 시작부터 남달라야 한다는 건 강박관념일 뿐 아무런 긍정적인 효과를 낳지 못한다. 스타트업의 '비전'이란 검증되지 않은 가설에 불과하며 고객 검증이 필요하다. 실패는 스타트업이 비즈니스 모델을 탐색하는 과정에서 겪는 필수적인 과정이며, 스타트업이 실패를 두려워하면 실패할 수밖에 없다. 답은 현장에 있다. 고객과 접촉하는 가운데 기민하게 시제품을 보완하고 가설을 검증하는 것이 중요하다. 고객은 창업자의 계획대로 행동하지 않기 때문이다. 창업 희망자들에게 항상 '건물 밖으로 나가라'고 한다. 아무리 똑똑해도 고객 반응을 고객보다 잘 알 순 없다.

Q. 미국에서도 유독 실리콘밸리가 혁신의 중심이 될 수 있었던 이유는 뭔가.

A. 독특한 문화 때문이다. 동부나 서부나 실리콘밸리 모태가 되는 군수 연구 단지가 있었다. 다만 뉴욕·보스턴 같은 동부는 부모가 가까운 곳에 있어 자주 찾아가야 하는 등 보수적인 문화 속에 자리 잡고 있다. 반면, 스탠퍼드대를 가느라 서부로 온 젊은이들은 대개 부모와 멀리 있어 간섭을 덜 받고 자유분방한 생활을 하다 모험이 많은 생활을 하게 됐고 그게 혁신을 가능케 했다. 많은 대기업이 차고에서 아이디어를 짜내는 몇몇 젊은이보다 훨씬 많은 자원을 갖고 있는데도 혁신에 느린 건 전통을 고집하고 모험을 기피하는 문화 때문이다. 투자가들이 기업 평가할 때 쓰는 핵심 성과 지표(Key Performance Indicators)는 어떤 실적을 냈는가를 기준으로 삼는다. 그러나 그런 숫자는 아웃소싱을 한다든가 단기 프로젝트를 한다든가 하는 식으로 상향 조정이 가능하다. 중요한 건 그 과정과 전략이다. 기업이 혁신을 한다고 치자. 실적 지표에는 오히려 부정적 영향을 미칠 수 있지 않나. 그런 게 혁신을 저해한다. 이런 지표들이 혁신을 못 하게 정책적으로 막는 셈이다. 앞으로 누가 성공할지는 예측할 수 없는 법이다. 혁신을 이룬 회사들을 보면 항상 내부 문화를 역행한 사람들이 있다. 혁신을 위한 지표가 필요하다. 패스트 팔로어(fast follower·빠른 추격자)가 아니라 혁신이 목표라면 자유롭게 실험할 수 있는 환경을 조성해야 한다. 영화 제작사가 돈을 대고 분위기만 조성해 주고 모든 걸 지시하지 않는 것과 마찬가지다. 혁신을 위한 지표가 필요하다."

Q. 하지만 그동안 성공한 실적이 없는 젊은이에게 사업 아이디어만 좋다고 투자하면 위험하지 않나.

A. 위험을 그냥 감수하는 거다. 실리콘밸리엔 실패한 창업자를 부르는 말이 있다. 바로 '경험 있는 창업자(experienced entrepreneur)'다. MIT가 있는 보스턴이 아닌 실리콘밸리가 혁신의 중심이 된 이유가 그거다. 1970년대 보스턴의 벤처캐피털이 은행 같았다면 서부 벤처캐피털은 도박사 같았다. 동부 투자자가 확실히 결과가 보장되는 프로젝트를 원했다면, 서부에선 포트폴리오가 너무 좋은 사람은 위험을 감수하지 않는 사람이라 보고 부정적으로 해석했다. 실리콘밸리에는 투자한 10가지 중 9가지가 실패로 돌아가도 1가지만 성공하면 된다는 모험가적인 문화가 있다.

Q. 실리콘밸리의 혁신적인 문화가 끊이지 않고 계속 이어지는 이유는 뭐라고 보나.

A. 실리콘밸리엔 '페이 잇 포워드 (pay it forward)' 문화란 게 있다(도움을 준 사람에게

되갚지 않고 다른 사람에게 갚는 것). 안면도 없는 사람에게서 도움을 청하는 연락을 받고 도와주는 것을 사회적 책무라 생각한다. 실리콘밸리에서 반도체 산업이 태동할 때 실패를 경험하는 기업이 허다했다. 그때 페어차일드를 비롯하여 60여개 기업 엔지니어들이 같이 점심을 먹으며 자신들의 경험과 시행착오, 노하우를 나누는 문화가 생겼다. 인도, 중국, 러시아 출신 등 인종적 장벽을 경험한 기업인들도 연합을 결성해 서로 돕기 시작했다. 그 문화가 다음 세대까지 이어졌다. 몇몇 기업 간부가 1주일에 한 시간씩 시간을 내 엔지니어들을 만나 조언을 주기도 했는데, 장발의 20대 청년이 당시 55세였던 인텔 창업자 로버트 노이스 연락처를 전화번호부에서 찾아 조언이 필요하다고 면담을 청했다는 일화는 유명하다. 그 젊은이가 바로 스티브 잡스였다. 지식은 유전을 통해 자동으로 다음 세대에게 전달되지 않는다. 그래서 학교가 필요한 것 아닌가. 실리콘밸리는 그런 의미에서 학교였다. 혁신을 원한다면 다음 세대에게 페이 잇 포워드 문화를 가르쳐야 한다.

성공한 창업자의 오만은 자기 자신의 능력으로 성공했다고 생각하기 때문에 생긴다. 어떤 아이디어든 결코 사회적 분위기와 주변 도움 없이 성공할 수 없는 만큼 성공한 사업가는 새로 시작하는 젊은이들을 도와야 한다. 오만해져선 안 된다.

Q. 뛰어난 창업자에게서 공통적으로 발견되는 성격이나 자질이 있나.

A. 훌륭한 예술가가 될 수 있는 자질이다. 뛰어난 화가나 음악가가 될 자질이 있는 사람은 창업가가 될 자질이 있다. 무에서 유를 만드는 사람들이고 새로운 걸 기도할 줄 아는 사람이고, 눈에 보이지 않는 아이디어가 창조됐을 때 어떨지를 내다볼 수 있는 능력이 있는 사람들이기 때문이다. 어릴 때 예술 감상하는 법을 가르치는 게 유익하다고들 하지만, 그걸로 커리어를 개발하고 돈을 벌 수 있다고는 생각 안 하는데, 돈 벌 수 있다. 스타벅스 이전에는 커피가 브랜드가 될 수 있다고는 아무도 생각 안 했다. 훌륭한 창업 아이디어들도 처음엔 우습게 보일 수 있다. 그런데 그게 혁신을 시작하는 단초다. 또 성공한 창업자 중에는 불우한 환경에서 자란 사람이 꽤 많다. 어수선한 분위기에서 자란 탓에 스타트업 같은 불안정한 환경은 그들에게 일상인 셈이다. 그런 성장 과정에서 살아남은 경험은 남다른 집중력과 투혼을 갖는 경향이 있다.

자료원 : 조선일보 Weekly BIZ, "스타트업은 빠른 실행이 생명… 일단 제품 내놓고 市場 반응 살펴야" 이위재(2014.7.12.).

3) IS부서의 전략적 성향의 제고

IS부서가 기업의 전사적 사업전략의 수립프로세스에 참여하어 사업전략이 요구하는 정보(시스템)전략을 수립하는데 기여를 하거나 때로 적절한 IT/IS를 활용하여 사업전략을 선도하기 위해서는 IS부서도 전략적 사고와 경영 마인드를 가져야 한다. IS부서가 전략적 사고를 갖도록 하는 방법들은 다음과 같다.

첫째, CIO[3]는 IS부서가 다른 현업부서로부터 신뢰를 얻도록 해야 한다. 이를 위해서 현재 IS부서가 하고 있는 많은 일들을 중에 가치가 낮고 외주업체에 맡길 경우 보다 비용효과적으로 할 수 있는 일들은 가급적 아웃소싱을 하고, IS요원은 새로운 실험적 사업들을 시도하고, 정보(시스템)전략을 짜거나, 현업부서의 사용자들을 지원하는 새로운 역할을 지속적으로 찾아나서야 한다.

둘째, IS부서는 새로운 IT사업을 추진하기 전에 그 정보전략이 가져다 줄 잠재적인 미래를 테스트할 필요가 있다. 즉 가능한 새로운 미래를 열기 전에 새로운 IT의 가능성을 미리 테스트하는 일이 필요하다. 미래를 테스트하기 위한 2가지 방법으로는 i) 실험적 사업을 위해 가용자원을 지속적으로 제공하는 일과 ii) 신기술을 감시 보고하는 신기술사업단(focus technology group)을 두는 일이다. 신기술사업단은 기업에 위협이나 기회가 될 수 있는 새로운 기술들을 끊임없이 탐색하여 CEO와 CIO에 보고하는 일이다.

특히 유무선 인터넷을 통한 전자상거래가 활성화됨에 따라 제대로 된 IT인프라의 구축은 매우 중요해지고 있다. 실험적 IT 인프라에는 i) 데이터 정의의 일관성과 공통성을 유지하는 일, ii) 다양한 휴대기기를 이용한 모바일 전자상거래 표준을 만들어 정착시키는 일, iii) 전자상거래 보안과 개인정보보호를 위한 다양한 조치를 취하는 일, iv) ERP, SCM, CRM 등이 공동으로 운영될 수 있는 기술적 플랫폼을 설정하는 일들이 포함된다.

5. 아키텍처와 인프라스트럭처

사업(비즈니스)전략이 수립되면 이것의 실행을 가능하게 하는 IT아키텍처(architecture)의 설계가 필요하고 이어서 아키텍처를 기반으로 한 구체적인 인프라스트럭처(infrastruc-

---

3) Chief Information Officer 정보서비스담당 최고경영자

ture, 이후 '인프라'로 줄여서 기술함)가 구상되어야 한다. 아키텍처와 인프라스트럭처를 흔히 혼
용해서 쓰기도 하지만 여기에서는 구분하여 사용하고자 한다.

아키텍처와 인프라스트럭처의 힘 : 발레로 에너지

미국의 에너지회사인 발레로 에너지(Valero Energy)는 인수합병 등의 방법으로 10
년이라는 짧은 기간에 매출 290억 달러에서 900억 달러로 급성장하였다. 그러다
보니 이질적인 정보시스템과 애플리케이션 등이 혼합되어 하나의 ERP(전사적관리시
스템)[4]와 협업시스템(그룹웨어, 이메일 등)으로 통합이 잘 안되어 관리가 힘들고 많은 비
용을 요구하는 비효율적인 시스템을 갖게 되었다. 게다가 현업부서 책임자들은
필요한 정보서비스를 쉽게 공급받고, 필요시 적은 비용으로 부서가 직접 쉽게 애
플리케이션을 만들어 쓸 수 있는 환경을 원하고 있었다. 따라서 경영자가 비즈니
스 전략을 실행할 때 딱 맞는 IT 아키텍처를 재설계해야 함은 물론 인프라를 업데
이트해야 할 필요가 생겨났다.

기업은 성장에 발맞춰 유연하고 새 시스템이 필요로 할 때 다시 쓸 수 있는 유
연한 아키텍처를 필요로 한다. 따라서 발레로는 애플리케이션이나 정보자원을
마치 구성품(component)처럼 쓸 수 있는 SOA(service-oriented architecture: 서비스지향 아키텍
처)를 채택하였다. 예를 들어 SOA 하에 주문관리시스템을 하나 개발하면 고객서
비스 애플리케이션과 이익분석 애플리케이션도 이를 함께 나누어 쓸 수 있다.

ERP와 비즈니스 애플리케이션들을 위한 인프라는 SAP의 R/3시스템이었으며,
SAP의 개발환경(R3)에서 90 여개의 서비스가 추가 구성품으로 개발되었다. 이렇
게 개발된 90 여개 서비스는 다시 40개의 다양한 복합 애플리케이션을 개발하는
데 활용되어 프로그램의 재활용율과 개발비용을 현저하게 낮출 수 있었다. 예를
들어 중간도매상이 자신의 거래정보를 인터넷을 통해 확인할 수 있는 애플리케
이션을 만들었다. 이때 SAP R/3 CRM(고객관계관리)시스템용 데이터웨어하우스를 다

---

4) Enterprise Resouces Planning의 약자로 전사적 시스템(enterprise system)을 의미한다. 일반적으로 소프트웨어
개발전문업체가 특정 업종의 기업들을 위해 패키지화한 경영정보시스템을 의미한다.

른 비SAP시스템과 연결해야 했는데 이때 SAP NewWeaver Portal 인터페이스와 같은 인프라가 사용되었다. 이러한 설계를 통해 사용자에게 통합정보에 대한 하나의 관점을 제공할 수 있게 되었다.

그 결과 놀라운 통합의 효과를 얻을 수 있었다. 인수합병을 통해 생겨난 수많은 독립된 시스템을 일일이 묶어주는 인터페이스를 개발할 필요가 없어 많은 비용을 절감할 수 있었고, 새로운 시스템들은 더욱 경영을 효율적이고 효과적으로 돌아가게 만들었다. 한 애플리케이션은 선박이 불필요하게 오랫동안 정박함으로써 발생하는 비용을 50만 불이나 절약하게 해 주었다. 이 애플리케이션이 있기 전, 매니저는 선박에서 원유의 하적과정을 모니터링을 할 수 없어 선박이 모든 원유를 하적할 때까지 마냥 기다려야 했다. 새 애플리케이션으로 관리자는 탱크 내 원유량이 얼마나 남았는지 알 수 있게 되었고, 정유사 직원들과의 빈번한 소통으로 송유 스케줄을 적절하게 조정함으로써 불필요한 비용을 줄일 수 있게 되었다.

1) 비전을 실천으로

〈그림 5-4〉가 보여주듯이 아키텍처는 전략을 인프라스트럭처('인프라')로 전환해주는 일을 한다. 주택을 짓는 것도 이와 같다. 주인은 먼저 자신이 살 집이 어떤 모습을 하고 어떤 기능들을 포함할 지에 대한 비전을 갖는다. 그런 다음 주택의 입지와 방향, 구성요소, 주인의 특별한 취향을 위한 공간의 확보(서재, 게임룸, 티룸 등)와 같은 전략을 수립한다. 이 후 건축가는 고객의 비전을 바탕으로 아키텍처에 해당하는 설계도를 그린다. 이 설계도의 내용은 대부분 고정불변이지만 실제로 건축을 담당하는 목수, 미장이, 전기기술자들과 같은 건축업자들은 이를 다양하게 해석하여 현실에 맞게 집행할 수 있다. 이들은 과거의 경험이나 산업표준을 따라 설계도에 가장 적절한 자재나 건축기법을 선택하여 사용할 것이다. 이렇게 공사가 진행되면서 비록 집주인이 실제 건축과정에 참여한 적은 없지만 주인의 비전이 반영된 최종적인 주택을 얻게 되는 것이다. 집주인은 끝으로 창문 커버, 조명, 가구 등을 추가함으로써 새 집을 완성하게 된다.

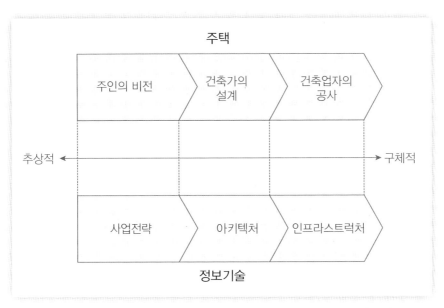

자료원 : Pearlson & Saunders (2013), p.168.

◈ 그림 5-4 _ 추상적 비전에서 구체적인 아키텍처와 인프라스트럭처로의 전환과정

건축의 비유를 이용하면 IT아키텍처는 사업(비즈니스)전략을 IS계획으로 전환해주는 설계도와 같다. 그리고 IT인프라는 조직 내 정보의 흐름과 처리를 담당하는 모든 것, 즉 하드웨어, 소프트웨어, 데이터 그리고 네트워크 등을 말한다. 당연히 이 인프라는 사업전략의 원활한 수행을 가능하도록 설계도(계획)에 가장 잘 맞도록 잘 엮여져야 한다.

🥄 경영자의 역할

앞서 주택건축의 예에서 보듯이 집주인이 설계도면을 그리거나 벽에 못을 박을 필요는 없지만 적어도 건축가나 목수가 무엇을 해야 하는지 정도는 알고 있어야 한다. 특히 건축가와 효과적으로 일을 하기 위해서 집주인은 스타일이나 배치와 같은 건축에 대한 충분한 지식이 있으면 좋을 것이다. 마찬가지로 여러 종류의 벽, 창문, 단열재가 갖는 이점과 비용 등에 대한 자세한 정보를 알고 있으면 집 짓는 기술자들에게 무엇을 기대해야 할지 잘 알 수 있다.

집주인처럼 경영자도 IT아키텍처나 인프라가 사업전략과 경영을 위해 실질적으로 어떤 도움을 줄 수 있을 지를 잘 알고 있어야 한다. 경영자는 자신의 사업적 비전을 IT아키텍처 설계자와 소통할 수 있어야 하고, 자신의 비전이 현실적이지 못하면 이를

135))

수정할 수 있어야 한다. 경영자의 참여 없이 IT아키텍처가 설계되면 훗날 경영자가 선택하게 될 여러 가지 전략적 옵션을 제한하는 일이 생길 수도 있기 때문이다.

예를 들어, 대형유통회사의 영업팀장은 자신의 팀이 필요로 하는 영업지원시스템 (sales force automation)[5] 개발에 대한 회의와 토론에 참여하는 일을 원치 않았다. 대신 그는 여러 회사에 이미 설치되어 잘 알려져 있는 대형 소프트웨어회사의 표준 패키지라면 충분할 것으로 생각하였다. 그래서 아키텍처 설계도 없이 해당 애플리케이션이 실제적으로 영업사원을 어떻게 지원할지 또는 제한할 지에 대한 장기적인 관점에서 고민하지도 않았다. 그렇게 도입된 시스템은 사용하다보니 여러 한계점들이 노출되었고 자사의 여러 영업프로세스를 지원할 수 없음을 알게 되었다. 그제야 도움을 받기위해 IT부서를 찾아간 영업팀장은 프로젝트 초창기에 구축한 인프라가 맞지 않아 그가 원하는 기능을 구현하기 위해서는 너무나 많은 추가비용이 든다는 사실을 알게 되었다. 프로젝트 초창기에 참여하는 일과 영업팀을 위한 IT비전을 정확하게 전달하는 일이 팀장이 훗날 원하는 변화를 수용할 수 있는 플랫폼을 제공하는 IT인프라를 결정하는 데 매우 중요하다. 즉 이미 구축한 인프라가 영업 및 마케팅 관리목적에 적합한 아키텍처를 결여하였던 것이다.

2) 전략에서 아키텍처와 인프라스트럭처로

엄청난 속도로 변하는 기술 환경에서 선택 가능한 IT옵션들이 너무나 다양하기 때문에 기업이 유효한 아키텍처와 인프라를 설계하는 일을 결코 쉽지 않다. 경영자가 이러한 일을 하는데 도움을 주기 위해서 이 책에서는 i) 전략을 아키텍처로 전환하는 일, ii) 아키텍처를 인프라로 전환하는 일로 나누어 설명하였다. 비록 이 설명이 모든 상황에 적용될 수는 없지만 적어도 IT아키텍처와 인프라를 정의할 때 알아야 하는 중요한 이슈를 이해하는 데는 도움을 줄 것이다.

🍳 전략에서 아키텍처로

아키텍처의 구축은 전략(strategy)에서 출발하고 전략에서 구체적인 목적(goals)이 나와야 한다. 이 목적으로부터 구체화되는 것이 바로 사업적 요구사항(business requirement)들

---

5) 영업활동을 지원하는 정보시스템.

이다(〈그림 5-5〉 참조). 발레로 사례에서 전략은 고객에게 자신들의 거래에 대한 통일된 단일 정보창구를 제공하는 일이고, 그러기 위해서는 유연한 단일시스템으로 시스템을 통합하는 일이다. 전체를 아우르는 사업전략을 확실히 하고 전략의 목적과 관계된 사업적 요구사항을 분명히 함으로써 IS가 수행해야 하는 일들에 대한 비전이 담긴 아키텍처와 이 시스템을 순조롭게 개발하고 구현하고 활용하는데 필요한 거버넌스[6] 관련 사항들을 결정할 수 있다. 거버넌스 사항들은 최고경영층이 결정해야 하는데 IS에 대해 누가 책임을 지고 통제하느냐를 정한 것이다.

물론 경영자의 역할은 여기에서 끝나지 않고 IT아키텍처 설계자와 함께 사업적 요구사항들을 아키텍처를 구성하는 시스템요구사항, 표준, 프로세스 등으로 전환하는 일에 협력하여야 한다. 보다 상세한 아키텍처 요구사항에는 데이터와 프로세스 요구사항과 보안 요구사항도 포함된다. IT아키텍처 설계자는 이 아키텍처 요구사항을 가지고 IT아키텍처를 설계하는 것이다.

🥄 아키텍처에서 인프라로

발레로는 SOA(service-oriented architecture: 서비스지향 아키텍처)를 선택하였고, 이를 기반으로 수많은 서비스와 복합적인 애플리케이션을 개발하였다. 이 아키텍처 계획에 추가되어야 하는 세부사항들은 하드웨어, 소프트웨어, 데이터와 네트워크이다. 구체적으로 데이터의 저장위치와 접근절차, 보안을 위한 방화벽 등 각종 서버의 위치, 네트워킹 사양과 연결설계 등이다. 즉 아키텍처를 구체적인 기능적 스펙으로 전환하는 일의 결과물이 인프라인 것이다(〈그림 5-5〉 참조). 이 기능적 스펙은 다시 하드웨어 스펙, 소프트웨어 스펙, 데이터스토리지 스펙, 인터페이스 스펙, 네트워크 스펙 등으로 나누어진다. 그런 다음 이러한 스펙을 충족하는 구체적인 하드웨어, 소프트웨어. 스토리지, 인터페이스, 네트워크 등을 지정하는 것이다.

우리가 인프라를 얘기할 때 단순히 이러한 구성요소만을 의미하는 것은 아니다. 집을 지을 때 단순히 배관, 전선, 벽, 지붕만을 가지고는 집이 되는 것이 아니고 청사진에 따라 이것들을 조립할 때 비로소 거주할 수 있는 집이 완성되듯이, 활용할 수 있는

---

6) governance는 지배와 통제를 의미한다. 경영자가 바람직한 판단과 행동을 할 수 있도록 의사결정권한을 적절하게 배정하고 책임소재를 분명히 하는 경영활동을 말한다.

인프라가 되기 위해서는 하드웨어, 소프트웨어, 데이터, 네트워크가 일관성 있게 조립
되어야 한다. 전체적 관점에서 바라보면 인프라는 조직 전체를 대상으로 하는 인프라
를 말하지만, 고객, 공급업체, 기타 이해관계를 가진 타 조직들과의 소통을 위한 기반
으로써 인프라를 바라볼 수도 있으며, 때로 인프라는 개인이 사용하는 애플리케이션
을 위한 기반도 포함할 수 있다. 특별한 애플리케이션을 개발한다고 가정하자. 이 애
플리케이션은 데이터베이스, 프로그램, 클라이언트기기, 운영환경 등으로 구성되는
구조를 가진다. 즉 팀이나 개인이 쓰는 애플리케이션이라 하더라도 전사적 수준에서
내려진 아키텍처와 인프라 스펙을 따라야 하는 것이다.

인프라를 얘기할 때 흔히 기반이 되어주는 컴퓨터 시스템을 플랫폼(platform)이라 부
른다. 일반적으로 플랫폼은 애플리케이션이 돌아가는 하드웨어와 운영체제를 말한
다. 예를 들어, 노트북/PC업에서 '윈도우 플랫폼'이라는 용어를 사용하는데 이는 윈
도우 운영체제를 깔아 쓰는 개인용 컴퓨터를 말한다. 또 다른 예로 '맥 플랫폼'을 들
수 있는데 이는 애플사의 메킨토시 노트북/PC에 깔려 있는 운영체제를 말하는 것이
다. 스마트폰이 대중화되면서 '안드로이드 플랫폼'과 '아이폰 플랫폼'이 대중화되었
는데 이 역시 스마트폰에 깔려 있는 운영체제를 의미한다. 따라서 사용자 관점에서
똑 같은 앱(App)이라 하더라도 앱 개발자들은 두 개의 다른 플랫폼을 위해 두 종류의
앱을 제작해야 한다.

🥄 전환 프레임워크(framework)

사업전략을 아키텍처와 인프라로 바꿀 때 활용할 수 있는 프레임워크를 설명하기
전에 먼저 기본 구성요소에 대한 이해가 필요하다. 이 기본 구성요소는 이미 2장과 3
장에서 설명하였으므로 여기에서는 핵심적인 내용만 다시 설명하기로 한다.

• 하드웨어

데이터의 계산, 저장, 송수신을 처리하는 물리적 구성요소를 말한다. 예를 들면, PC,
모바일기기, 서버, 메인프레임, 하드드라이버, RAM, 광섬유 케이블, 모뎀, 전화통신케
이블, 분배기 등이 있다.

• 소프트웨어

하드웨어에 탑재되어 작업을 수행하는 프로그램들을 말한다. 예를 들면, 운영체제,

데이터베이스, 회계패키지, 워드프로세서, 영업자동화시스템, ERP 등이 있다.

소프트웨어는 일반적으로 시스템 소프트웨어와 애플리케이션(응용 소프트웨어)으로 나눈다. 시스템소프트웨어의 대표적인 운영체제(operating system)로써 MS 윈도우계열 OS들, 애플의 OS들, Linux, 구글의 Android, 애플의 iOS가 있다. 한편 애플리케이션(응용 소프트웨어)은 경영활동과 개인적 사무를 자동화해주는 소프트웨어로써 데이터저장, 파일송부, 문서작성, 스케줄관리, 계산, 편집, 음악 및 게임 프로그램 등을 말한다.

• 네트워크

공통의 프로토콜을 따라 서로 통신하고 데이터를 공유하는데 필요한 소프트웨어와 하드웨어를 모두 묶어 이르는 말로 스위치, 허브, 라우터 등 장비를 포함한다. 네트워크는 대기업들이 구축하여 사용하는 사적인 것도 있지만 정부가 깔아 준 인터넷과 같은 공공망도 있다.

• 데이터

숫자와 텍스가 전자적으로 표현된 것이다. 여기에서 중요한 것은 데이터의 양과 양식이며 때로 한 하드웨어(소프트웨어)에서 다른 하드웨어(소프트웨어)로 옮겨야 할 때 양식의 전환이 필요하게 된다.

여기서 설명할 프레임워크는 각각의 인프라 구성요소에 대해 i) 어떤 기술인가(what), ii) 관련되는 사용자, 그룹 또는 부서는 누구인가(who), iii) 어디에 두는가(where)에 대한 질문에 답하도록 설계되어 있다.

〈표 5-1〉에 언급된 질문들이 전부는 아니며 샘플에 불과하다. 조직의 사업전략에 따라 좀 더 구체적인 질문리스트가 추가될 수도 있을 것이다. 아무튼 이 프레임워크를 잘 활용하면 경영자가 사업전략을 적절한 아키텍처로 그리고 궁극적으로 인프라로 전환할 때 물어야 하는 필수 질문들을 만들 수 있다. IT설계자와 개발자들과 함께 도출한 답들은 IT환경에 대한 큰 그림을 보여줄 수 있어야 한다. 즉 IT아키텍처는 데이터와 정보, 기술(예. 준수해야 하는 표준, 기초를 제공하는 인프라 등) 그리고 시스템을 통해 접근할 수 있는 애플리케이션에 대한 계획이 모두 포함되어야 한다.

표 5-1_ 아키텍처와 인프라 분석 프레임워크

구성 요소	What		Who		Where	
	아키텍처	인프라	아키텍처	인프라	아키텍처	인프라
하드 웨어	사용자가 어떤 기기를 쓸까?	랩탑의 하드 디스크 용량은?	서버에 대해 가장 잘 아는 사람은 누구?	서버를 운영할 자는 누구?	아키텍처는 중앙집중형 vs. 분권형?	일본 데이터 센터에 투입해야 하는 컴퓨터는?
소프 트웨 어	우리 전략을 위해 ERP가 필요한가?	SAP 또는 Oracle 어느 것을 선택해야 하는가?	SAP의 도입으로 가장 큰 영향을 받는 사람은?	누가 SAP훈련이 필요한가?	조직의 지리적 분포가 다수의 DB를 필요로 하는가?	DB를 위해 Oracle이 적절한가?
네트 워크	우리 전략을 위해 어느 정도 대역폭이 필요한가?	Cisco의 스위칭기계로 충분한가?	네트워크에 연결이 필요한 사람은?	우리에게 무선 네트워크를 제공할 수 있는 업체는?	사용자들의 폰을 hotspot으로 만들 것인가?	케이블을 빌릴 것인가 인공위성을 쓸 것인가?
데이 터	영업관리를 위해 어떤 데이터가 필요한가?	데이터를 어떤 양식으로 저장해야 하나?	민감한 데이터에 접근이 필요한 사람은?	사용자로그인 절차는?	백업의 보관소를 on-site 또는 off-site?	데이터저장을 클라우드방식 vs. 데이터 센터?

자료원 : Pearlson and Saunders (2013), p.74.

6. IT인프라의 구성요소(확장적 관점)

앞서 전환 프레임워크에서 IT인프라를 단순히 하드웨어, 소프트웨어, 데이터, 네트워크로 구성된다고 하였으나 여기에서는 좀 더 확장된 관점으로 설명하고자 한다. 이를 위해 먼저 IT 인프라를 '전사적 IT 포트폴리오의 기반이 되는 신뢰할 수 있는 공유 서비스'로 정의하고, 다음 4개의 층(layer) 또는 요소(component)로 구성된다고 할 수 있다.

• IT구성요소(components)

이 층은 기업의 IT인프라의 기초가 되는 부분으로써 각종 컴퓨터, 프린터, DBMS 패키지, 운영체제 등을 말한다. 일반적으로 IT기술자들은 이것들을 잘 이해하고 있지만 경영자들은 잘 이해하지 못하는 영역이다. 그래서 IT기술자와 경영자들이 회의를 할 때 서로 이해를 못하고 갈등을 많이 유발하는 층이기도 하다. 위에서 설명한 인프라의 구성요소(하드웨어, 일부 소프트웨어, 데이터, 네트워크)가 여기에 해당된다.

- **인간 IT인프라**(human IT Infrastructure)

기술적인 IT구성요소들이 사업적인 용어로 변환되는 층이 바로 이곳이며 사람들이 주로 관여하는 과정이다. 이 층의 인프라는 전문가들의 지식, 기술, 경험, IT구성요소를 하나로 묶어 경영자가 이해할 수 있는 정보서비스를 창출하는데 필요한 표준들로 구성된다. 경영정보학은 이러한 인간 IT 인프라를 제공하는데 유용한 학문분야라 할 수 있다.

- **공유 IT서비스**(shared IT services)

이 층은 IT인프라를 사업적인 측면에서 바라보는 부분이다. 사업활동을 수행하는 데 필요하고 여러 부서나 사람들이 공유해야 하는 서비스로써 IT인프라를 이해하는 것이다. IT서비스는 웹 사이트(수주 및 발주 시스템), 모바일 애플리케이션(무선조회시스템), 게이트웨이에 설치하는 방화벽(인증시스템), 대형 정보처리시스템(POS) 등을 말한다.

- **공유 표준 IT 애플리케이션**(shared and standard IT application)

이 애플리케이션들은 변동이 심하지 않은 것들로서 IT인프라의 최상위에 위치한다. 비교적 안정적인 애플리케이션으로써는 회계정보시스템, 예산시스템 그리고 인사정보시스템이라 할 수 있다. 공유 IT서비스와 공유표준 IT 애플리케이션은 모두 응용 소프트웨어를 구성한다.

🥄 IT아키텍처 형상(configuration)

이 시점에서 IT아키텍처의 형상에 대한 설명이 필요하다. 이는 흔히 정보(컴퓨팅)자원의 조직방법과도 연결되는 주제이기도 하다.

첫째, 중앙집중식 아키텍처에서는 모든 자원의 구매, 지원, 관리활동을 데이터센터(중앙 IT부서의 일반적 명칭)가 수행함으로써 분산식 아키텍처가 갖는 어려움을 피하고 있다. 게다가 대다수의 기업들은 아직 메인프레임[7]을 보유한 데이터센터를 운영하므로 오늘

---

7) maintrame. 대형시스템을 말함.

날도 여전히 오래된 메인프레임 중심으로 정보를 관리하는 기업들이 많이 있다. 그렇지만 오늘날 과거와는 달리 IT아키텍처 중심에 대형 컴퓨터 하나만 달랑 있는 경우는 점차 줄어들고, 여러 대의 컴퓨터가 상호 연결된 메인프레임 같은 집중화된 프로세싱을 통해 기업이 필요로 하는 IT서비스를 제공하고 있다.

둘째, 오늘날 보다 보편화된 아키텍처는 분산형이다. 하드웨어, 소프트웨어, 데이터베이스들이 여러 대의 소형 컴퓨터, 서버, 각종 기기들이 나누어서 처리하되 이 모든 것들이 유무선 네트워크로 연결되어 협조처리(cooperative processing)를 하는 형태를 말한다. 일반적으로 분산형 아키텍처에서는 서로 다른 장소에 있는 여러 대의 서버가 하나의 거래를 나누어 처리하기 때문에 서버기반(serve-based) 아키텍처라고 불리기도 한다.

앞서 발레로가 도입한 서비스기반 아키텍처(SOA)는 오늘날 많은 기업들이 도입하는 아키텍처이다. 예를 들면 온라인으로 입사지원서가 도착하면 연이은 다른 서비스를 위해 데이터를 담은 파일을 생성하거나, 고객의 티켓 예매 요청을 받으면 남은 콘서트좌석을 확인한 후 할당하는 예약시스템을 말한다. 이러한 기본기능들은 다른 애플리케이션이 재활용할 수 있다는 이점도 있다. 이러한 서비스기반 아키텍처에서 사용되는 소프트웨어를 SaaS(Software As A Service)라 부르며, 이 애플리케이션이 인터넷에서 활용되면 웹서비스(web service)라 부른다.

경영자는 이 두 종류의 아키텍처의 장단점과 이 점들의 트레이드오프(trade-off)를 잘 이해하고 있어야 한다. 예를 들면, 분산형 아키텍처는 중앙집중식보다 더 모듈화가 되어 있어 필요시 서버를 추가하기도 쉽고, 특정 사용자에게 필요한 기능을 가진 클라이언트8)를 추가하기에도 훨씬 유연하다. 그리고 네트워크 조직과 관련이 깊은 분권형 조직 거버넌스가 분산형 아키텍처에 적합한 조직이라 할 수 있다. 반대로 중앙집중식 아키텍처는 모든 기능들이 중앙컴퓨터에 집중되어 있기 때문에 관리하기가 쉽다는 이점이 있다. 그리고 중앙집중식 아키텍처는 계층적 조직구조를 가졌기에 중앙집중식 거버넌스를 필요로 하는 조직에 적합한 형태이다. 서비스기반 아키텍처(SOA)의 인기가 오르는 이유는 상당수의 많은 신규 애플리케이션을 기존의 소프트웨어 서비스 구성요소로부터 손쉽게 만들어낼 수 있기 때문이다. 즉 SOA는 모듈 및 컴포넌트 방식으로 새 애플리케이션을 쉽게 구성할 수 있고 쉽게 수정할 수 있기에 각광을 받는 것이다.

---

8) 사용자(고객)들이 서비스를 요청할 때 사용하는 client(고객)기기를 의미함. 테블릿PC, 스마트폰 등이 있음.

미국 보훈의료청

미국의 보훈의료청(Veterans Health Administration: VHA)은 위에서 언급한 여러 아키텍처의 장단점의 트레이드오프를 잘 이해하고 현업에 적용한 사례라 할 수 있다. VHA에는 다양한 행정적, 조직적 필요에 부응하기 위해 14개의 사업부서가 있다. VHA는 국가유공자들과 그 가족들에게 의료(건강)서비스를 제공하기 위해 설립되었으며, 의대생들이 수련의로서 VHA병원에서 근무토록 하는 등 의료연구에도 많은 기여를 하고 있는 기관이다. 특히 의료센터(병원)는 독립적으로 운영되지만 때로 다른 기관들과 경쟁을 하기도 하였다.

한 때 의회가 분산된 VHA병원을 하나의 의료기관으로 구조 조정하는 법안이 통과되면서 중앙집중적 IT아키텍처에서 분권형 아키텍처로 변하게 되었다. 당초 중앙집중적 아키텍처 하에서는 중앙데이터·통신처(IT부서)가 모든 것을 총괄하였는데, 분권형 아키텍처에서는 지역의 의사와 행정요원들이 표준은 준수하되 지역의 필요사항을 충족하는 애플리케이션의 개발과 배치를 책임지게 되었다. 이 때 VHA는 분권화된 시스템을 통합할 수 있는 하나의 아키텍처를 만들고 유공자와 유가족들에게 일관되고, 신뢰할 수 있으며, 정확하며, 유용하며 그리고 안전한 정보와 지식을 제공하는 통로를 제공하였다. 이를 위해 시스템 내 모든 컴퓨터 하드웨어를 위해 암호화와 보안을 강화하였으며, 데이터저장 및 관리의 표준화를 위해 전국적 그리고 지역의 데이터웨어하우스의 구축을 시작하였다.

최근 기술의 발전으로 P2P(peer-to-peer)방식이자 무선 또는 모바일 인프라의 도입이 가능하게 되었다. 이 설계방식을 따르면 기업이 굳이 독자적인 인프라를 구축할 필요가 없다. 예를 들면, 무선 인프라를 독자적으로 운영할 수도 있고 메인프레임이나 서버기반 백본 네트워크에서 운영할 수 있다. P2P방식은 중앙서버의 도움 없이도 네트워킹된 컴퓨터들이 상호간 자원을 공유할 수 있다. 음악, 영화, 게임 등을 공유하는 상업용 웹사이트나 다자간 통화, 문자 및 전화가 가능한 Skype도 P2P방식으로 서비스하는 기업이다. 한편 무선 또는 모바일 인프라는 다양한 무선기술(마이크로웨이브 링크, 무선LAN,

셀룰러 네트워크, 무선WAN, 인공위성, 디지털 디스페치 네트워크, 단일방향·쌍방향 페이징 네트워크, 적외선 통신, 레이저기반 통신, 무열쇠 시동장치, GPS 등)을 이용하여 원격통신을 가능하게 한다.

웹기반(Web-based) 아키텍처에서는 상당수의 하드웨어, 소프트웨어, 데이터가 인터넷에 거주하는 클라우드 환경을 말한다. 이 아키텍처는 필요할 때 추가공급이 가능하고 추가적인 처리능력이 필요할 때 쉽게 확보할 수 있다는 장점이 있다. 즉 갑작스럽게 많은 양의 데이터를 처리해야 하는 기업들은 추가적인 하드웨어에 대한 투자 없이도 여분의 처리능력을 확보할 수 있기 때문이다.

스마트폰이나 테블릿PC의 증가로 직원들은 자신의 기기를 사무실로 가져와 회사 시스템에 연결하여 사용하는 사례가 늘고 있다. 소위 BYOD(Bring Your Own Device) 현상으로 인해 처리용량, 보안, 호환성과 같은 또 다른 관리문제를 낳고 있다. 예를 들어, 대부분의 기업 애플리케이션들이 스마트폰의 작은 스크린에 맞도록 제작되지 않았기 때문에 개인 기기들을 위해 프로그램을 재설계해야 하고 그렇다면 많은 투자를 유발할 수 있다. 그리고 안드로이드폰용 아이폰용을 각기 개발해야 하므로 추가적인 비용이 들 수밖에 없다. 일각에서는 직원과 고객이 개인기기를 가지고 애플리케이션을 구동하고 그것을 현장에서 쓰기를 원하는 현상을 IT의 최종소비자화(consumerization)라 부른다. 이러한 현상에 대응하기 위해 기업들은 다양한 모바일기기에서 모두 작동될 수 있는 애플리케이션을 개발해야 하는데 이는 IS부서에 큰 짐이 될 수 있다.

🖱 CTO(Chief Technology Officer)의 중요성

IT 아키텍처의 중요성이 대두되면서 정보분야에는 CTO라는 새로운 직책이 생겨났다. 이 CTO는 CIO에게 보고하는 기술책임자라고 할 수 있다. 어떤 경우에는 CIO의 직무 중에 기술분야가 강조되면서 CIO가 CTO로 변경되는 경우도 있다.

e-비즈니스가 주 업종인 기업의 경우에는 대부분 CTO라는 직책을 더 많이 사용한다. 그 이유는 CIO가 전통적인 기업에서 정보시스템을 운영하고 유지·보수하는 일을 책임지는 직책이라는 의미가 강하기 때문이다. 오늘날 CTO는 웹 애플리케이션이 만연한 기업 정보시스템의 전반적인 아키텍처를 총괄하는 전략적 역할을 수행한다는 측면에서 CTO라는 직책을 더 선호한다. 더구나 정보시스템의 운영부분이 상당부분 아웃소싱된 요즈음 상황에서 CTO라는 직책이 더 적절할 수도 있다. 전자상거래가 만연해 지고 있는 오늘날, 특히 IT 아키텍처는 사업계획에 중요한 부분이기 때문이다.

7. 가상화와 클라우드 컴퓨팅[9]

기업의 물리적 데이터센터는 급속히 가상적 인프라(가상화, virtualization)로 대체되고 있다. 가상화란 컴퓨팅자원을 이용하고자 할 때 사용자가 자신의 하드웨어가 아닌 전문업체가 제공하는 가상적 인프라(예. 가상기계, 가상데스크탑 시스템)에 소프트웨어적으로 접근하는 것을 의미한다. 기업이 제3의 전문업체가 초고속 인터넷을 통해 제공하는 가상적 인프라를 구매하면 스스로 하드웨어를 구비하지 않고도 추가적인 정보처리, 데이터 스토리지, 애플리케이션실행, 네트워킹 능력을 확보할 수 있다. 일반적으로 가상 아키텍처를 구성하는 요소들로써 서버, 스토리지, 백업, 네트워크, 재난복구 기능을 꼽는다. 가장 일반적인 데스크탑 가상화의 경우, 사용자는 자신의 기기(PC, 태블릿 PC, 스마트폰 등)를 통해 원격에 있는 서버에 접속하여 애플리케이션이나 데이터에 접근할 수 있어 해당 애플리케이션을 수행하는데 필요한 운영체제(OS)를 굳이 자신의 기기에 저장할 필요가 없어 편리하다. 가상화의 가장 큰 장점은 집중화된 정보자원을 공유케 할 수 있고, 필요로 하는 사용자에게 자원을 쉽게 할당해 줄 수 있어 유지보수가 쉽다는 점이다.

오늘날 대세 컴퓨팅 환경으로 일컬어지는 클라우드 컴퓨팅(cloud computing)이라는 용어는 2006년 구글의 크리스토프 비시글리아가 처음 사용하였다. 인터넷 기반 컴퓨팅의 일종으로써 클라우드 컴퓨팅은 개인과 기업이 다양한 컴퓨팅 자원(예: 네트워크, 서버, 데이터 스토리지, 애플리케이션, 웹서비스)에 어디서나 주문형(on-demand)으로 접근할 수 있다. 2009년부터 초고속 네트워크, 저비용 컴퓨터 및 스토리지를 이용할 수 있게 되었으며, 하드웨어 가상화, 서비스 지향 아키텍처(SoA), 유틸리티 컴퓨팅이 널리 채택됨에 따라 클라우드 컴퓨팅의 성장은 계속 될 수 있었다. 2013년 클라우드 컴퓨팅은 하드웨어의 강력한 정보처리능력, 값싼 서비스 비용, 높은 확장성, 접근성, 편리성으로 그 수요가 계속 증가하고 있다.

---

9) '클라우드'는 인터넷(네트워크)을 비유한 단어이다. 컴퓨터 네트워크 나이어그램을 보면 네트워크를 표현할 때 구름을 자주 사용해 왔으며, 차츰 인터넷을 표현하는데 구름(클라우드)을 사용하면서 클라우드라는 용어가 정착되었다. 유사용어로 유틸리티 컴퓨팅, 클라이언트-서버 컴퓨팅, 포그 컴퓨팅 등이 있다.

클라우드 컴퓨터는 다음과 같이 3가지 방식으로 서비스된다.

① Iaas(Infrastructure-as-a-Service)는 클라우드 서비스 공급자로부터 종량제 방식으로 서버, VM,[10] 저장소, 네트워크, OS 등의 IT인프라를 대여하는 것을 말하며 가장 일반적인 서비스 형태이다.

② Pass(Platform as a Service)는 소프트웨어(어플리케이션)를 개발, 테스트, 관리하기 위한 주문형 환경을 제공하는 서비스이다. 기본 인프라를 설정하거나 관리할 필요 없이 더 쉽고 빠르게 웹앱, 모바일 앱을 만들 수 있다.

③ Saas(Software as a Service)는 인터넷을 통해 소프트웨어와 데이터를 제공하는 방법이다. 예를 들어 오늘날 ERP업체는 자신들의 솔루션을 인터넷을 통해 공급하는 방식을 택하기도 하며 그 매출도 계속 늘어나고 있다. IBM은 자신들의 인공지능(AI) 플랫폼 'Watson(왓슨)'을 클라우드를 통해 사용자에게 제공하고 있다. IBM은 32개의 왓슨 API를 외부에 제공해 벤처기업들이 쉽게 '왓슨' 기술을 사용하여 새로운 서비스를 개발할 수 있도록 하고 있다.

🍳 장·단점

기업들은 인프라구축(예: 웹서버, 웹어플리케이션 등)과 같은 초기투자비용을 줄일 수 있으며, 예측이 어려운 컴퓨팅의 수요에 맞춰 자유롭게 클라우드의 규모를 늘이거나 줄일 수 있으며, 시스템의 운영과 업그레이드에 소요되는 노력과 비용을 최소화할 수 있다는 이점이 있다. 그러나 클라우드 서비스 제공업체들은 일반적으로 종량제(pay as you go) 모델을 사용하는데, 이 가격구조에 잘 맞지 않을 경우 예상 밖의 높은 비용을 지불할 수도 있다. 그리고 서버가 해킹 당할 경우 개인정보가 유출될 수 있으며, 백업해 두지 않은 데이터가 손상되면 완전히 정보를 상실할 수도 있으며, 사용자가 원하는 애플리케이션을 설치하는 데 제약이 있다는 단점도 있다. 현재 클라우드 컴퓨팅은 아직 초기 단계에 있다. 따라서 서비스의 신뢰성을 더 높이고 사용자 친화적으로 만들어야 할 필요가 있다.

---

10) Virtual Machine의 약자

기술사례

국내 클라우드 시장의 미래

클라우드 서비스가 외국에서 각광을 받고 있는 만큼 국내에서는 크게 히트를 치지 못하고 있다. 이강태(2017)는 클라우스 서비스의 장점을 다음과 같이 정리하였다.

첫째, 비용이 절감된다. 기업이 업무용 소프트웨어를 개발할 때 피크 타임에 프로세싱 수요가 늘거나 사업규모가 커지는 것에 대비해서 미리 충분한 서버를 구매해야 한다. 그렇게 하지 않으면 거래처리속도에 문제가 발생하기 때문이다. 그러나 클라우드 서비스를 사용하면 필요할 때 필요한 만큼 쓰고 비용을 지불하면 되므로 하드웨어와 같은 고정자산에 투자할 필요가 없다.

둘째, 자체 관리 리스크를 줄일 수 있다. 데이터센터 운영, DB 보안, 재난복구와 같은 기능을 수행하는 데이터센터 관리를 보다 전문적인 회사가 체계적으로 관리하므로 자체 관리 때 보다 리스크가 줄어든다.

셋째, 유연성이 뛰어나다. 클라우드 서비스는 다양한 규모의 회사를 상대하므로 IT표준을 잘 준수한다. 그러다 보니 클라우드 서비스 이용자도 이 IT표준을 잘 따르게 되는데, IT가 발전할 때 마다 기본 아키텍처 자체를 업그레이드 하므로 이용자는 힘들이지 않고 개선된 IT표준을 따를 수 있어 생산성을 높일 수 있다.

넷째, 유니버셜, 유비쿼터스 서비스의 실현이 가능하다. 언제 어디서나 어떠한 기기를 갖고도 서비스에 접속할 수 있다.

원래 클라우드 서비스를 목적으로 시작한 것은 아니지만 어떤 기업들은 자연스럽게 클라우드 서비스 공급자로 변신하는 경우도 있다. 특히 IT 기반 기업(예: 아마존, 애플, 네이버 등)들은 서버와 운영인력에 엄청나게 많은 투자를 한다. 이렇게 투자된 서버와 인력을 활용하기 위해 IT사업 확장 차원에서 클라우드 센터를 설립하기도 한다.

클라우드 서비스 고객들은 대부분 장기 계약을 체결하므로 일단 계약이 맺어지면 다른 기업이 끼어들기 힘들고 계속 고객군을 확대할 수 있다면 매우 안정적이고 전도유망한 서비스 사업이다. 그래도 현재 대부분 IT기업들이 클라우드 시장 진출을 위해 모든 영업력을 쏟아 붓고 있다. 아마존도 처음에는 자체 데이터센터를 운영하다가 자연스럽게 클라우드 서비스로 확장한 케이스이다. 클라우드 서비스는 구매보다는 임차를 선호하는 '소유의 종말 시대'와 맞아 떨어지면서 대박을 치고 있다.

우리나라는 2015년 9월에 클라우드 발전법이 통과되었지만 기대만큼 법 제정의 효과는 적은 편이다. 공공기관들이 일정 비율로 클라우드를 써야 한다는 법 제정에 업계는 많이 고무되어 있었지만 산업전체로 보면 매출이 왼쪽 주머니에서 오른쪽 주머니로 옮겨지는 효과밖에 없었다. 즉 예전에는 SI(system integration)업체들이 가져가던 하드웨어 매출을 이제는 클라우드 운영업체가 가져간다는 점만 다를 뿐이다. 그렇다면 왜 우리나라는 클라우드가 잘 먹히지 않는 것일까?

첫째, 우리나라의 SI·SM(system management)업체의 폐쇄성에 기인한다. 원래 클라우드 사업은 '규모의 경제'가 경쟁력을 결정하는 비즈니스이다. 그런데 구조적으로 재벌(그룹)의 계열사는 다른 그룹에 속한 SI·SM업체의 클라우드 서비스를 사용할 수 없다. 결국 그룹의 SI·SM업체는 그 그룹의 계열사에 한정된 매출을 올릴 수밖에 없다. 지금도 계열사 서버를 모두 관리하고 있는데 굳이 클라우드라는 이름으로 통폐합을 해야 할 이유가 별로 없다. 즉 계열사가 지불하는 IT비용이 그룹 SI·SM업체의 매출이 되는 폐쇄적 구조이기 때문이다.

둘째, 클라우드 발전법은 특별법이므로 여전히 다른 법의 규제는 받아야 한다. 예를 들면, 금융기관은 고객 및 거래정보를 외부로 내 보낼 수 없기 때문에 외부 클라우드를 원천적으로 사용할 수 없다.

셋째, 클라우드는 넓게 봐서 아웃소싱이므로 아웃소싱이 갖고 있는 한계점을 그대로 가지고 있다. 예를 들면, 고객이 서비스 개선을 요구했을 때 여러 고객 중 우선순위 문제, 서비스의 객관적인 평가 문제, 계약 범위에 따른 추가비용 산정문제, 클라우드 업체의 비효율성으로 인한 가격인상, 장기계약에 따른

타성 등의 문제를 안고 있다.

앞으로 공공기관이 클라우드를 쓰게 되면 재벌(그룹)사 클라우드보다 기관들의 협의체가 구축한 주인 없는 기업의 클라우드를 쓰게 될 가능성도 높다. 이럴 경우 치열한 혁신과 효율적인 관리에 대한 동기부여가 없어져 오히려 비용은 늘어나고 효율성은 떨어지는 문제가 발생할 수 있다.

넷째, 표준화된 플랫폼을 제공하는 PaaS(platform as a service)가 부재하여 개발비용이나 유지보수 비용을 획기적으로 줄이기가 힘들다. SaaS(software as a service), IaaS(Infrastructrue as a service)형 서비스는 비교적 쉽게 갖출 수 있지만, PaaS는 기술 표준화와 체계화된 업무프로세스가 전제되어야 하기 때문이다. 이 PaaS가 제대로 갖춰져 있지 않다면 클라우드의 장점을 제대로 활용하기 어렵다.

다섯째, 클라우드로 가야하는 애플리케이션을 찾기가 쉽지 않다. 외국의 경우 대부분 고객접점 관련 애플리케이션을 클라우드로 전환하였지만 우리 공공기업의 경우, 눈에 띄는 고객접점 애플리케이션이 별로 없다. 그런데도 법으로 클라우드를 하라고 하니까 별로 중요하지 않거나 쓰지 않는 애플리케이션을 클라우드에 올리고 수치상으로 목표달성했다고 하는 상황이면 클라우드로 가야할 의미가 없다.

여섯째, 공공기업 IT 직원들이 반발할 가능성이 크다. 공기업 IT 직원들의 담당 업무는 잘 바뀌지 않고 자체개발 보다는 대부분 외주로 개발된다. 시간이 지나면서 내부에서는 오직 현업업무 담당자만이 전체적인 내용을 알고 있는 경우가 많은데, 그 중에 일부를 클라우드로 넘겨주라고 하면 강하게 반발할 가능성이 있다. 클라우드 때문에 업무량과 예산이 줄어들 것 같으면 처음부터 클라우드의 문제점을 앞에워 반대할 것이기 때문이다.

결론적으로 클라우드는 전 세계의 IT추세이다. '소유의 시대'가 끝나고 임대의 시대가 도래 한만큼 기업들은 정보시스템을 위해 내부 투자와 외부 임대를 적절히 활용해야 할 시대가 되었다. 특히 해외의 클라우드 업체들이 호시탐탐 국내진출을 탐색하고 있는 상황에서 국내기업들도 클라우드 시장을 키우고 서비스 역량을 갖추어야 할 것이다.

⊙ 아래 사례 1과 2는 동종업종(스포트용품) 내 두 경쟁회사의 경영전략, 상품전략, IT전략을 비교해 볼 수 있는 사례들이다. 업계 1위 나이키, 만년 2위 아디다스의 전략들을 비교하면서 어떻게 기업들이 환경변화에 대응하는지 비교해 보기 바란다.

사례1

나이키(업계 1위)의 경영전략, 상품전략, IT전략

전략정보시스템(SIS)이란 기업 간 치열한 경쟁에서 경쟁업체에 대해 경쟁우위를 확보하기 위하여 정보기술이나 정보시스템을 전략적으로 활용하는 정보시스템이다. 정보기술이나 정보 시스템을 활용하여 혁신적인 변화를 한 나이키의 나이키플러스(Nike+) 서비스를 살펴보자.

나이키(Nike)는 1994년부터 1998년까지 5년 연속 3배 이상의 높은 성장률을 기록하다가 98년부터 성장률이 둔화되었다. 하지만 시장점유율에는 큰 차이가 없었다. 이에 따른 원인을 분석하던 중 나이키는 동종업계의 경쟁자(아디다스, 리복 등)보다 닌텐도와 같은 게임회사 때문에 성장률이 둔화되고 있다는 결론을 내리게 된다. 사람들이 여가시간을 활용하는 데 야외에서 운동하는 것보다 실내에서 게임을 하면서 보내는 것을 즐기다 보니 스포츠용품회사인 나이키의 성장률이 둔화된 것이다. 즉, 시대가 변화함에 따라 시장점유율보다 고객의 시간점유율(Time Share)의 중요성이 부각되고, 업종에 상관없는 무한경쟁시대가 된 것이다. 또한 2005년 세계 스포츠용품 2위 아디다스(Adidas)가 3위 리복(Reebok)을 합병하면서 나이키는 세계 스포츠용품의 시장점유율에서도 위기감을 느끼게 된다. 이에 따라 나이키는 고객을 단순히 스포츠용품을 이용하는 사람이 아니라 여가를 활용하는 모든 사람으로 확장하고 이에 따라 나이키가 충족시켜야 할 고객의 욕구를 단순히 좋은 품질의 제품을 사용하고 싶은 욕구가 아닌 건강하고 싶은 인간의 근원적인 욕구로 새롭게 정의한다.

2006년 나이키는 나이키플러스라는 새로운 개념의 서비스를 출시했다. 나이키 운동화 내부에 센서를 부착해 애플 아이팟과 연동하면 운동한 시간, 거리, 소모된 칼로리를 실시간으로 확인할 수 있도록 한 것이다. 또한 운동기록을 인터넷 서비스인 '나이키플러스 플랫폼'으로 전송해 공유할 수 있도록 하여 친구들과 온라인게임을 하듯 경쟁하는 시스템을 구축하였다. 나이키플러스는 2006년 출시 이후 지금까지 1800만 명 이상 가입하고 활동하고 있다.

2007년, 나이키는 '고객의 시간점유율(Time Share)'에서 더 강력한 경쟁자인 스마트폰을 만나게 된다. 스마트폰의 등장은 고객과 고객의 욕구를 재정의한 나이키에게 위협이 아니라 기회가 되었다. 나이키는 앉아서 스마트폰으로 검색, 오락, SNS를 즐기는 사람들을 스마트폰과 SNS를 적극 활용하여 나이키와 함께 운동하도록 만들고 있다. 잠재적 경쟁자를 성공의수단으로 만든 것이다.

2012년 1월, 나이키의 혁신은 한 단계 더 도약한다. 웨어러블 기기의 원조 격인 '퓨얼밴드'를 세상에 내놨다. 퓨얼밴드는 사람들이 더 많은 활동을 할 수 있도록 동기를 부여하고자 매순간의 움직임을 추적·측정한다. 엑셀러로메트리(accelerometry) 기술을 활용해 손목 움직임으로 다른 활동정보를 수집, LED 디스플레이에 표시한다. 시간·소모 칼로리·걸음 수·'나이키퓨얼(NikeFuel)' 네 가지 측정값이 제공된다. 이는 아이폰과 동기화하면 운동량을 그래프로 볼 수 있고, 페이스북과 트위터로 다른 이용자와 운동량을 비교할 수도 있다. 나이키퓨얼은 운동량에 기반을 둔 디지털 연료다. 사용자 성별 및 신체 타입에 따라 달라지는 칼로리 값과 달리 나이키퓨얼은 물리적 조합과 상관없이 동일한 활동에 동일한 포인트를 부과해 정형화된 수치를 산출한다.

사용자는 자신이 원하는 하루 목표 활동량과 달성하고자 하는 나이키퓨얼을 설정한다. 퓨얼밴드는 사용자가 목표치에 도달할수록 빨간색에서 초록색으로 20단계 LED 창의 변화를 보여 준다. 내장 USB로 나이키플러스 웹사이트, 혹은 블루투스로 아이폰 애플리케이션과 연결해 진행상황을 기록·저장할 수 있다. 전세계 이용자가 만들어 내는 '퓨얼' 수치는 나이키플러스 플랫폼에서 실시간 확인한다. 퓨얼밴드 출시 후 나이키플러스 플랫폼 등록 건수가 50% 이상 증가했고, 2012년 나이키의 연간 매출은 전년대비 25.3%나 성장했다. 또한 퓨얼밴드를 계기로 나이키는 소비자들의 건강을 챙겨주는 '헬스케어' 서비스업체란 이미지도 확보했다. 단순히 당뇨, 혈압만 체크하는 그런 형태의 의료기기가 아니라 나이키라는 브랜드로 트레이닝까지 시켜 주는 것이다. 고령화시대로 접어들면서 소비자들의 소득수준이 높아짐에 따라 건강관리에 더욱 유의하고 있음을 인지한 것이다. 특히나이키는 SNS를 통해서 사용자들끼리의 경쟁도 한다. 사용자들은 이를 게임처럼 느낀다.

나이키처럼 IT를 활용해 고객들의 참여를 촉진시키고 이를 기반으로 서비스를 한층 풍요롭게 만드는 것은 요즘 기업들에게 요구되는 역량 중 하나다. 나이키는 지속가능한 고객관계형성을 위해서 확장성을 갖춘 플랫폼을 구축했다. 또 디지털과 오프라인을 넘나들며 고객들의 요구사항을 만족시켜 나가고 있다. 이러한 노력들을 바탕으로 나이키는 미국 경영 월간지 〈패스트 컴퍼니(Fast Company)〉가 선정한 '2013년 50대 글로벌 혁신기업(The World's 50 Most Innovative Companies 2013)' 에 1위로 선정되었다. 애플은 10위에 그쳤다. 나이키는 단순한 스포츠용품 업체가 아닌 애플을 능가하는 '기술, 데이터, 서비스'의 IT기반 혁신회사로 나아가고 있다.

출처 : Nike+; 뉴스와이어; 머니투데이; 전자신문; 씨넷코리아; 재구성.

➡ 사례질문

1. 나이키(Nike)의 '나이키플러스(Nike+) 플랫폼'이란 무엇인가?

2. 나이키(Nike)는 혁신의 원동력으로 정보기술 및 정보시스템을 어떻게 활용하였는가?

3. 나이키(Nike)의 경쟁자는 나이키플러스(Nike+) 출시 전후 어떻게 변화하였는가?

4. 고객의 시간점유율이란 무엇인가?

아디다스(업계 2위)의 경영전략, 상품전략, IT전략

1. 역사

아디다스는 1924년 창립해 93년의 역사를 자랑하지만, 1989년 당시 창립 20년 도 안 됐던 '햇병아리' 나이키에 1위를 내준 이후 단 한 번도 정상을 밟아보지 못했다. 2012년부터는 성장이 멈췄고, 2015년에는 신출내기 언더아머(Under Armour)에 미국 시장 2위마저 내줬다. 이제 아디다스 어떻게 스포츠웨어 시장에서 다시 부상하고 있는지 살펴보자

2. 리더십. 새로운 CEO

조직의 새로운 전략의 승패는 당연 CEO에 의해 결정된다. 2016년 10월에 아디다스 CEO 캐스퍼 로스테드(Rørsted·55)는 열렬한 스포츠팬이다. 그는 매일 아침 출근 전 헬스장에서 운동하고 겨울에는 스키를 타러 간다. 로스테드는 아디다스 이사회가 회사의 향후 10년 혁신을 책임질 새 CEO를 찾기 위해 1년간 공들인 끝에 찾은 인물이다. 그의 CEO 내정이 발표된 날 아디다스 주가는 11% 올랐고, 그가 CEO로 있던 독일 화학 회사 헨켈(Henkel) 주가는 급락했다. 그가 과거에 맡았던 8년간 헨켈의 주가는 3배, 마지막 해 매출·영업이익은 사상 최대가 됐다. 그는 그 성공을 이번 아디다스에도 적용하고 싶어 한다. 시작은 좋다. 작년 1월 그의 CEO 내정 이후 아디다스 주가는 두 배가 됐다. 올 1분기 아디다스의 순이익은 전년 같은 기간보다 3분의 1가량 증가했다. 작년 미국에서 아디다스 점유율은 전년보다 83% 증가했고, 작년 2분기부터 다시 2위에 올랐다. 글로벌 매출은 2014년 18조 2500억원에서 지난해 24조2300억원으로 2년 만에 33% 증가했다.

3. SWOT분석

아디다스가 2016년에 선방했지만 아직 1위 기업 나이키와 격차가 크다.(아디다스의 작년 매출은 나이키의 3분의 2, 영업이익률은 나이키의 절반이었다.) 무작정 나이키를 뛰어넘어 1위를 탈환하는 것이 중요하지 않다. 누군가를 이기는 것보다, 성장하고 영업이익과 점유율을 높이는 게 훨씬 더 중요하기 때문이다. 작년에 아디다스는 거의 모

든 시장에서 점유율을 높였기 때문에 상승세를 탔다는 것이 매우 중요하다.

아디다스의 강점은 젊다는 것이고(아디다스 직원의 평균 연령은 30세) 이는 엄청난 기회이자 강점이다. 앞으로 3~5년간 회사를 완전히 바꿀 원동력이 될 것이다. 의사결정과 전략실행 속도가 굉장히 빨라지고 있을 뿐만 아니라 창의적이고 혁신적인 제품도 늘어나고 있다.

4. 아디다스의 신 성장전략

CEO 로스테드는 과거에 재직했던 헨켈과 현재의 아디다스의 차이점을 잘 알고 있었다. 아디다스는 고(高)성장 기업인 반면, 헨켈은 저(低)성장 기업이다. 아디다스는 체계가 아직 덜 갖춰졌고 헨켈은 잘 갖춰졌다. 아디다스는 업종 특성상 소비자와 더 많이 소통해야 한다.(헨켈은 산업용 접착제 세계 1위 기업으로 기업 간 거래가 많다.) 물론 둘 다 글로벌 기업이기 때문에 헨켈에 필요했던 전략을 아디다스에 적용할 수도 있다. 첫째, 수요가 갑자기 늘었을 때 유연하게 대응하는 능력을 기르는 것이다. 유연한 생산에 필요한 스피트팩토리가 잘 돌아가도록 하기 위해서는 재료를 구하고 제품을 만드는 과정부터 내부 소통, 소비자와의 소통 방식 등이 전부 디지털 시대에 맞춰져야 한다. 둘째, 더 나은 인사 정책과 리더십 전략을 세우는 것이다.누가 핵심 인재인지 파악해 각 인재의 역할을 명확히 하고, 그에 따라 조직을 투명하게 운영하는 것이다. CEO 로스테드는 특히 여성 리더십 육성에 관심이 많다. 그는 헨켈 시절에도 부사장급에 여성을 발탁하고 여성 리더 확대에도 힘썼다. 아디다스 내 리더급 300명 가운데 17%만 여성이다. 현재 중국·미국·유럽에서 근무하는 여성 직원 한 명씩을 그가 직접 멘토링하여 여성 리더를 내부에서 성장해주기를 바란다. 셋째, 영업이익률을 개선해야 한다. 현재 영업이익률이 7.5%인데 2020년까지 11%로 높인다는 목표를 세웠다. 이를 위해 부품 조달망의 효율성이 더욱 개선될 필요가 있다.

아디다스의 최근 전략은 i) 스타마케팅, ii) 핵심도시 공략, iii) 틈새시장과 스피드팩토리, iv) 고객 컨텍 포인트의 첨단화, v) 오픈 소스, vi) 에코(그린)디자인 등으로 나누어 볼 수 있다.

1) 스타마케팅

서울 강남역 한 고층빌딩 지하 아디다스 품평회장은 실리콘밸리 기술기업과 뉴욕·런던의 패션기업 내부를 섞어 놓은 것처럼 보였다. 한쪽 방 안으로 스텔라 매카트니와 협업한 신제품들이 눈에 띄었다. 스텔라는 비틀스 폴 매카트니의 딸이자 에코 시크(eco chic·친환경적이면서 근사한 것)의 대명사로 불리는 유명 패션 디자이너다. 중앙의 큰 기둥 두 개에는 '조용히 믿음을 쌓아라. 그리고 네 실력이 말하게 하라.-제시카 에니스' '목표만 정하지 마라. 꿈을 좇아라. 가장 빨라져라.-요한 블레이크' 등의 영어 문구가 황금색 페인트로 쓰여 있었다. 165㎝ 단신인 제시카 에니스는 2012년 런던올림픽 육상 여자 7종 경기 금메달리스트, 요한 블레이크는 자메이카 출신 최정상급 단거리 육상선수다. 두 사람은 모든 경기에 아디다스 육상화를 신고 출전한다.

2) 핵심도시 공략

아디다스는 우선적으로 공격할 핵심도시로 우선 런던·파리·뉴욕·로스앤젤레스·상하이·도쿄 6곳으로 정했으며, 향후 10~20곳까지 늘릴 예정이다. 그런 다음 이 도시들에 강력한 프랜차이즈를 확보하는 일에 힘을 쏟는다. 거대 도시에는 부와 창의적 인재가 몰린다. 대부분 한 도시가 개별 국가보다 크다. 서울(수도권을 포함) 인구가 2천만 명인데 덴마크 전체 인구는 500만명이다. 서울은 덴마크·노르웨이·스웨덴·핀란드를 합친 것보다 크다. 거대 도시에서 일어나는 일과 유행은 전 세계로 퍼지기 때문이다. 서울은 트렌드를 주도할 뿐 아니라 디지털 분야에서 선두 주자이므로 더욱 매력이 있는 시장이다.

아시아에 있어 아디다스는 미국과는 다른 전략으로 접근하고자 한다. 한국·중국에서 아디다스는 이미 선두 주자이다. 따라서 이 지역에서 1위 자리를 더 강화하는 게 중요하다.

3) 틈새시장과 스피드팩토리[11]

아디다스는 맞춤형 신발과 의류라는 틈새시장을 찾아 이를 파고들었다. 예를 들어, 미국 래퍼 카녜이 웨스트와 만든 협업 브랜드 '이지(Yeezy)'처럼 소량으로 생

---

11) 첨단ICT기술로 전 프로세스가 지능형 네트워크로 연결된 스마트팩토리(smart factory)의 아디다스 버전이라 할 수 있다.

산하여 한정 판매하는 전략이다. 이지의 경우 희소성을 위해 일부러 조금만 만드는데, 이럴 때 스피드팩토리가 뒷받침을 해 주어야 한다.

아디다스의 재도약의 뒷심은 이 '스피드팩토리'에 있다. 스피트팩토리는 센서·로봇·빅데이터·인공지능 등 첨단 제조 기술을 동원한 공장이다. 기존 공장에서 맞춤형 신발을 제작하려면 제작에만 20일이 걸린다. 스피드팩토리를 통한다면, 앞으로 소비자가 스마트폰으로 주문하고 스타벅스에서 커피 한잔 하고 오후에 원하는 매장이나 장소에서 픽업할 수 있다.

최첨단 공장 '스피드팩토리(Speedfactory)'를 혁신의 최전선에 세운 것은 고객이 새로운 것을, 그것도 즉시 손에 갖고 싶어 한다는 사실이다. 스피드팩토리는 단순한 공장이 아니다. 지금까지 어떤 업체든 시장조사 후 새 운동화를 기획·생산해 고객에게 내놓는 데 1년 반이 걸렸다.[12] 그리고 창고 같은 대형 매장에 제품을 깔아놓은 뒤 1년이고 2년이고 고객의 손길을 기다리는 식이었다. 아디다스는 이 과정을 24시간 내에 끝내겠다고 선언했다. 올 하반기 본격 가동하는 독일 안스바흐 공장(연산 50만 켤레)과 미국 애틀랜타 공장(연산 50만 켤레), 즉 스피드팩토리가 추구하는 스피드목표이다. 소비자가 스마트폰 등을 통해 주문하면 5시간 내에 맞춤 운동화가 완성된다. 즉 제품 생산 시간을 획기적으로 줄여 소비자가 원하는 시간, 원하는 장소에서 원하는 운동화를 구매할 수 있게 하는 것이다.

4) 고객 컨텍 포인트의 첨단화

오늘날 소비자의 주요 쇼핑 창구는 스마트폰이다. 소비자가 스마트폰 앱 등으로 구매하면, 소비자 개인의 특성을 반영한 더 좋은 제품을 내놓기도 쉬워진다. 지하철을 타고 가면서도 사람들은 자신이 구매하고 싶은 물건을 검색한다. 자사 제품이 지하철에 앉아 있는 사람에게 제대로 인식되려면 모바일 인터페이스에 투자하는 게 당연하다. 소비자들은 제품을 국가별로 검색하지 않는다. 원하는 제품이 덴마크(로스테드 CEO의 모국)에 있든 한국에 있든, 원하면 반드시 가지기를 원한다. 아디다스가 스피드팩토리, 물류창고, 유저 인터페이스 등의 기술과 관련 인재에 엄청난 투자를 하는 이유가 여기에 있다.

---

12) 제품의 컨셉에서 설계, 생산 그리고 출시에까지 걸리는 시간으로 time-to-market이라 부른다.

5) 오픈소스

아디다스는 최근 2년 만에 '사고 싶은' 브랜드로 탈바꿈할 수 있었다. 신제품 개발을 사내에만 맡기지 않고 외부와도 협력하는 오픈소스 전략이 주효했기 때문이다. 아디다스는 어떤 창의적인 개인·기업도 아디다스의 혁신에 기여할 수 있다고 본다. 미국 래퍼 카녜이와 협업한 '이지' 브랜드가 대표적이다. 그와의 관계는 2013년에 시작했다. 카녜이가 평소 즐겨 신는 아디다스 신발(부스트)의 판매가 늘자 카녜이가 직접 협업을 제안했다. 이지는 아디다스 제품 중 가장 브랜드 가치가 높다. 카녜이의 힙합 감성이 접목된 이지는 세계적으로 화제를 모았다. 특히 밑창을 첨단 소재로 만든 운동화 '이지 부스트' 시리즈는 출시 즉시 완판됐고, 한정품을 사 비싸게 되파는 '리셀러(reseller) 시장'에서 판매가의 2~10배 가격에 거래되고 있다. 실제로 이런 차별화된 제품이 만들어내는 '후광 효과(halo effect)'가 대단히 크다.

6) 에코(그린)디자인

아디다스는 앞으로도 더 다양한 크리에이터·기업과 협력을 확대해 나갈 예정이다. 아디다스는 특히 2년 전부터 해양환경보호단체 팔리와 협력해 해양 폐기물을 재활용한 '팔리' 신발을 만들고 있다. '바다에 방치되는 막대한 양의 플라스틱 쓰레기를 어떻게 재활용할 수 있을까'라는 고민에서 출발했다. 작년에 5만 컬레를 팔았고, 올해는 100만 컬레를 팔 계획이다. 축구팀인 바이에른 뮌헨과 레알마드리드 선수들도 팔리와 아디다스가 협업한 재활용 유니폼을 입고 경기를 뛰었다. 오늘날 소비자들은 사회에 기여하는 기업을 원한다. 아디다스는 쓰레기를 재활용해 제품을 만드는 몇 안 되는 스포츠용품 업체다. 팔리와의 협력은 소셜미디어에서 8억 건 '좋아요'를 받았다."

자료원 : 최원석, 이재은, Chosun Biz "아디다스 속도혁명", 2017.6.10.
http://biz.chosun.com/site/data/html_dir/2017/06/09/2017060901896.html#csidxf36f72088647b499e84ec6e0d6f2f18

Chapter

6

IT 아웃소싱

주요 내용

1. 아웃소싱추세의 원인을 이해한다.

2. 아웃소싱의 역사와 함께 출현한 다양한 아웃소싱의 유형을 이해한다.

[알아두기] 중국의 개인정보보호법과 IT아웃소싱 비즈니스의 관계

3. 아웃소싱의 유형에 따라 공급자와 서비스 범위와 통제력이 달라짐을 이해한다.

4. 아웃소싱관계의 거버넌스에 필요한 계약서 내용을 이해한다.

5. 아웃소싱의 일상적인 운영에 대한 기본지침을 이해한다.

6. 아웃소싱의 관리역량을 구성하는 9가지 역량을 이해한다.

7. 아웃소싱 프로젝트의 과정을 이해한다.

1980년대 말경 정보시스템 분야에 나타난 새로운 현상은 아웃소싱이었다. 이것은 기업의 컴퓨터 운영, 네트워크 운영, 또는 기타 정보시스템 기능을 특정 기간 - 일반적으로, 최소 3년간 - 전문서비스 공급자에게 맡기는 것을 말한다. 오늘날 아웃소싱은 대부분의 CIO들이 효율적이고 효과적인 IT운영관리를 위해서 고려해야 하는 하나의 대안이 되고 있다.

최근에 시카고에서 있는 정보관리 협회의 한 모임에서, TSC의 멜 벅스타인이 아웃소싱에 대해 말하였다. 그의 주요 메시지는 아웃소싱이 일시적 유행이 아니라 정보시스템 분야의 발전에 또 하나의 도약이라는 것이다. 그는 시스템 통합과 아웃소싱, 이 두 가지가 1990년대 정보시스템 관리에 있어 중심 주제가 될 것이라고 믿었다.

1. 아웃소싱추세의 원인

아웃소싱은 1980년대 인수 합병 활동에 따른 하나의 후속 활동으로 정보시스템 부서로 내려왔다고 벅스타인은 말했다. 1960년대에는, 미국 경제의 10%만이 글로벌로 경쟁을 해야 했다. 1970년대에는 그 경쟁이 70%로 높아졌다. 그 결과 기업들은 1980년대에는 핵심사업에 초점을 두어야 했고, 그것은 엄청난 수의 인수 합병으로 이어졌다. 이와 같은 활동은 또 회사 통제를 위해 새로운 시장에 의해서도 주도되었는데, 고수익 채권을 통해 소수의 사람들이 채무관계를 이용해서 회사를 쉽게 살 수 있게 해주었다. 회사들은 주주들의 가치, 즉 주주들의 할인된 현금 흐름에 기초해서 값이 매겨졌던 것이다.

이런 두 가지 추진력―초점(집중)과 가치―은 회사들로 하여금 구조 개편을 하도록 만들었다. 이 두 추진력은 2000년대에도 계속해서 작동하였으며, 회사들은 핵심 사업에 초점을 맞추면서 우리는 어디서 정말 부가가치를 얻을 수 있는가? 라고 자문하게 만들 것이다. 예를 들어 패션의류회사의 경우, 더 이상 옷감을 자르고, 바느질하고, 제조하고, 상품을 유통하는 일까지 담당하지 않는다고 벅스타인은 말한다. 왜냐 하면 그들의 핵심사업은 디자인과 마케팅에 있다고 보기 때문이다. 마찬가지로 어떤 출판사들은 더 이상 책을 생산하지는 않는다. 그들은 신규도서 프로젝트를 관리하고 자금을 조달할 뿐이며, 나머지 모든 기능(편집과 인쇄)들은 아웃소싱 한다.

그러므로 아웃소싱은 초점과 가치를 위한 추진력의 한 부분이기 때문에 단지 정보시스템 문제에만 국한되는 것이 아니라 사업적인 문제로 생각해야한다. 최고 경영자는 가치를 강조할 수밖에 없기 때문에, 모든 비 전략적 기능을 아웃소싱하는 방안을 생각해야 한다.

2. 아웃소싱의 역사와 유형

IT 아웃소싱은 시간이 지나면서 진화해 갔다. 본 절에서는 IT 아웃소싱의 역사를 간단히 짚어보기로 한다.

1) IT 아웃소싱

원래 IT 아웃소싱은 기업의 데이터 센터를 통째로 최대 10년 계약으로 전문업체로 옮겨버리는 '빅뱅'방식으로 시작되었다. 기업들은 자체 보유하고 있는 장비를 아웃소싱 업체로 팔았고 모든 소프트웨어 라이선스와 상당수의 자체 IT인력도 아웃소싱 업체로 넘겼던 것이다. 이를 위해 각자가 분담해야 하는 비용을 결정하고 적절한 서비스 수준에 합의하고 이러한 서비스의 질을 측정하는 방법도 정해야 했다.

초창기에 이루어진 대형 데이터 센터의 아웃소싱 계약은 재정적인 측면이 매우 컸다. 기업들은 IT인프라에 들어가는 대규모 투자를 피하고, 장비 등에 투자되는 고정비를 변동비로 바꾸면서 최소 15% 이상의 경비절감을 목표로 하였다. 이러한 아웃소싱 계약을 체결한 전문업체들은 계약 초기 단계에는 이윤을 낼 수 없지만 몇 년이 지나면서 기술 비용이 하락하고 다른 기업으로부터 다수의 계약을 따 내면서 차츰 이윤을 낼 수 있게 되었다.

이러한 방식의 아웃소싱은 몇 가지 문제를 내포하고 있었다. 기업과 아웃소싱 전문업체 사이에는 적과 아군이라는 대립관계가 형성되어 전환기를 적절하게 관리하지 못하는 일이 빈번히 일어났다. 계약서에 포함되어 있지 않은 서비스를 제공한 후 비용을 청구하면 고객 기업은 이에 대해 불만을 제기하였으며, 서비스 수준에 대해서도 기업들은 늘 기대에 미치지 못한다며 불평하였으며, 계약서의 내용에 대한 해석도 각각 달라 이견을 보였던 것이다.

때로 두 기업의 다른 문화가 충돌하는 경우도 잦았다. 자기 회사의 직원이었던 사람이 아웃소싱 업체의 직원으로 신분이 바뀌면 그 사람은 서비스를 제공하는 직원이 되면서 대우도 달라졌다. 사용자들은 자사의 IS부서로부터 기대하는 것 이상으로 아웃소싱 업체에 대한 기대가 컸다. 한 마디로 인간관계를 관리하는 일이 매우 힘들어지는 것이다.

오늘날 IT 아웃소싱 산업은 성숙기에 접어들었다. 아웃소싱 업체들도 그간 많은 것을 체험하면서 민감한 전환 시기를 조심스럽게 다룰 수 있게 되었다. 고객기업의 변호사들도 계약서에서 무엇이 중요하고 민감한지 잘 알아서 공급자를 바꾸기보다 계약을 재협상하여 아웃소싱 서비스 계속 받는 경우도 늘어났다.

2) 과도기적 아웃소싱

1990년 초반에 클라이언트-서버(C-S) 방식의 컴퓨팅이 대두될 무렵, CIO는 자사 기업의 과거 시스템(legacy system)을 C-S방식으로 전환할 때 아웃소싱을 이용하는 경우가 많았다. 전환을 위해 택한 방식은 2가지가 있었다. 첫째는 과거 시스템을 유지·보수하는 일은 외부업체에 맡기고 새로운 C-S 시스템은 자체 인력으로 개발하는 방식이었다. 둘째는 새로운 C-S시스템을 개발하는 일은 외부 전문가들에게 맡기고 자체 인력으로는 기존 시스템을 유지·보수하는 방식이었다.

1990년 후반 Y2K문제가 대두되면서 대부분의 기업들은 Y2K문제 해결을 외부업체에 맡겼다. 작업량이 많았기 때문에 인도, 아일랜드와 같은 해외에 아웃소싱하는 사례가 기하급수적으로 늘어났다. 이러한 아웃소싱은 전통적인 아웃소싱과는 달리 계약기간이 짧았고 시스템의 운영은 포함되지 않았다.

3) 선택적 아웃소싱

1990년대 내내 기업들의 IT부서는 다양한 IS서비스를 나누어 아웃소싱하였다. 그러면서 CIO가 배우게 된 사실은 다양한 능력을 보유한 한 아웃소싱 업체를 선택하여 대부분의 IS일을 맡기는 것이 편하고 관리하기는 쉽지만 그 업체가 모든 면에서 최고는 아니라는 점이다. 따라서 기업들이 한 업체에게는 서버나 PC 관리를 맡기고, 다른 업체에게는 데이터센터의 운영을 또 다른 업체에게는 네트워크 관리를 맡기는 선택적 아웃소싱이 나타나게 되었다. 특정 분야에 최고의 서비스 업체만을 선정하여 일을 맡긴다는 아이디어가 좋기는 하지만 그 많은 업체들을 상호 조정하는 일이 결코 쉽지는 않았다.

최근 대두된 또 다른 경향은 "협력적 아웃소싱(collaborative outsourcing)" 방안이다. 한 업체가 주계약자가 되는 한편 이 주계약자는 다른 ESP(External Service Provider)와 협력하여 종합 서비스를 제공하는 방식이다. 협력적 아웃소싱에 의하며 주계약자와 협력하는 다양한 파트너, 즉 개발 파트너, 운영 파트너, 텔레커뮤니케이션 파트너 등이 공동으로 아웃소싱 입찰에 임하게 된다. 따라서 여러 ESP들이 모인 팀이 다른 팀들과 입찰에 경쟁하게 되는 것이다.

4) 해외 아웃소싱

1990년 후반, IS인력의 공급도 부족하고 Y2K문제를 해결해야 하는 긴박한 상황에서 기존 애플리케이션을 유지·보수하기 위해 해외 아웃소싱 업체에 많이 의존하게 되었다. 기업들이 해외 아웃소싱을 하게 된 직접적인 원인으로는 아일랜드, 인도, 필리핀과 같은 나라는 임금수준이 낮을 뿐만 아니라 외국어를 잘 구사하는 양질의 고급인력이 충분히 공급되기 때문이었다. 해외 아웃소싱은 4단계를 거쳐 성숙되어 간다.

첫 단계인 관망기업(offshore bystanders)은 해외로 아웃소싱을 하지 않고 오로지 국내 기업들에게만 아웃소싱하는 기업들을 말한다. 2001년 기준으로 볼 때 미국의 포춘 500대 기업 중 30-59%가 여기에 해당된다. 해외 아웃소싱을 주저하게 되는 것은 국내지향적인 패쇄적 마인드와 지리적으로 분산된 아웃소싱 기능을 관리하는데 필요한 경험이 부족하기 때문이다.

두 번째 단계는 특별한 방식으로 접근하는 실험기업(offshore experimenter)들이다. 그냥 한 두 기능을 비용절감 차원에서 해외로 이전하지만 이러한 프로젝트들을 조율하는 기능은 없다. 10-20%의 기업들이 이 단계에 해당되는데 이러한 기업들은 첫 째 단계로 돌아가거나 아니면 다음 단계로 약진할 수도 있다.

셋째 단계는 적극적 비용절감형 기업(proactive cost focus)들이다. 이 기업들은 해외 아웃소싱 업체들과의 관계를 관리하는데 필요한 역량과 지식을 개발하기 위해 적극적이다. 일반적으로 아웃소싱하는 기능은 비핵심적인 것으로 현 시스템을 유지·보수하거나 새로운 시스템을 테스트하는 프로젝트들이다. 경영진은 주로 비용 절감을 하기 위해 이 방법을 이용하여 때로 자사의 IS부서를 압박하기 위한 목적으로 활용하기도 한다. 또한 기업들은 해외 아웃소싱 업체들이 보유하고 있는 첨단 시스템개발 기술을 배우기 위해 이 방법을 택하기도 한다. 인도에는 최고 수준이라고 할 수 있는 5단계의 기술을 보유하고 있는 IT기업들이 많이 있다. 미국의 포춘 500대 기업의 30-60%가 이 단계에 와 있다고 본다.

마지막 넷째 단계는 적극적 전략형 기업(proactive strategic focus)들이다. 이 기업들은 해외 아웃소싱을 단순히 비용절감 차원에 보지 않고 혁신을 자극하고, 새로운 제품을 개발하고 신시장을 개척하기 위해 해외 아웃소싱을 활용하는 기업들이다. 따라서 이 기업들은 비핵심적인 기능이 아닌 새로운 시스템의 개발까지 해외 업체에 의뢰하기도 한다. 따라서 해외 아웃소싱 파트너가 단순히 IT 지식만으로 지원하는 것이 아니라 상당한 영역지식(domain knowledge)까지 보유해야 하는 경우가 많다.

넷째 단계의 기업들은 IT센터의 글로벌 네트워크의 구축을 지향하며 각 센터는 고유의 역량들을 보유하며 단일 서비스를 창출하기 위해 정교하게 조율되고 있다. 10%의 기업이 이 단계에 와 있다고 볼 수 있다. 많은 미국 기업들은 네 번째가 아닌 세 번째 단계로 이동할 것이나, IT를 경쟁적 차별화 도구로 이용하는 소수의 기업들은 넷째 단계로 이동할 것이다. 이러한 기업들은 글로벌 운영체제를 제대로 가동하기 위한 정교한 메커니즘을 개발하는데 요구되는 비용을 충분히 정당화할 수 있다고 생각하기 때문이다.

해외 아웃소싱 최적지 선택

해외 아웃소싱을 한다면 최적지를 선택하는 일은 쉽지 않다. 이 때 ⅰ) 해당 국가의 매력도, ⅱ) 발전 수준, ⅲ) 문화적 차이를 고려할 필요가 있다.

ⅰ) 해당 국가의 매력도

대략 100개 이상의 나라들이 소프트웨어 관련 서비스와 제품을 수출하고 있다. 다양한 이유로 각각의 국가들이 그 매력도에 차이가 있겠지만 언어, 특히 그 국가가 영어를 쓰는지가 중요한 기준이 된다. 둘째로 지리적 위험도도 기준이 될 수 있다. 전쟁의 위험이나 범죄율이 높다면 당연히 매력도가 떨어질 것이며, 해당 국가와 어느 정도 우호적인 외교적 관계를 맺고 있는지도 기준이 될 것이다. 아래 [알아두기]의 중국처럼 무역, 데이터보안, 지적재산에 대한 규제의 정도도 매력도에 영향을 미칠 것이다. 해당 국가의 기술적 인프라도 중요하다. 특정 국가를 정한 뒤에도 그 나라 안에서 특정 지역이나 도시를 선택해야 하는 문제는 여전히 남아 있다. 예를 들어 인도 Chennai는 재무 및 회계분야에 있어서 좋은 한편, 콜센터는 Delhi가 나은 것으로 알려져 있다.

인도는 나라 전체가 IT서비스를 제공하기에 잘 맞춤이 되어 있는 국가다. 임금이 낮은 영어 능통자가 많으며 까다로운 기준에 부합하는 훌륭한 품질의 소프트웨어를 잘 코딩하는 기업들이 많다. 소프트웨어 개발의 효율성을 측정하기 위해 CMM(Capability Maturity Model)[1]을 자주 쓰는데 그 수준이 레벨 1에서 5에까지 이른다. 레벨 5 수준의 기

---

1) Software Engineering Institute가 개발한 모델이며 오늘날 Capability Maturity Model Integration(CMMI)이 대체하는 경우도 많다.

업은 소프트웨어개발 프로세스가 예측이 가능하며, 반복적이며, 정교하며, 지속적으로 혁신하고, 성장하며, 사용자의 피드백을 잘 반영하는 기업을 말한다. 인도에는 이 레벨 5에 준하는 기업들이 많은 것으로 알려져 있다. 만일 고객기업이 공급기업의 높은 수준의 CMM이 필요하지 않다면 불필요한 높은 수준을 위해 불필요한 예산을 낭비할 필요는 없을 것이다. 이럴 경우 고객기업이 원하는 구체적인 CMM 프로세스 수준을 지정할 필요가 있을 것이다.

ii) 발전 수준

국가의 발전수준 역시 해외 아웃소싱 최적지를 선택할 때 중요한 기준이 된다. 많이 발전한 국가일수록 기초적인 첨단기술이 잘 준비되어 있고 수준이 높은 교육기관들이 많다. Carmel & Tjia(2005)는 산업성숙도, 소프트웨어 기업의 집중도, 수출금액을 기준으로 소프트웨어를 수출하는 국가들을 3 계층으로 나누었다.

첫째. 성숙한(mature) 소프트웨어 수출국가는 영국, 미국, 일본, 독일, 프랑스, 캐나다, 네덜란드, 스웨덴, 핀란드와 같이 상당히 산업화된 국가들을 말한다. 3I라고 불리는 인도, 아일랜드, 이스라엘도 1990년대에 이 대열에 합류하였으며, 2000년대 이르러 중국과 러시아도 합류하였다.

둘째. 부상하는(emerging) 소프트웨어 수출국가는 브라질, 코스타리카, 한국, 동유럽 국가들처럼 인구가 적고, 정치가 불안정하거나 경제발전이 성숙하지 못한 국가들을 말한다.

셋째. 유아적(infant) 소프트웨어 수출국가는 글로벌 소프트웨어 시장에 큰 영향력이 없는 나라들로서 고립된 소기업 형태로 소프트웨어를 개발하는 기업들로 구성된 낮은 산업화 국가들이다. 쿠바, 베트남, 요르단 등 15~25개의 국가에 이 대열에 속한다.

그러나 위의 조사는 시기가 오래되었기 때문에 현재는 이 분류가 많이 달라져야 할 필요는 있을 것이다. 아울러 소프트웨어 개발이 아닌 다른 종류의 IT서비스(클라우드, 콜센터 등)의 경우 이 분류결과는 많이 달라질 수 있다.

iii) 문화적 차이

문화와 언어차이로 인해 많은 오해들이 발생한다. 예를 들어, 미국 프로그래머들은 고객의 요구에 대해 먼저 말을 꺼내고 적극적으로 제안하는 성향이 높은 반면, 인도 프로그래머들은 다소 이해가 되지 않은 부분이 있더라고 고객이 원하는 것이 이것일

중국의 개인정보보호법과 IT아웃소싱 비즈니스의 관계

중국은 전 세계에서 가장 큰 시장을 갖고 있는 만큼 IT 아웃소싱 시장도 매우 크다. 특히 외국기업들이 중국의 아웃소싱업체의 서비스를 많이 이용하고 있다. 한편 2011년에 중국 정부는 자국민의 개인정보 보호와 중국에서 비즈니스를 하고 있는 기업들을 위해 개인정보보호 가이드라인을 만들었다(물론 지금은 완성된 개인정보보호법이 집행되고 있다). 이 가이드는 개인정보의 저장, 처리, 이관과 관련된 규칙과 원칙을 포함하고 있다. 그렇지만 외국기업의 비즈니스 관계자들은 이 가이드가 지나치게 엄격해 중국의 IT산업과 비즈니스 프로세스 아웃소싱 업체와 고객기업 모두에게 큰 타격을 줄 것으로 걱정하였다.

해외 아웃소싱을 할 때 데이터보안과 지적재산권 보호는 늘 주 관심사인데 특히 이 부분에 있어 중국은 악명이 높다. 소프트웨어개발과 유지보수 분야에서 중국의 아웃소싱 업체의 경우, 직원들의 이직율이 매우 높은데 이는 특히 지적재산권에 대한 낮은 인식수준과 맞물려 문제를 더욱 악화시키고 있다. 제안된 개인정보보호 가이드 중에 특히 외국기업들이 관심을 갖고 봐야 하는 조항들은 다음과 같다

- 기업은 보유하고 있는 개인정보를 잘 보호해야 할 뿐만 아니라 개인정보를 공개해야 할 때는 이해관계자(제3자) 모두로부터 동의를 얻어야 한다.
- 개인정보의 수집, 처리, 사용, 이관과 유지에 대한 구체적인 원칙들.
- 단지 스토리지에 저장된 하드카피 정보만이 아닌 거래를 위해 네트워크상(클라우드)에 저장되어 있는 개인정보의 보호에까지 적용.
- 법이 허용하지 않거나 정부기관이 허락하지 않은 모든 개인정보의 해외반출은 금지.

이 정도의 규정은 미국에 비해서도 훨씬 엄격한데, 미국에서는 데이터가 국내에 있든 국외에 있든 국경을 넘어 옮기는 것에 대한 규제가 없다. 특히 이 규제가 적용되면 거래를 마무리하기 위해 기업들끼리 네트워크 상에서 개인정보를 공유해야 하는 상황에서 조차 당사자의 동의를 얻어야 하는 번거로움이 크기 때문에 해외 아웃소싱 비즈니스에 큰 걸림돌이 될 수 있다. 이처럼 한 나라의 개인정보보호 규정이 그 나라에서 아웃소싱을 해야 하는 외국기업들, 아웃소싱 업체들 모두에게 큰 영향을 미칠 수 있다.

거라고 짐작한 후 먼저 작업에 임하는 경향이 높다.[2] 예를 들어 신용카드를 처리하는 자동화시스템은 미국인들에게는 익숙한 일반적인 프로젝트지만 해외프로그래머들은 이해하기를 어려워 개발에 더 오래 걸릴 수 있다. 결과적으로 해외프로그래머들이 익숙하지 않은 상황들을 부적절하게 소프트웨어에 반영하여 오히려 고비용 시스템을 만들 위험이 있다. 따라서 해외 아웃소싱 최적지를 선택할 때 문화적 차이가 낳을 수 있는 위험을 잘 의식할 필요가 있다.

6) 공유 서비스

IT 아웃소싱이 기업들로부터 신뢰를 얻어가면서 경영자들은 분리된 비핵심 기능들을 공유할 수 있는 하나의 서비스 그룹으로 모아 규모의 경제를 얻을 수는 없는지를 생각하게 되었다. 그래서 기업들은 IT, 법률서비스, 시설관리, 부동산, 메일룸, 재무관리 같은 다양한 기능들을 수행하는 공유서비스 조직을 만들기 시작하였다. 공유서비스의 목적은 효율성을 높이고 비용을 절감하기 위한 것이다. 일반적으로 기업들은 각 분야별로 전문지식 센터를 만들고 각 센터들은 한 명의 공유서비스 부사장에게 보고하게 된다.

어떤 중역은 IT를 공유서비스로 이용하게 되면 다른 서비스들도 IT를 도구로써 적극 활용하는 능력을 기르게 된다고 생각한다. 공유 서비스는 또한 아웃소싱된 기능들의 관리를 집중화하는 역할을 하기도 한다. 그래서 공유 서비스 그룹은 계약 및 아웃소싱 업체와의 관계를 협의하고 관리하는데 매우 민첩한 조직이 될 수 있다.

7) 비즈니스 프로세스 아웃소싱

IT 아웃소싱 시장이 성숙되면서, 데이터 센터 아웃소싱, PC관리 아웃소싱, 기타 표준적 아웃소싱들은 점차 일용품(commodity)이 되어가고 경쟁업체들은 점점 늘어남에 따라 이윤도 차츰 박하게 된다. 따라서 ESP(external service providers)들은 높은 이윤을 보장하는 서비스로 이동하는데 그 중에 하나가 특정 비즈니스 프로세스와 그것과 연계

---

2) Overby, S., "The Hidden Costs of Offshore Outsourcing," CIO Magazine (September 1, 2003), 7, http://www.cio.com/article/29654/The_Hidden_Costs_of_Offshore_Outsourcing (accessed on Oct. 14, 2017).

된 IT를 전문적으로 관리하는 일이다. 이러한 BPO^(Business Process Outsourcing)는 IT가 큰 부분을 차지하는 리엔지니어링된 대부분 또는 일부 프로세스를 아웃소싱하는 것을 말한다.

BPO는 단순 비용절감이 아닌 해당 프로세스에만 집중하는 전문업체가 전문지식을 총동원하고 투자를 함으로써 비핵심적 프로세스를 향상시키는 것을 목적으로 한다. 많은 기업들이 로지스틱스, 고객서비스 그리고 많은 핵심적인 기능들을 전문업체에 아웃소싱하고 있다. 샌디애고에 위치한 발보아 트레블 여행사는 발권 계정을 Unisys에 아웃소싱하였다. 여행사는 매주 발권한 항공권을 Airline Reporting Corporation에 보고해야 하는데, 매우 중요한 과정임에도 불구하고 여행사 입장에서 볼 때 성가신 일이 아닐 수 없다. 발보아 트레블 여행사 사장은 이 일을 처리하기 위해 프로그래머를 고용하고 별도의 시스템을 운영하고 싶지 않아 Unisys에 아웃소싱 하였던 것이다. Unisys는 여행사가 자체 인력을 두고 제공하는 서비스보다 더 양질의 고급서비스를 제공할 수 있었다. 예를 들면, Unisys는 여행사의 기업 고객들에게 직원들의 여행 습관에 관한 정보를 엑스트라넷을 통해 제공할 수 있었으며, 다양한 발권 정보를 데이터마이닝한 결과를 가지고 새로운 트렌드를 발견함으로써 더 나은 여행서비스를 제공할 수 있도록 도왔다.

BPO는 여러 부서들을 포함시켜야 하기 때문에 IS부서의 영역을 넘나드는 특징이 있다. BPO는 고객으로 하여금 아웃소싱 업체가 제공하는 프로세스에 맞출 것을 요구하기 때문에 단순한 IT 아웃소싱에 비해 훨씬 복잡할 수 있다. 때로 프로세스의 일부를 고객이 통제하기를 원할 경우, 아웃소싱 업체가 관리하는 프로세스와 조율을 해야 하기 때문에 더욱 복잡해 질 수도 있다.

BPO는 고객과 외부 아웃소싱 업체 간의 관계 설정에도 변화를 가져다준다. 전통적인 IT아웃소싱의 경우, 서비스 공급자와 고객기업이 더 긴밀하게 협조할 것을 요구하지만 공동의 목표를 가지고 일을 하는 것은 아니다. 고객은 돈을 더 절약하려 하지만 서비스 공급자는 더 많은 이윤을 남기려 하기 때문이다. 그렇지만 BPO의 경우, 서비스 공급자가 전 프로세스를 책임지며 그들의 성과는 객관적으로 측정되어 그 결과에 근거하여 대금이 지불된다. 이렇게 결과에 근거한 아웃소싱은 양쪽 모두가 공동의 목적을 갖도록 하여 고객은 필요한 서비스에 초점을 두게 되고 아웃소싱 업체는 그 미션을 어떻게 수행할 지에 관심을 갖게 되는 것이다.

8) e-비즈니스 아웃소싱

인터넷이 비즈니스를 위해 활용됨에 따라 웹 사이트를 구축하여 이를 이용하는 일을 아웃소싱하는 경우가 많아졌다. 대기업의 경우, 마케팅 부서가 외부업체에 웹사이트의 개발을 위탁하기 시작하였으며, 구축이 끝난 다음에는 IS부서가 운영을 하는 경우가 많았다. 그렇지만 닷컴 기업이나 인터넷을 기반으로 운영되는 사업들은 몇 가지 이유 때문에 IS 기능의 모두 또는 대부분을 아웃소싱하기도 한다.

첫째는 아웃소싱을 함으로써 기업이 기민하게 움직일 수 있기 때문이다. 시스템을 구축하기 위해 일 년 이라는 시간조차 쓸 수 없을 때 e-비즈니스 인프라 구축을 아웃소싱하면 몇 달 또는 몇 주안에 시스템을 구축할 수 있다. 둘째로 핵심적인 기능에만 초점을 맞추고 민첩하게 움직일 수 있는 작은 규모의 조직을 유지할 수 있기 때문이다. 셋째, 아웃소싱을 하게 되면 금방 낡아져 쓸모가 없게 되는 컴퓨터 및 네트워크 장비에 자금이 묶일 필요가 없기 때문이다. 쉽게 선택적 아웃소싱을 할 수 있을 뿐만 아니라 ESP를 필요에 따라 쉽게 바꿀 수도 있기 때문이다.

e-비즈니스 아웃소싱과 전통적인 IT 아웃소싱 간의 핵심적인 차이는 고객기업으로부터 사야하는 장비나 이동 배치해야 하는 IT요원, 이전해야 하는 소프트웨어 라이선스 등이 없다는 점이다.

결론적으로 15년에 걸쳐 IT 아웃소싱은 데이터 센터 운영의 아웃소싱에서부터 비즈니스 프로세스의 아웃소싱에 이르기까지 큰 변화를 겪어 왔다.

3. 아웃소싱의 관리

성공적인 관계 관리를 위해서는 아웃소싱의 여러 측면이 잘 관리되어야 한다.

1) 공급자와 서비스의 범위와 통제력

서비스 공급자들은 회사의 정보시스템 부서가 내부적으로 수행하는 것과 똑같은 활동을 수행한다. 그러나 시간이 흐름에 따라 다음의 공급자-고객 관계의 확대에서도 볼 수 있듯이, 외부 공급자에 의해 수행되는 일의 양은 늘어나게 된다.

정보시스템 부서가 외부 공급자들과 유지해온 전통적인 관계는 애플리케이션의 계획(혹은 컨설팅), 애플리케이션의 구축 또는 유지관리, 네트워크의 구축 또는 유지관리, 그리고 교육 등과 같은 그들의 전문 서비스를 구매하는 것이었다. 또 하나의 관계는 상품을 구매하는 것인데, 여기에는 교육이 포함될 수도 있고 포함되지 않을 수도 있다. 세 번째의 관계는 서비스 기관으로부터의 급여 처리를, 또는 신용관리 서비스로부터의 신용평가보고와 같은 단품 서비스를 구매하는 것이다. 이 세 번째 유형의 관계는 서비스 비용이 가변적이어서 통제가 가능하기 때문에 구매자 입장에서 더 유리하다 할 수 있다. 한편 위험 부담을 안고 책임지는 공급자에게는 보다 높은 이익을 보장하기 때문에 유리하다 할 수 있다.

정보시스템 서비스를 얻을 수 있는 네 번째 방법은 주요 시스템 프로젝트를 위한 계획, 개발, 유지관리, 교육 등 전체 패키지를 다루는 시스템 통합업체(System Integrator)를 이용하는 것이다. 마지막으로, 복합적인 방법은 아웃소싱인데, 여기서 외주자는 어떤 정보시스템 활동의 전부 혹은 대부분을 해주기로 계약하는 것이다. 네 번째 방법과 마지막 방법의 차이점은 시스템 통합은 프로젝트 중심인 반면 아웃소싱은 시간(계약기간) 중심이라는 것이다.

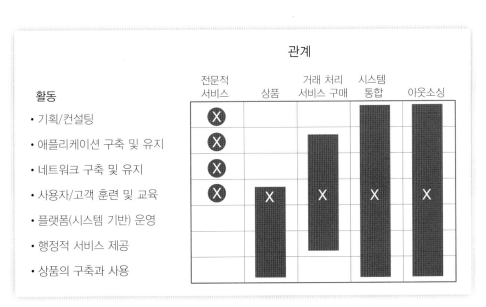

🌐 그림 6-1 _ 고객과 벤더(공급자) 관계

〈그림 6-1〉이 보여주는 5가지 유형은 IT분야가 어떻게 움직여가고 있는가를 잘 보여주고 있다. 왼쪽의 전문 서비스 분야로부터 오른쪽의 아웃소싱으로, 다시 말해서 보다 전통적인 서비스로부터 새로운 서비스로 옮겨감에 따라 공급자-고객 관계에는 4가지의 변화가 일어나게 된다.

① 보다 많은 활동이 외부로 넘어가기 때문에 정보시스템 관리는 점점 더 통제력을 잃을 수 있다.

② 서비스 공급자들은 오른쪽에 있는 선택들을 제공할수록 더 많은 위험부담을 안게 된다.

③ 동시에 서비스 공급자들은 오른쪽의 서비스를 제공할수록 경제성이 향상, 즉 이익이 증대된다.

④ 오른쪽의 서비스일수록 올바른 공급자를 선택하는 것이 더욱 중요해 진다 왜냐하면 외부 조직을 이용하는 데는 더 큰 위험 부담이 따르기 때문이다.

2) 아웃소싱 계약 조건

아웃소싱 계약은 다양한 선택이 가능하다. 공급자는 네트워크나 데이터 센터를 하나의 유틸리티처럼 운영할 수 있고, 모든 애플리케이션의 유지보수를 대행할 수도 있고, 관리적 기능을 수행할 수도 있고, 또는 사업 프로세스들의 리엔지니어링을 관리할 수도 있다. 마찬가지로 계약도 양자의 지분에 따라서 다양할 수 있다. 즉 작업이 어디서 수행될 것인가 - 고객의 현장 또는 공급자의 장소 - 그리고 어느 쪽 애플리케이션이 이용될 것인가 - 역시, 고객측 또는 공급자측. 끝으로 거래의 구성은 계약, 합작투자 또는 심지어 구매도 될 수 있다.

벅스타인은 몇 가지 예를 간단히 설명했다. 코닥과 IBM과의 합의 내용은 IBM은 코닥의 데이터 센터를 하나의 유틸리티로, 코닥의 현장에서, 코닥의 애플리케이션을 이용하는 것이었다. 이와는 대조적으로, GM사와 EDS사의 거래에서는 EDS사는 GM사의 시스템을 유틸리티 조건으로 운영함과 동시에 GM사의 일부 비즈니스 프로세스를 리엔지니어링하고 애플리케이션 개발은 GM사의 현장에서 수행한다는 것이었다. 이 계약은 GM사가 EDS사를 사들인 구매방식이었다.

3) 조직 구조

아웃소싱을 관리하는 일은 동일한 목적을 가지지 않은 양측이 협력해야 한다는 점에서 내부 직원을 관리하는 것과는 다르다. 따라서 양측은 사인한 계약을 어떻게 공동으로 관리할 지를 생각하여 협상할 필요가 있다.

일반적으로 당사자들은 몇 계층의 조인트 팀(joint team)을 둘 필요가 있다. 제일 상위 팀은 분쟁이 발생했을 때 최종적인 합의를 보는 양측의 중역들로 구성된다. 양측의 운영요원으로 구성된 팀은 일상적으로 돌아가는 일을 관리한다. 이들은 적어도 매주 일 회 정례모임은 갖는 것은 물론 매일 접촉해야 하는 사람들이다. 특별히 다루어야 하는 문제가 생기면 특수목적 조인트 팀(special joint team)을 구성할 필요도 있다. 일부 기업들은 가격협상 위원회 또는 변화관리 절차를 감독할 변화관리 위원회 등을 설치하여 운영하기도 한다.

비록 조인트 위원회가 일반적인 조직 구조지만 각 기업은 이 관계 관리에 있어 최종적인 책임을 질 중역을 둘 필요가 있다. 고객기업의 경우, 관계 관리 매니저를 둘 필요가 있다. 관계 관리 메니저는 IS 분야에서는 생소한 직책이며, 갖추어야 하는 자질도 데이터 센터 관리자와는 상당히 다르다. 이들은 협상 능력이 있어야 하며 서비스 제공업체와 사용자를 잘연결해 주는 능력을 구비하여야 한다.

4) 거버넌스(governance)

아웃소싱 관계를 거버넌스(관리 및 통제)하는데 필요한 기초적인 사항들은 수백 페이지에 달하는 계약서에 기술되어 있다. 계약서 내 주요 항목은 서비스 제공업체의 성과를 측정하는 SLA(service level agreement)이다. 모든 계약서의 SLA는 양측의 책임, 요구되는 성과, 벌칙, 보너스 등을 명기하고 있다. 좋은 계약서가 되기 위해서는 빈틈이 없이 완벽해야 하며 서비스의 제공시간, 서비스 제공자와 수혜자 등 상세한 내용까지 기술하여야 한다.

SLA의 또 다른 중요한 측면은 성과를 측정하는데 쓰는 메트릭스(metrics)의 설정이다. 흔히 많은 기업들이 자신들의 내부 IS 서비스에 대한 성과 조차 잘 측정하지 못하고 있기 때문에 이 메트릭스를 설정하는데 애를 먹는다. BPO(business process outsoucting)의 경우, 기업들은 특정 프로세스에 몇 명이 배치되어 있고, 부서별로 소요되는 IT 비용에 대한 정밀 자료가 없기 때문에 상황은 더욱 악화된다. 벤더(서비스 업체)가 제공하는 서비스가 얼마나 향상되는지를 알기 위해서는 벤치마크가 필요하며 이를 위해서는 객관적인 측정 도구가 절실하다. 고객 기업이 자신의 성과를 잘 측정하고 있지 못하면 아웃소싱 협상을 할 때 유리한 입장에 설수 없을 것이다. 게다가 나중에 비용을 불러 올 중요한 부분을 간과하는 경우도 발생할 수 있다.

Goo 등(2009)은 아웃소싱 계약서에 담긴 SLA(service level agreement)에 구체적으로 내용을 어떻게 담느냐에 따라서 고객과 아웃소싱업체 간의 원활한 관계가 결정된다고 하였다. 성공적인 아웃소싱관리를 위해서는 SLA가 포함된 공식적인 계약(formal contract)과 관계지향적 통제기능(relational governance function) 이 두 가지가 상호보완적인 역할을 해야 한다.

정식 계약인 SLA는 11가지의 계약적 요소가 있으며 이것들은 다시 기초(foundation), 변화(change), 통제(governance)로 분류될 수 있다. 기초적 요소에는 ① 서비스수준의 목표, ② 프로세스 주관자(ownership), ③ 서비스수준의 내용이 포함된다. 이 기초적 요소를 잘 설정해야 아웃소싱업체와 고객업체가 건전한 아웃소싱관계의 구축에 필요한 공동의 신념과 목표가 만들어질 수 있다. 이 조항들은 이해당사자들의 역할과 책임을 분명히 함으로써 향후 아웃소싱을 관리할 때 행동지침이 되어줄 수 있다.

변화적 요소는 ④ 미래수요관리, ⑤ 예상되는 변화, ⑥ 혁신계획, ⑦ 피드백 프로세스로 구성되는데, 예측이 어려워 갑작스럽게 발생할 수 있는 요구사항과 갈등을 해결하는데 필요한 조항들이다. ICT와 사업적 환경이 급하게 변하는 관계로 변화에 대처하는데 필요한 임의계획(contingency plan), 변화를 도입하는 과정과 절차, 필요시 신속한 계약서의 수정, 그런 일들에 동반되는 인센티브 등을 규정하는 것이다.

끝으로 통제적 요소는 ⑧ 소통, ⑨ 측정차트(measurement charts), ⑩ 갈등중재, ⑪ 집행(enforcement)으로 구성된다. 통제적 요소는 성과의 측정, 보상과 페널티, 출구옵션과 책임, 소통절차, 잠재적 분쟁을 찾아 해결하는 과정을 분명히 하기 위한 것들이다.

공식적 계약서에다 양측이 ① 적절한 관계적 규범(relational norm)을 설정하고, ② 갈등이 발생했을 때 쌍방이 만족할 수 있는 갈등해결책을 내놓을 수 있는 능력(harmonious conflict resolution)이 있고, ③ 교환관계에 있는 쌍방이 서로에게 이익을 제공하는 상호의존성(mutual dependence)이 있을 때 계약서를 보완할 수 있는 관계적 통제가 가능해진다. 여기에서 관계적 규범이란 쌍방이 양해하고 받아들일 수 있는 행동의 패턴, 예를 들면 단합, 정보교환, 유연성 등을 말한다.

SLA에 더하여 양측은 각자가 결정을 할 때 적용하는 거버넌스 규칙(governance rule)을 제정하여 같은 악보를 보고 노래를 부르듯이 해야 한다. 일반적으로 좋은 관계를 유지하는 기업들은 사인한 계약서는 서랍에 넣어 두고 신뢰와 합의된 규칙을 근거로 일을 한다. 서로 간에 신뢰에 금이 간 경우에만 계약서에 눈을 돌리는 것이다.

5) 일상적인 운영

양측의 직원들이 일상적으로 협력할 때 추천하는 내용은 다음과 같다.

직원이 아닌 기대치를 관리하라.

아웃소싱 업체 직원들은 더 이상 고객기업이 감시해야 하는 대상이 아니다. 명령과 통제 방식은 적대적인 관계만 낳기 때문에 현명한 선택이 아니다. "이 일을 해라"라는 방식보다 "이 문제를 어떻게 함께 풀까"로 접근하는 것이 나은 방법일 것이다. 게다가 관계 관리 매니저는 사용자의 기대치에 영향을 미치는 역할을 수행함으로써 공급되는 서비스가 사업 목적에 부합되도록 만들어야 한다.

지나친 공식적인 일처리 방식을 경계해야 한다.

서비스의 질이 측정되고 통제가 강화됨에 따라 양측의 관계는 점차 딱딱해지고 공식적이 된다. 서비스를 받는 과정이 점차 공식화되면 아웃소싱 업체가 정한 절차를 따라 서비스를 받아야 하므로 과거에 비공식적으로 쉽게 서비스를 받았던 사용자들에게는 매우 불편하고 충격적으로 느껴진다. 쉽게 말해, 옛날에는 IT부서의 친한 동료로부터 복잡한 절차 없이 쉽게 서비스를 받을 수 있었는데 그 동료는 아웃소싱 업체의 직원이 되어 있고 계약서에 정해진 절차를 따라 서비스를 받아야 하는 번거로움이 발생하는 것이다. 양측은 이러한 경향이 최소화될 수 있도록 노력해야 한다.

비공식적인 일처리 방식을 줄여 업무수행의 엄격성을 강화한다.

업무수행의 엄격성을 강화하다보면 업무의 질을 높일 수 있다. 어떤 서비스를 요청하기 전에 사용자는 두 번 생각하게 되고 원하는 서비스를 더 잘 정의하려고 노력하게 되기 때문이다. 프로세스를 개선하면 일처리 과정에 군더더기가 없어지고 업무의 효율성이 증진된다. 서비스 제공업체가 새로운 변화(일을 하는 방식과 절차의 변경)를 도입하면 고객 기업은 직원들로 하여금 변화에 준비하도록 하고 새로운 방식에 적응할 수 있도록 도와야 한다. 따라서 최소한의 중단과 불편으로 고객 기업의 직원이 새로운 절차에 잘 적응할 수 있도록 돕기 위해서 전환 계획(transition planning)이 필요한 것이다.

양측 직원들이 잘 협력할 수 있도록 구체적인 행동지침을 정한다.

바람직한 양측의 협력은 분명한 가이드라인을 정해놓지 않으면 나올 수 없다. 예를 들면, i) 아웃소싱 직원이 접근할 수 있는 작업장의 범위를 적절하게 정해 주는 일, ii) 공동 파티나 이벤트, iii) 모임에 상대방의 직원은 초청하는 일, iv) 고객 기업의 중역이 아웃소싱 업체로 자리를 옮겨 2년 정도 아웃소싱 업체의 상황을 체험해 보는 일 등이 포함될 수 있다. 협력은 중요하기 때문에 중단 없이 진행되어야 하지만 고객 기업은 여전히 양측의 관계를 관리하고 통제할 수 있어야 한다.

일상적인 운영이 원활히 되기 위해서는 빈번한 소통이 제일이다. 한 중역은 자신의 포켓에 매주 수정하는 top-10 리스트를 가지고 다닌다고 하였다. 그 리스트에는 그가 다루어야 하는 가장 중요한 항목들로 채워져 있다. 이런 리스트를 가지고 다니는 일은 사무 처리에 초점을 잃지 않도록 돕는 최상의 비공식인 경영기법이라 할 수 있다.

4. 아웃소싱 관리자에 대한 조언

아웃소싱은 결혼과 같아서 사소하게 내릴 수 있는 결정은 아니다. 데이터 센터 운영, PC 및 모바일기기지원, 애플리케이션 개발, 네트워크 관리, 지원센터, 애플리케이션 유지관리, 혹은 기타 시스템 활동 등을 외주하는 결정은 다음과 같은 4가지 질문을 중심으로 이루어져야 한다.

- 어떤 정보시스템 활동들이 우리 회사의 사업에 전략적일 수 있는가? 전략적이지 않은 것들이 아웃소싱의 후보가 된다.
- 아웃소싱으로 최소한 15%의 절약을 얻을 수 있는가? 그렇지 못하다면, 아웃소싱은 현명한 선택이 되지는 못한다. 외주업체들은 규모의 경제를 최대한 이용하고,

표준을 강제하고, 가격에 비해 보다 성능이 우수한 장비를 최대한 이용함으로써 저렴하게 서비스를 공급할 수 있기 때문이다.

• 우리 회사는 필요한 기술과 전문성을 자체적으로 확보할 수 있는가? 만일 그렇지 못하다면, 이런 자원을 얻기 위해 아웃소싱이 그 해답이 될 수 있다.

• 아웃소싱이 우리 회사의 유연성을 신장시킬 수 있는가? 아웃소싱은 자본적 예산을 운영경비로 전환시켜주기 때문에 회사에게 높은 재정적 유연성을 가져다 줄 수 있다. 더 나아가서 아웃소싱은 외주업체들이 기존의 시스템을 유지 관리하도록 하고, 자기 직원들로 하여금 새로운 시스템을 연구하는 일에 더 많은 시간을 줄 것이다. 그로 인해 회사의 유연성이 향상되어 새로운 기술들을 더 빨리 습득할 수 있을 것이다.

그렇지만 관리자가 아웃소싱해서는 안될 4가지의 활동이 있다. 그것은 전략 즉 시스템(네트워크를 포함)의 아키텍처, IT를 조직에 도입할 시점에 관한 결정들, 그리고 아웃소싱 업체의 관리 등이다. 경영진은 IT의 개발과 운영을 아웃소싱 할 수는 있지만, 그들의 정책적 역할은 결코 아웃소싱 해서는 안 된다. 그리고 시스템 부서가 잘 관리되고 있고, IT가 하나의 핵심 경쟁력이 되는 경우에도 아웃소싱은 옵션이 되어선 안 된다.

5. 아웃소싱 관리역량

IT아웃소싱은 조직 내 정보기술 인프라의 전체 또는 특정부분과 관련된 인적, 물적 자원을 외부공급자로부터 공급받는 것을 의미한다(Loh & Venkatraman, 1992). IT아웃소싱 과정에서 고객기업의 추진조직이 아웃소싱업체로부터 제공받는 서비스에 대한 이해와 지식이 부족할 경우, 고객기업은 제공받는 서비스에 대한 전문성을 잃게 되거나, 협상과정에서 아웃소싱업체를 제대로 평가할 수 없는 등 IT아웃소싱 성과를 제대로 얻을 수 없다(Carr, 2004; 이강태, 2015). 따라서 IT아웃소싱의 제대로 된 성과를 얻기 위해서는 고객기업의 추진조직의 역량과 역할이 매우 중요하다. Feeny와 Willcocks(1998)는 IT환경의 변화에 따라 IT/IS부서의 역할이 IT아웃소싱계약과 성과달성을 위한 아웃소싱 추진조직으로서의 기능을 함께 지녀야 한다고 주장하면서, 정보시스템부서의 기능을 9가지 역량(Capability)으로 정의하였다. 이 9가지 역량은 〈그림 6-2〉와 같이 i) 비즈니스부문, ii) 기술부문, iii) 서비스 부문으로 크게 구분된다.

1) IT/IS거버넌스(IT/IS Governance) 역량

3가지 영역 -비즈니스부문, 기술부문, 서비스부문- 에 공통적으로 포함되는 역량이다. 이것은 IT/IS부서가 정보시스템을 총괄하는 기능으로서, IT/IS부서의 활동을 조율하고 통제하는 정보관리전략에 관한 역할이다.

2) 비즈니스 시스템 사고(Business Systems Thinking) 역량

비즈니스부문에 속하는 역량으로서, 비즈니스 프로세스를 기술적으로 실현할 수 있는 역량을 의미한다. 기업의 사업전략과 정보기술 전략을 서로 통합하고, 업무처리에 정보기술을 효율적으로 활용하는 능력을 의미한다.

3) 관계구축(Relationship Building) 역량

비즈니스부문과 기술부문을 연결하는 역량으로써 업무를 추진할 때 현업(사용자)부서와 협력하는 역량과 현업부서와 정보기술에 관한 정보와 지식을 이해시키고 공유하는 역량을 말한다.

4) 기술적 아키텍처 설계(Designing Technical Architecture) 역량

IT/IS에 대한 장기적인 계획을 수립하고, 정보시스템 계획수립에 필요한 방법론을 개발하는 등 장기적인 전략적 아키텍처 계획을 수립하는 능력을 의미한다.

5) 기술적 문제해결(Making Technology Work-fixer)역량

기술부문과 서비스부문을 연결하는 역량으로서, 기술적인 문제가 발생했을 때 해결자(fixer)의 역량을 말한다. 즉 현업의 비즈니스적 요구에 맞는 IT솔루션은 어떤 것이 있는지, 현재의 정보시스템이 가진 문제가 무엇인지, 문제가 있다면 자체 인력으로 해결할 수 있는 문제인지 아니면 외부의 도움을 받아야 하는 문제인지 그리고 외부의 도움이 필요하다면 그 도움을 받을 수 있는 곳은 어디인지를 파악할 수 있는 능력을 말한다.

6) 합리적(정보에 근거한) 구매(Informed Buying) 역량

비즈니스, 기술, 서비스부문 모두 연결된 역량으로서, 아웃소싱시장을 잘 분석하여 최적의 아웃소싱 서비스를 확보하는 능력이다.

7) 계약촉진(Contract Facilitation) 역량

비즈니스와 서비스부문이 공통적으로 요구되는 기능으로서, IT/IS 서비스의 계약이 원만하게 체결될 수 있도록 현업부서의 사용자들과 아웃소싱공급자들 사이에 있을 수 있는 이견을 조정하고 문제와 갈등을 공정하게 해결하는 역량이다.

8) 계약 모니터링(Contract Monitoring) 역량

아웃소싱 서비스가 계약에 따라 제대로 집행되는 지를 감독하고 평가하는 일이다.

9) 아웃소싱 벤더 개발(Vendor Development) 역량

지속적으로 IT/IS서비스 아웃소싱 벤더(공급자)의 잠재적인 가치를 확인하고, 이들을

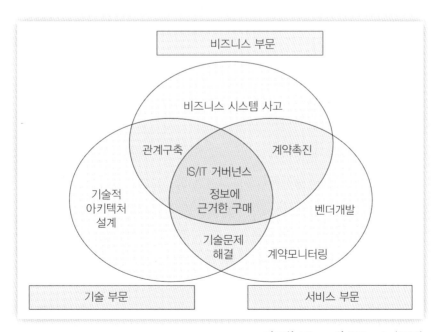

자료원 : Feeny와 Willcocks(1998)

※ 그림 6-2 _ 성공적인 IT아웃소싱 관리를 위한 IT/IS부서의 역량

선발할 수 있는 객관적인 절차나 평가기준을 개발하는 역량을 의미한다.

6. 아웃소싱 프로젝트의 발주와 관리

기업의 IT아웃소싱은 신규 시스템개발, 기존 시스템 업그레이드와 유지보수, 하드웨어 및 소프트웨어 구매, 웹서비스 구매, 경영컨설팅에 이르기까지 매우 다양하다. 일반적으로 아웃소싱 프로젝트를 발주하기 전에 고민하여야 하는 것은 해당 프로젝트를 통해 기업이 현재 겪고 있는 경영 및 정보화문제를 적절한 투자비용으로 해결할 수 있는가이다. 그리고 이 문제를 해결할 수 있는 내부 자원은 없는지, 없다면 이 문제의 해결책을 밖에서 구하더라도 기업의 전략적 이익을 훼손하는 점은 없는지 검토해야 한다. 아웃소싱 프로젝트는 다음과 같은 과정을 거쳐 발주되고 관리된다.

1) 아웃소싱의 필요성과 타당성의 검토

이를 위한 주요 검토사항들은 다음과 같다.

- 아웃소싱의 이유와 목적은 분명한가?
  즉 아웃소싱을 해야 하는 충분한 사유가 있는가?
- 최고경영자가 지지하는가?
- 예산은 충분한가?
- 도입 후 기대효과는 무엇인가?
- 기존의 IT프로젝트와 경영혁신프로그램과 잘 조화되는가? 기술적, 문화적 호환성이 있는가?
- 계약의 검토와 아웃소싱 관리를 맡을 수 역량 있는 내부직원이 있는가?
- 조직이 아웃소싱으로 인한 변화를 수용할 준비가 되어 있는가?

2) 요구사항의 분석

아웃소싱의 필요성과 타당성이 검증되고 나면, 아웃소싱업체에 제안해야 하는 요구사항들을 도출하고 이를 근거로 제안요청서를 만들어야 한다. 이를 위해서는 첫째, 기업현황을 진단함으로써 현재의 정보서비스와 시스템의 문제점을 조사하는 것이다. 둘째, 요구사항을 정의하기 위해서는 업무요구분석과 정보화요구분석이 병행되어야 한다. 업무요구분석은 부서별 또는 기능별 업무수행상의 문제점을 프로세스 관점에서 파악하는 것이며, 정보화요구분석은 정보시스템과 정보서비스의 문제점과 요구사항을 파악하기 위해 부서별, 사용자별 요구를 파악하는 것이다.

3) 제안요청서(RFP : Request for Proposal) 작성과 배부

도출한 요구사항을 근거로 아웃소싱업체에게 배부할 제안요청서를 작성한다. 일반적으로 제안요청서는 다음과 같은 내용으로 구성되지만 아웃소싱의 종류에 따라 매우 다양하게 편집될 수 있을 것이다.

➡ 사업개요

사업명, 사업기간, 사업목적·필요성, 사업자선정 및 계약방법, 주요 사업 내용, 자사의 추진체계, 추정소요예산, 기대효과 등을 기술한다. 사업명은 '2016년 교육비지원 정보시스템 및 나이스(NEIS)-행복e음 연계기능 개선'처럼 구체적으로 명시한다. 공개경쟁입찰이나 수의계약은 사업자선정 및 계약방법에 속한다. 상세한 추진체계는 고객업체가 제안요청서를 작성할 때, 계약 체결 후 사업을 추진할 때 결재를 요하거나 문의와 상담을 할 때 접촉해야 하는 부서나 사람에 대한 정보이므로 매우 중요하다.

➡ 현 시스템의 현황

현재 사용하고 있는 시스템의 연황을 소개한다. 시스템의 기능, 개념도, 업무흐름도, 시스템의 구성도 및 하드웨어, 소프트웨어 현황을 소개한다. 사업자가 발주업체가 필요한 부분을 정확하게 파악하여 양질의 RFP를 제안하고 추후 빈틈 없는 계약을 수립하기 위해서는 최대한 상세한 정보를 숨김없이 제공하는 것이 중요하다.

➡ 제안 요청 내용

제안요청내용은 요구사항과 일반사항으로 나눌 수 있다. 요구사항은 시스템장비구성과 어플리케이션별 기능(명칭, 내용, 신출정보 등)을 기술하므로 시스템의 크기에 따라 RFP

중에 가장 큰 분량이 될 수도 있다.

일반사항은 제안일정, 사업기간, 참여자격, 사업자 선정 및 평가방식을 기술한다. 일반적으로 정부기관은 입찰과 협상에 의한 계약체결방식을 따른다. 사업자에게 제안서 평가기준(예 : 사업이해도, 개발방법론, 기능요구사항, 시스템운영요구사항, 교육훈련 등)과 각각의 배점은 매우 중요한 사항이다. 일반적으로 자격평가는 입찰자격을 심사하는 것이어서 일단 자격평가를 통과하여야 기술평가를 받을 수 있다. 때로 가격평가를 하는 경우도 있다.

➡ 제안 안내

제안서의 효력, 제안서 작성지침, 제안서 제출 방법 등을 안내하며 입찰 및 제안 관련 서식을 첨부할 수 있다.

4) 아웃소싱업체 선정

업체로부터 제안서를 받은 후 이를 평가하여야 한다. 평가를 위해서는 객관적인 평가절차를 수립하고 타당한 평가항목을 설정하여야 한다. 평가팀은 조직내부 인력과 외부 전문가들로 균형감있게 구성하는 것이 좋다. 일반적으로 다음과 같은 평가항목이 포함될 필요가 있으며 각각은 중요도에 따라 가중치가 다를 것이다.

- 재무건전성(신용등급), 보유기술인력, 경험 및 레퍼런스사이트 등
- (프로젝트) 관리능력
- 기술역량 및 방법론
- 시스템(패키지)의 기능
- 가격
- 교육 및 훈련
- 사후관리 등

일반적으로 고객기업의 내부사정을 잘 아는 사람(과거 전산실 직원)이 아웃소싱 업체에 있다면 좋을 것이다. 현장의 업무를 잘 모르는 업체의 직원이 와서 갈팡질팡하면 현업 사용자들이 힘들어지기 때문이다. 특히 아웃소싱 업체 직원들의 이직율을 유심히 관찰할 필요가 있다. 임금, 업무량, 근무시간 등에서 급여와 균형이 맞지 않으면 이직율이 높아지고 그로 인해 서비스의 질은 떨어질 수밖에 없을 것이다.

정보자원계획

Chapter
7
정보자원계획

주요 내용

1. 계획기간에 따라 계획의 성격이 달라짐을 이해한다.

2. IT분야의 계획이 어려운 이유들을 이해한다.

3. 본 장에서는 계획들 돕는 방법론 5가지를 설명하고 있다. 각각의 특성과 용도를 이해한다.

[사례] 시스코

[사례] '에너지 위기 극복' 시나리오 경영

급변하는 경영환경과 기술환경을 전제할 때 미래에 쓸 정보자원을 미리 예측하고 이에 필요한 예산을 사전에 계획(planning)한다는 일은 매우 중요하다. 향후 기업의 시스템이 운영될 IT아키텍처와 인프라는 어떻게 변할지, 기업의 정보처리 수요는 어느 정도 증가할지, 첨단 IT가 기업의 현재와 미래의 전략과 경영방식에 어떠한 영향을 미칠지를 최대한 예측하여 IT투자에 대한 계획을 면밀하게 세우지 않는다면 오늘날 같이 빠르게 변하는 기술 환경에서 기업들은 경쟁우위를 계속 창출해 갈 수 없다.

1. 계획의 종류

계획이란 일반적으로 계획기간(planning horizon)에 따라 장기, 중기, 단기 3가지 유형으로 나눌 수 있다. 이 계획기간에 따라 계획의 성격과 내용은 많이 달라진다. 〈표 7-1〉은 계획의 유형과 특징을 요약해서 보여주고 있다.

표 7-1_ 계획의 종류

계획명	계획기간	초점	이슈	책임자
장기	3-5년	전략적	비전 아키텍처, 사업목표	상위경영층, CIO
중기	1-2년	전술적	자원배분, 프로젝트선정	중간관리자 IS라인 파트너 위원회
단기	6개월-1년	운영적	프로젝트 관리, 회의시간, 예산 목표	IS 전문가, 라인매니저 파트너

6개월-1년을 바라보는 단기 계획은 대부분이 이미 결재가 난 계획들이 많다. 이런 계획들은 필요자원, 스케줄, 비용, 이익에 대한 논의가 이미 끝난 계획들이어서 계획에 큰 변화를 주기는 어렵다. 따라서 프로젝트 관리 시스템을 향상시킴으로써 스케줄, 비용, 성과에 있어 발생할 문제점을 가능하면 줄여가는 전략을 택해야 할 것이다.

1-2년을 바라보는 중기 계획의 경우 계획방법(Planning methodology)을 향상시키므로 계획의 효과를 극대화할 수 있다. 관리 포인트로는 어떠한 프로젝트 관리 기법을 선택하느냐가 이러한 기간의 계획의 효과성에 큰 영향을 미칠 수 있다.

3-5년에 걸친 장기 계획은 대체적으로 구체적인 특정 프로젝트가 구상되기 어렵다. 따라서 경영자가 계획할 때 상당한 유연성을 가질 수 있다. 이렇게 긴 기간에 걸친 계획은 IS아키텍처와 인프라(예: 데이터, 애플리케이션, 네트워크 아키텍처)에 대한 것들을 포함할 수 있다. 특별히 중기 내지 장기계획에는 5장에서 설명한 경영전략과 정보시스템전략의 수립이 포함된다.

2. 계획이 어려운 이유

계획은 다가오지 않은 미래에 실행할 것들을 구상해야 하므로 쉽지 않은 작업이다. 현재를 기점으로 앞으로의 경영환경과 기업의 역량은 계속 변할 것이고 예측이 어렵기 때문이다. 계획이 어려운 이유를 잘 이해하고 계획을 위한 적절한 방법론을 잘 활용하면 계획의 어려움을 어느 정도 극복할 수 있을 것이다. 계획이 쉽지 않은 것은 다음과 같은 이유 때문이다.

1) 사업목적(business goal)과 시스템계획(system plan)이 조율되어야 하기 때문이다

다른 기업이 보유하고 있지 않은 전략적 시스템일수록 사업목적 그리고 세부적인 목표와 잘 조율된 시스템(정보자원)계획이 필요하다. 비록 최고경영자가 기업미션과 사업목적을 매우 민감하게 생각하더라도 정보부문 최고임원인 CIO가 최고경영진에 포함되어 있지 않다면 사업목적과 전략을 논의하는 회의에서 IS의 관점이 소외될 수밖에 없다. 따라서 중장기 사업계획을 수립할 때 CIO의 참여와 의견수렴의 조율이 필요하므로 계획이 복잡하고 장기화될 수 있다. 오늘날 효과적인 사업전략의 수립을 위해 CIO가 최고경영진에 포함되어 전략수립과정에 적극 참여하는 추세를 보이고 있다. 더구나 인터넷전자상거래가 증가함에 따라 CEO 조차 IT에 관심을 가지고 시스템 계획에 직접적으로 참여하는 경향이 높아지고 있다.

2) 기술이 급속도로 변하기 때문이다

기술이 급속도로 변한다는 것은 계획을 포기하라는 것이 아니라 계속적으로 계획을 해야 함을 의미한다. 년 말에 몇 개월간 계획을 수립한 후, 다음 해에 그 계획을 집행하는 년 단위로 계획을 수립하는 일은 이미 시대의 추세에 맞지 않다. 오히려 계획과정은 현재 의사결정의 발판이 될 수 있는 미래에 대한 가장 적절한 비전과 미션을 계속적으로 만들고 이를 수정해 가야하는 것이다. 그런 다음 특정 기술을 계속 관찰하면서 계획의 변경이 필요한지를 지속적으로 관찰해야 한다. 이를 위해 어떤 기업은 '첨단기술그룹(technology focus group)'을 두기도 하다. 예를 들어, 오늘날 급속하게 발전하고 있는 AI기술과 로봇기술은 거의 분기별로 발전상황을 관찰하면서 이 기술이 우리 기업의 생산 및 서비스프로세스에 어떻게 적용될 수 있을지, 경쟁업체는 이 기술을 어떻게 활용하는지를 지켜봐야 할 필요가 있다.

3) 기업은 개별 프로젝트보다는 포트폴리오를 중시해야하기 때문이다

최근에는 개별 프로젝트 선정이 아닌 포트폴리오[1] 개발에 더 중점을 둔다. 이 추세는 프로젝트를 보다 다면적으로 평가해야하기 때문에 보다 정교한 형태의 계획을 필요로 한다. 즉 이 프로젝트가 다른 프로젝트와 어떻게 맞물려가고 보완을 하며 어떻게 균형을 이루는 지를 종합적으로 검토하는 것이 매우 중요해 지고 있다. 후반에 언급될 인터넷 가치 매트릭스(Internet Value Matrix)는 이러한 목적에 적합한 도구라 할 수 있다.

4) IT 인프라개발에 필요한 예산 확보가 쉽지 않다

IT인프라(하드웨어, 소프트웨어, 데이터, 네트워크)의 구축이 중요하다는 사실은 모두가 인정하면서도 이를 위해 자금을 확보하고 투자하는 일은 대부분 기업들이 주저한다. 인프라의 구축은 흔히 대형 개발프로젝트가 진행되면서 수행되며 때로 막대한 예산이 소요된다. 즉 예산 확보가 어려운 사업들을 계획한다는 것은 쉽지 않다. 한편 주요 애플리케이션들을 업그레이드하면서 동시에 인프라도 같이 향상시켜가야 하는 일도 무척 어려운 일이다. 최근 많은 기업들이 메인프레임 기반 아키텍처에서 클라이언트-서버로 변환하고, ERP를 구축하고, 궁극적으로는 인터넷과 연동되는 웹 환경으로 전환하면서 인프라에 대한 투자를 강화하고 있다. 이러한 프로젝트는 시간과 물질이 많이 소요되는 다년간의 과업이 될 수 있다.

5) 공동 책임을 져야하기 때문이다

특히 전사적 시스템이나 현업부서를 지원하는 프로젝트는 IS부서 단독으로 추진할 수 없다. 아울러 CIO가 단독으로 추진한 계획보다는 CEO, CFO, COO와 공동으로 추진한 계획이 보다 많은 호응을 얻고 추진하기도 쉽다. 이제 시스템계획은 더 이상 IT(시스템)계획만이 아니라 사업(비즈니스)계획으로 보아야 한다. 여러 부서의 책임자들의 협업을 전제로 한 계획은 훨씬 더 어려울 수밖에 없다.

---

1) 정보분야에서 포트폴리오(portfolio)란 기업의 정보시스템을 구성하는 다수의 기술들과 애플리케이션들의 구성을 의미한다. 즉 개별적인 애플리케이션이 아닌 여러 애플리케이션의 적절한 조합으로 더 많은 시너지를 얻을 수 있기 때문이다.

3. 계획방법론

어려운 정보자원계획을 좀 더 술술 풀어가기 위해서는 체계적인 방법론, 이론 그리고 기법의 적용이 필요하다. 본 절에서 설명할 계획 방법론은 다음과 같이 5가지이다. 한편 4장에서 이미 설명한 마이클 포터의 「5가지 경쟁적 힘의 모델(Five Competitive Force Model)」과 「가치사슬모델(Value Chain Analysis)」역시 정보자원계획을 위해 활용될 수 있다.

1) 성장단계론(Stages of Growth)
2) 핵심성공요인(Critical Success Factors)
3) e-비즈니스 가치 매트릭스(e-Business Value Matrix)
4) 연관성 분석 계획법(Linkage Analysis Planning)
5) 시나리오 계획법(Scenario Planning)

1) 성장 단계론

놀란과 깁슨(Nolan & Gibson), 두 학자는 많은 조직들이 새로운 기술을 도입한 후 조직 내에 확산되어 가는데 있어 4가지 단계가 있다고 주장했다. 워드프로세스의 도입을 예로 들었지만 주변에 있는 많은 기술(스프레드시트, 동영상편집기, 각종 SNS, 포토앱 등)들이 이러한 과정을 거치면서 시장에서 성숙되거나 때로 소멸되기도 하였다.

• **1단계 : 초기성공**(Early success)

이 단계는 새로운 기술의 사용이 시작되는 단계이다. 비록 어려운 일이 있을 수도 있지만 초창기의 성공적인 기술 도입은 그 기술에 대한 흥미와 실험정신을 유발한다. PC혁명 후 워드프로세스와 프린트기 처음 출현했을 때 엄청난 초기성공을 거둘 수 있었다. 기존의 타자기와 비교할 때 작업한 것을 저장한 후 다시 불러와 재작업을 할 수 있으며, 원하는 만큼 하드카피를 프린트할 수 있어 사무생산성을 획기적으로 향상시킬 수 있었기 때문이었다.

• **2단계 : 확산**(Proliferation)

초기 성공을 기반으로 그 기술을 바탕으로 한 새로운 제품이나 서비스가 시장에 나오면서 그것에 대한 흥미가 급격하게 상승하는 단계이다. 다양한 제품들을 써볼 수 있는 기회는 있지만 성장세가 통제 불능이 되기도 한다. 확산단계는 사용자가 새로운 기술을 접해보고 학습하는 단계이기도 한다. 워드프로세스의 초기성공으로 많은 소프트웨어개발업체들은 다양한 자신의 버전을 제작하여 시장에 출시하기 시작하였다. 직원들은 이 편리한 워드프로세서를 사무실에 가져와 쓰기 시작하였지만, 너무 다양한, 그렇지만 파일형식 등이 호환되지 않는 워드프로세스가 사무실에 난무하기 시작하였고 통제가 어려운 지경에 이르게 되었다.

• 3단계 : 통제(Control of proliferation)

지나친 확산과 성장은 결국 통제의 필요성을 낳게 된다. 경영진은 신기술을 사용하는 비용이 너무 지나치고 다양한 제품과 서비스를 이용하다 보면 낭비적인 요인도 있기 마련이다. 따라서 힘들지만 시스템을 통합하려는 노력을 시작하며, 제품과 서비스의 공급자들도 표준화 노력을 시작한다. 예를 들어, 기업들도 다양한 워드프로세스들 중에 1~2개만을 표준으로 정해 사용하기 시작하였고, 소프트웨어개발업체들도 M&A를 통하여 스스로 시장점유율을 넓혀가거나, 업계 표준을 정해 상이한 패키지들끼리 호환성을 높이기 위한 노력을 하기 시작하였다.

• 4단계 : 성숙된 활용(Mature use)

이 단계에 이르면 특정 기술의 사용이 성숙하게 된다. 기술의 주도적인 디자인이나 스펙이 만들어지면서 다음에 올 신기술의 향방을 설정하기도 한다. 오늘날 국내에서는 아래아 한글과 MS 워드가 워드프로세스 시장의 대부분을 차지하고 있으며, 모든 조직에서 사무자동화도구로 매우 성숙된 사용단계에 이르러 있다. 기업 안에는 여러 개의 상이한 기술들이 각기 다른 단계에 있을 수 있는데, 예를 들어 전자결제시스템은 초기성공 단계이지만 이메일은 성숙된 활용단계에 있을 수 있다.

성장단계론은 기술이 현재 조직의 학습커브에서 어느 수준에 도달해 있는지를 가늠하도록 돕고 그 수준에 맞는 기술개발 및 지원계획을 수립할 수 있다. 각 단계마다 주로 사용하는 핵심기술이 다르며 관리원칙이 다르므로 ITIS전략을 수립할 때 고려해야 하는 요인들을 이해하는데 도움을 줄 수 있다. 현재 멀티미디어(음성, 동영상)를 수신하는 소프트웨어(예: Windows Media Player)나 편집도구가 다양하게 출시되어 있는데 이 기술은 확산 내지 통제의 단계에 이르렀다고 볼 수 있다. 반면에 워드프로세스, 엑셀과 같은 사무자동화 프로그램은 성숙단계에 있다고 볼 수 있다. 과도하게 비용을 증가시키는 기술은 통제해야 할 것이며, 사무생산성 향상에 크게 기여하는 도구가 있다면 성숙된 활용에 이르도록 표준화하고 지원을 아끼지 말아야 할 것이다.

2) 핵심성공요인(Critical Success Factors : CSF)

로카트(Rochart)가 처음 제안한 CSF는 최고경영자가 필요로 하는 정보를 파악하기 위한 방법의 하나로 사용되었다. 기업의 경영 상태는 몇 가지 핵심적인 영역 내지 지표(현금흐름, 부채비율, 시장점유률 등)를 잘 관찰하면 알 수 있으며, 이러한 영역(지표)들은 경영자에 있어서 CSF라고 할 수 있다. 대개 경영자가 관심을 갖고 지속적으로 모니터링을 해야 할 이러한 영역들은 열 개 이하에 지나지 않는다. 경영자의 CSF는 다음 4가지 소스로부터 도출할 수 있다.

(1) 현재 사업을 하고 있는 산업 또는 업종에 관한 요인들

정유업의 경우 국제유가의 변동이나 중동의 정세가 경영자들이 늘 관심을 두어야 할 지표라 할 수 있으며, 증권회사의 증권분석가에게는 미국이나 일본의 주가지수의 변동이 CSF라 할 수 있다.

(2) 기업 자체에 관한 요인들

기업이 해당 업종 내에서 차지하는 위치에 따라 CSF는 달라질 것이다. 경영자에게 매일 매일의 현금흐름, 결재 어음의 규모, 재고수준, 생산량 등이 CSF가 될 수 있다. 어떤 업종에서는 대기업이나 경쟁업체가 취하는 일련의 전략적 행동이 중소기업이 관심을 가져야 할 CSF가 될 수 있을 것이다.

(3) 기업 환경

사회적 변화, 인구통계적 변화, 소비자취향의 변화, 기타 정치, 경제적 요인과 같은 환경적 요소도 기업의 CSF가 될 수 있다. 예를 들어, 정유업의 경우 국제유가와 환율이 중요한 요인이므로 중동을 비롯한 국제적 정세가 CSF가 될 수 있다. 최근에는 전자상거래와 사이버무역의 발전으로 인터넷 관련 기술의 발전도 많은 CEO들에게 있어 CSF가 되고 있다.

(4) 일시적인 조직 요인

일시적으로 용납될 수 없는 재고부족, 노사분규, 제품결함에 대한 언론보도 등도 기업의 CSF가 될 수 있다.

이 CSF는 산업, 업종, 시장 내 위치, 중역의 직책, 시기 등에 따라 매우 다양하다. CSF를 조사하다보면 기업의 미션, 목적(goal), 목표(objectives) 리스트를 만들고 그 목적을 이루기 위한 미래전략을 찾을 수도 있다. 아울러 이런 요인을 정량화해서 측정할 수 있는 지표를 찾아내는 일이 쉽지 않지만 매우 필요하다. 어떤 요인은 객관적인 지표로써 쉽게 측정될 수 있지만 주관적 의견, 사회적 인식, 느낌과 같은 소프트한 요인들도 CSF를 발굴하는데 활용될 수 있다.

CSF를 연구하다보면 조직과 경영자가 미래에 필요한 IT서비스와 정보시스템에 대한 필요성을 파악할 수 있게 되고 이를 근거로 미래시스템을 계획하는데 활용할 수 있다. 예를 들어, 잦은 불량으로 인해 고객의 불만이 증가하는 상황에서 자재관리와 공정관리에 필요한 자동화시스템을 계획할 수 있을 것이다.

3) e-비즈니스 가치 매트릭스(e-Business Value Matrix)

기업들은 제한된 자원을 다양한 사업과 IT프로젝트에 적절하게 분배해야 한다. 특히 CIO는 대기 중인 수많은 프로젝트들의 우선순위를 정하는 일에 큰 어려움을 겪고 있는데 포트폴리오 분석 방법이 큰 도움을 줄 수 있다. IT프로젝트의 우선투자순위를 결정하기 위해 미국의 Cisco사[2]가 개발한 포트폴리오 분석방법을 'e-비즈니스 가치 매트릭스'라고 부른다. Cisco는 관심을 가져야하는 여러 프로젝트가 자사에 대해 가져다주는 가치(value)를 평가하여 다음 4가지 범주로 분류하였다.

---

2) 네트워크 장비 제조업체

- 새로운 근간들(New fundamentals)
- 운영적 탁월(Operational excellence)
- 합리적 실험(Rational experimentation)
- 급진적 혁신 전략(Breakthrough strategy)

각 프로젝트의 가치는 〈표 7-2〉처럼 i) 사업을 향한 중요성, ii) 아이디어의 참신성이라는 2가지 관점에서 높고/낮음으로 평가하였다. 4 범주의 프로젝트의 특징은 다음과 같다.

표 7-2_ e-비즈니스 가치 매트릭스

프로젝트의 가치	사업을 향한 중요성	아이디어의 참신성
새로운 근간들	낮음	낮음
운영적 탁월	높은	낮음
합리적 실험	낮음	높음
급진적 혁신 전략	높음	높음

(1) 새로운 근간들(New fundamentals)

사업을 운영하는데 핵심부문이 아닌 비용(overhead)부문에서 새로운 업무방식을 구현하는데 필요한 프로젝트를 말한다. 프로젝트의 위험도는 낮은 편이며, 생산성의 향상에 초점을 두는 프로젝트이다. 이러한 프로젝트는 운영방식(프로세스)을 개선함으로서 현저한 비용절감효과를 가져다줄 수 있다(예: 웹기반 보고서, 전자결제시스템). 이러한 프로젝트는 3-6개월 이내에 현격한 생산성의 향상을 보여줄 수 있도록 신속하게 관리되고 집행되어야 한다. 이러한 프로젝트는 흔히 IS부서에 의해 사용자들의 깊은 참여 없이 신속하게 진행되며, 업무방식이 바뀌는 프로젝트이므로 기업문화의 변화도 수반되어야 한다.

(2) 운영적 탁월(Operational excellence)

운영적 탁월을 추구하는 프로젝트는 정보의 공유와 신속한 접근을 통한 프로세스

리엔지니어링을 필요로 하며 중간정도의 위험도를 가진 프로젝트를 말한다. 즉각적인 효과나 보상을 기대하기는 어렵지만 일반적으로 고객만족의 증대와 기업의 유연성의 향상이라는 목표를 달성하는데 필요한 프로젝트이다. 이러한 프로젝트는 구성원들에게 성과를 쉽게 보여줄 수 있기에 IS부서의 신뢰성을 높이는데 크게 기여를 할 수 있는 프로젝트이다(예: 중역정보시스템). 이러한 프로젝트의 기간은 대략 12개월이며, 추진 프로젝트팀은 여러 부서에서 차출되는 직원들로 구성된다.

(3) 합리적 실험(Rational experimentation)

합리적 실험은 새로운 기술이나 아이디어를 실험하는 프로젝트여서 위험도가 매우 높다. 실험하고자 하는 개념(아이디어)이 옳은지를 검증하는 일이 주 목적이어서 몇 개월 정도 단기간에 끝낼 수 있어야 한다. 경쟁업체를 앞지르는 경쟁적 우위를 갖고자 하는 기업은 이러한 프로젝트를 적어도 몇 개는 진행시켜야 할 것이다. 예를 들면, 드론을 이용한 물류관리, 3D프린터 이용 시제품 개발, AI기반 고객센터 등이 여기에 해당된다.

이러한 프로젝트는 실험적이므로 실패하더라도 기업에 큰 타격을 줄 정도는 아니지만 성공할 경우에는 큰 사업적 기회가 될 수 있다. 이러한 인큐베이터 프로젝트는 단기간에 수행되는 실험형 사업이며 예산도 단계적으로 증액시켜가야 한다. 풀타임 직원을 팀원으로 하여 프로젝트에 전념하게 할 필요가 있으며 반드시 IT부서 출신일 필요는 없다. 오히려 다양한 배경의 직원들을 모아 팀을 구성하는 것이 낫다. 그리고 실패하더라고 프로젝트 참여 직원들에게 책임을 물어서는 안 된다.

(4) 급진적 혁신 전략(Breakthrough strategy)

급진적 혁신 전략은 기업이나 그 업계에 엄청난 파급효과를 가져다 줄 수 있는 프로젝트이며, 많은 상상력이 요구되며 위험부담이 높은 프로젝트이다. 예를 들면, 초창기 e-Bay(인터넷경매회사)는 사고파는 행위에 있어 세계적인 혁신을 일으킨 기업이었으며, 델컴퓨터도 온라인주문시스템의 구축을 통하여 PC 등 하드웨어 유통에 혁명을 일으킨 업체이다. 많은 기업들이 파트너 기업들과 엑스트라넷을 기반으로 한 SCM(공급망관리시스템)을 구축함으로서 엄청난 운영적 효율성도 얻을 수 있었다.

기업 내에서 소규모 벤처(스타트업)회사로 출발하며 엄청나게 많은 투자를 요구할 수도 있다. 필요한 인재를 사내 여러 부서로부터 차출하며 차출된 구성원이 긴밀하게 협력할 수 있도록 지원해야 한다. 일반적으로 이러한 조직은 독립적으로 운영되며 최고경영자(CEO, CFO)에게 직접 보고하는 체계를 갖게 된다.

사례

시스코

미국의 시스코(Cisco)는 네크워크 장비 제작과 판매에 있어 세계 최고인 회사이다. 시스코는 IT프로젝트 포트폴리오 관리를 위해 앞에서 설명한 e-비즈니스 가치 매트릭스(e-Business Value Matrix)를 활용하였다. 새로운 근간들(New fundamentals), 운영적 탁월(Operational excellence), 합리적 실험(Rational experimentation), 급진적 혁신 전략(Breakthrough strategy)에 해당하는 시스템의 예를 들어보자.

➡ 새로운 근간들(New fundamentals)

중역들에게 있어 출장비 정산과 보고서 작성은 매우 성가신 일이다. 시스코는 15명으로 구성된 팀(그 중에 8명은 IT부서에서 차출)을 만들어 쉽게 쓸 수 있는 온라인 출장정산 및 보고시스템(Metro)을 구축하였다. Metro는 출장비를 정산하는 방식을 근본적으로 바꾼 시스템이라 할 수 있다.

직원이 출장비를 정산하려면 그냥 웹사이트에 들어가서 보고서를 작성하기만 하면 된다. Metro는 직원이 회사의 출장방침을 준수했는지 확인을 해주며, 환율 조회를 위해 경리부서와 자문을 해주기도 한다. 일단 제출된 보고서는 결제라인에 있는 상사에게 돌게되고 그 과정에서 보고서의 목적, 출장비용, 출장방침의 준수여부를 설명해준다. 결제과정에서 문제가 없으면 2-3일 안으로 출장비를 직원의 계좌에 지불해 준다. 이 시스템은 매우 편리해 많은 직원들이 이 시스템을 빨리 받아드렸다.

➡ 운영적 탁월(Operational excellence)

시스코의 중역들은 해당 부서의 성과를 일목요연하게 볼 수 있는 중역정보시스템 서비스를 받고 있다. 중역정보시스템의 각 메뉴들은 기업의 데이터 웨어하우스와 연결되어 있다. 중역정보시스템은 중역에게 꼭 필요한 정보를 24시간 업데이트하여 제공하며, 중역이 원할 때 신속하게 상세정보에도 접근할 수 있도록 도와준다. 그래서 언제라도 자신이 책임지고 있는 부서의 성과(수입, 지출, 시장점유율, 이율 등)를 확인할 수 있다.

➡ 합리적 실험(Rational experimentation)

정보가 물 흐르듯 하게하고, 보다 정교한 전략적 기술을 구사하기 위해 시스코는 Delta Force라는 시스템을 만들었다. 애플리케이션과 최종사용자 사이에는 항시 갭이 있기 마련이다. 경영자는 자신의 복잡한 문제해결을 위해 정교한 모델로 구성된 시스템을 원하지만 IT개발자는 정작 그러한 시스템을 제공하기 어려워하고, IT개발팀이 힘겹게 만든 시스템이지만 용도가 경영자에게 딱 맞지 않는 경우가 비일비재하다. 그래서 시스코는 지속적으로 실험적 시스템을 시도해 오고 있다. 예를 들면, IPTV(스마트TV)를 통해 전 직원들이 온라인으로 회의를 할 수 있는 시스템을 만들었다. 만일 시스템이 유용한 것으로 증명이 되면 신제품교육을 할 때 활용할 수 있을 것이다.

➡ 급진적 혁신 전략(Breakthrough strategy)

시스코는 앞에서 배운 가상가치사슬(SCM)의 구축을 급진적 혁신 전략으로 보았다. 26개의 공장이 시스코 제품을 생산하고 있는데 시스코가 소유하고 있는 것은 5개에 지나지 않는다. 따라서 '감지와 대응(Sense-and-Respond) 전략'을 구사하기 위해 시스코는 자본을 설비에 너무 묶이지 않도록 하고, 효과적인 공급망(supply chain)구축을 통해 경쟁력을 확보해야 한다. 쉽지는 않겠지만 시스코가 시도하는 가상가치사슬망 또는 가상제조시스템이 만일 잘못된다면 시스코는 심각한 타격을 받을 수 있다. 그렇지만 이 프로젝트가 성공할 경우에는 시스코에 엄청나게 큰 이익을 가져다 줄 수 있기 때문에 시도를 하는 것이다.

기업들은 자신의 IT포트폴리오를 분석해 보고 취약한 영역을 찾아 이 분야에 우선순위를 높인 사업 및 IS계획을 수립할 수 있을 것이다. 메드사는 1990년대에 자신들이 보유하고 있는 시스템들의 특성을 중심으로 포트폴리오분석을 하였다. 그 결과 자신들이 보유하고 있는 시스템들이 주로 효율적인 내부운영과 전통적 제품과 프로세스를 지원하고 있다는 사실을 알았고, 향후 노력을 i) 운영의 구조적인 변화를 주는 방향(비즈니스 리엔지니어링)과 ii) 공급자와 고객을 연결하는 네트워크의 확장(SCM의 확충)에 더 치중하기로 결정하였다.

4) 연관성 분석 계획법(Linkage Analysis Planning)

연관성 분석 계획법은 전자적 채널을 이용하기 위한 전략을 구축할 목적으로 다른 조직들과 맺고 있는 연결고리를 분석하는 방법이다. 연관성 분석 계획은 다음과 같은 3단계를 거친다.

① 다양한 관련 조직들과 파트너들의 힘의 역학구조(power relationship)를 규명한다.
② 공급자, 고객, 전략적 파트너를 포함한 '확대기업(extended enterprise)' 그림을 그린다.
③ 제품이나 서비스의 정보부분을 전달하는 전자채널을 계획한다.

(1) 힘의 역학구조를 정의한다.

기업간 전자적 링크(electronic link)를 만들기 위한 전략을 수립하기 위해서는 먼저 기업과 연관을 맺고 있는 공급자, 고객, 경쟁업체, 정부기관들 사이에 존재하는 힘의 역학구조를 이해할 필요가 있다.

이를 위해 프리모직 등은 마이클 포터의 '5가지 경쟁적 힘의 모델'에서 나온 i) 경쟁의 강도, ii) 공급자의 협상력, iii) 구매자의 협상력, iv) 대체재의 위협, v) 신규 경쟁업체의 진입 위협이라는 5개 경쟁적 요소에다 기술, 인구통계, 글로벌 경쟁 환경, 정부의 규제 등을 추가한 모델을 제시하였다. 프리모직 등이 제시한 2단계는 다음과 같다.

① 파워(권력)을 가진 조직을 찾는다. 즉 협상력이 더 크거나 미래에 위협이 될 수 있는 링크를 가진 조직이 있는지를 확인한다.
② 기업이 직면하고 있는 미래의 위협과 기회를 찾는다.

이어 구체적인 분석은 다음과 같은 과정을 밟는다.

① 먼저 기업이 타 조직들과 관계를 맺고 있는 모든 연관관계(linkage)를 찾는다.

② 각 연관관계를 어느 조직이 통제하고 있는지 알아본다.

③ 아무도 통제하지 않고 있는 그러나 중요한 연관관계를 찾아 통제하는 방법을 찾는다.

21세기에 성공하는 기업들은 이렇게 찾아낸 연관관계를 전자적 채널로 연결하고 이를 통제하는 기업일 것이다.

(2) "확대기업"을 그린다.

전 단계에서 얻은 해답을 근거로 '확대 기업'그림을 그려야 한다. "확대 기업"이란 자신의 기업과 그 기업과 교류를 하는 모든 조직들, 즉 공급업체, 유통업체, 고객, 주주, 정부기관 등을 모두 포함하는 조직개념이다(〈그림 7-1〉참조).

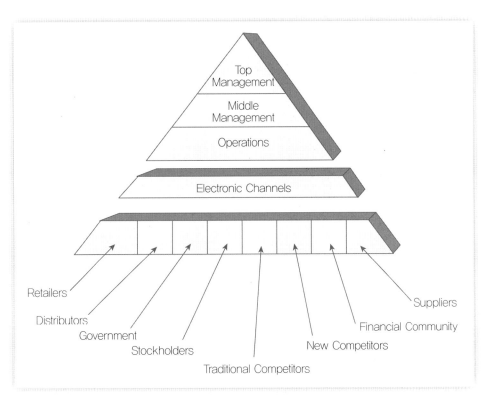

※ 그림 7-1 _ 확대기업

'확대기업'을 그려봄으로서 경영자는 확대기업의 개념을 이해할 수 있게 되고 그 속에 존재하는 관계를 관리할 필요성을 느끼게 된다. '확대기업' 관리를 위한 두 가지 원칙은 다음과 같다.

① 기업의 성공은 직원, 관리자, 공급자, 제휴업체, 유통채널 등을 포함하는 모든 개체들과의 관계에 의해 좌우된다.
② 재화와 서비스 비용의 70%는 정보 콘텐츠가 차지하므로 전략적 도구로써 정보를 관리하는 일이 매우 중요하다.

확대기업에서 관련 조직들이 모두 성공하기 위해서는 상생에 필요한 윈-윈(win-win) 전략을 구사해야 한다. 예를 들면, 공급자는 구매자에게 JIT(just-in-time)방식으로 부품을 공급을 해 줌으로서 재고비용을 줄이는데 기여하는 한편, 구매자는 부품이 공급되는 즉시 전자적으로 현금을 지불함으로써 유동성의 이익을 제공한다.

(3) 전자채널(electronic channel)을 계획하라.

전자채널이란 오늘날 제품이나 서비스에 가치를 부여하는 정보와 지식을 생성하고, 유통하고, 제시하는데 사용되는 전자적 링크, 즉 네트워킹을 말한다. 전자채널은 마케팅, 사무, 유통, 고객서비스와 같은 부문에서 필요한 제품·서비스의 정보의 창출에 초점을 둔다. 이 전자채널을 지배하는 기업은 틈새시장(niche market)이 부상할 때마다 신속하게 그 시장에 접근할 수 있기 때문에 21세기의 성공적 기업이 될 것이다. IT의 도입으로 세계는 보다 좁아지고 빨라지면서, 가장 긴 효율적인 전자채널을 확보한 기업이 21세기에 경쟁적 우위를 확보할 것이다.

연관성분석계획법을 이용하면 자신뿐만 아니라 관련 조직들까지 전체를 볼 수 있는 시각을 가질 수 있어 보다 복잡하게 얽혀 있는 다양한 이슈들을 발견할 수 있으며, 그런 확대기업의 성공에 결정적인 영향을 미치는 전자채널의 확대와 통합에 필요한 각종 노력들을 계획할 수 있다.

5) 시나리오 계획법

시나리오란 연극이나 영화를 만드는데 필요한 대본에서 나온 용어로써 미래에 경제나 국가 그리고 사업 환경이 어떻게 전개되어 갈지를 얘기하는 스토리라 할 수 있다. 시나리오가 있으며 사람들은 실제로 변화하는 삶의 다양한 관점을 보다 잘 이해할 수 있고, 그로 인해 시나리오에 서술된 미래에 도달하는 길을 쉽게 모색할 수 있다.

시나리오 계획법은 미래를 예측하려는 것이 아니라 달라질 미래를 결정짓는 힘(요인)을 탐색하고 이러한 변화가 일어날 때 선택해야 하는 행동을 사전 예측함으로써 실행을 돕는다.

우리는 과거의 자료를 정교하게 분석하여 장기계획을 수립하는 방법을 잘 알고 있지만 이러한 방식은 커다란 추세변화를 동반하는 확률이 낮은 이벤트(변화)를 예측하는 데는 적합하지 않다. 그래서 시나리오 기법이 필요하다. 시나리오 계획법은 다음과 같은 4단계를 거친다.

(1) 해결해야 하는 문제와 분석에 포함되는 시간대를 정의한다

이 때 CIO가 던질 수 있는 질문의 하나는 "지금부터 10년까지 정보시스템은 어떻게 관리되어야 할 것인가"이며, IS요원의 질문은 "성공적인 커리어개발을 위해 지금 내가 갖추어야 하는 기술은 무엇인가"가 될 수 있다.

(2) 해결해야 하는 문제에 지대한 영향을 미칠 주요 트렌드를 찾는다.

일반적으로 시나리오 기획자는 이런 트렌드를 사업환경, 정부와 규제, 사회적 트렌드, 기술적 트렌드, 글로벌 환경이라는 카테고리를 이용하여 분류한다. 도출된 트렌드들은 각각이 미칠 영향력이나 영향의 방향성 측면에서 검토되어야 할 것이다. 영향력을 측정하기도 어렵고 때로 상충되는 트렌드는 '불확실한' 트렌드로 분류하여야 할 것이다.

(3) 몇 가지 불확실한 요인을 찾는다.

이러한 불확실한 요인은 불확실성의 강도에 따라 '높음', '낮음'으로 나누고 각각에 대해 별도의 시나리오를 만들므로 4개의 시나리오를 도출하게 된다. 이 단계는 현실적으로 일어날 수 있는 확률이 가장 높은 시나리오만이 아닌 예상 밖으로 전개될 수 있는 독특한 미래 상황도 고려해 넣기 위해서이다.

(4) 시나리오를 쓴다.

각 시나리오는 불확실성과 일어날 가능성에 근거하여 쓰여진다. 일어날 가능성을 시나리오에 반영하기 위해서 시나리오 기획자는 미래의 진로를 바꿀 수 있는 '촉발 사건(triggering event)'을 포함한다. 촉발 사건의 예는 세계적으로 충격적인 사건(9.11 테러 사건, 한미 FTA 통과, 금융위기), 어떤 그룹이 내린 행동(법원의 주요판결), 사업적 사건(엔론, 월드콤 등 거대기업의 파산)이 될 수 있을 것이다. 시나리오는 과정의 결과와 어떻게 그 결과에 이르는지를 서술한다.

경영자는 이렇게 개발된 시나리오들을 손에 들고 자신의 현재 전략이 각각의 경우에 유효한지를 고심해야 한다. 현재 보다 나은 전략은 없는 지를 고심하고 트렌드의 변화를 감지하는데 필요한 측정기준도 설정해야 한다.

'에너지 위기 극복' 시나리오 경영

'시나리오 경영'이란 말을 들어 보았는가? 어디로 튈지 모르는 불확실한 상황에서 미래에 닥칠 몇 가지 큰 방향을 그려 보는 일이다. 영화를 찍기 전에 미리 시나리오를 써두는 것과 마찬가지다. 단 시나리오가 한 가지가 아니라 여러 가지라는 데 차이가 있다. 나아가 각 시나리오가 현실이 된다는 가정 하에 벌어질 구체적인 상황을 예상하고, 그에 걸맞은 대안을 고민해 보는 일이다. 이 경우엔 이렇게, 저 경우엔 저렇게' 식의 미래 전망이 무슨 의미가 있느냐며 냉소(冷笑)하는 사람도 있다. 그러나 어떤 식이든 미래를 미리 예상해 보는 작업은 의미 있다. 돌발 상황이 닥치더라도 미리 예상해 본 범주 안에 있다면 당황하지 않고 대응할 수 있기 때문이다.

40여 년간 시나리오 경영기법으로 톡톡히 효과를 본 회사가 바로 로열더치쉘이다. 에너지산업처럼 전쟁·천재지변·정치적 소요·사회적 격변 등 다양한 외부 요소들의 영향을 받는 산업에서 중요한 전략적 결정을 내리는 데 시나리오 분석은 빠뜨릴 수 없는 핵심 요소이다. 네덜란드의 에너지 기업 로열더치쉘(Royal Dutch Shell)은 1970년대에 시나리오 분석을 통해 두 차례의 오일쇼크 가능성을 예측하고 성공적으로 대응했다. 그 결과로 1970년대 초 업계 5위권에서 1970년대 후반 2위로 뛰어올랐다. 이 회사엔 1971년 피에르 벡(Wack)이라는 미래학자의 주도로 시나리오 분석팀이 만들어졌으며, 현재 정치·경제·사회·과학 등 각 분야의 세계적 전문가 12명이 일하고 있다. 쉘의 전략 두뇌 집단이다.

이 사례는 두 부분으로 나뉜다. 첫째는 '시나리오 경영 전문가' 공초운(Khong Cho-Oon) 쉘 수석 정치분석가와 인터뷰이며, 둘째는 쉘이 실제로 어떠한 과정을 거치면서 시나리오를 작성하는 지를 설명한다.

Part I

Q. 쉘이 시나리오 작업에 뛰어든 계기는 뭔가요.

A. 1970년대 초 쉘의 일부 경영진은 미래의 불확실성에 대해 불안감을 느끼면

서 장차 사업에 악영향을 미칠 수 있는 것이 있다면 어떤 것이 있을지 알고 싶어 했습니다. 그래서 미래학자들의 미래 전망 기법을 도입해 앞으로 일어날 수 있는 일에 대한 다양한 방향성에 대해 몇 가지 시나리오를 내놓기 시작했죠. 1970년대 초에 나왔던 한 가지 시나리오는 에너지산업이 직면할 수 있는 가장 큰 도전 과제 중 하나로 에너지 공급이 차질을 빚는 상황을 제시했습니다. 그 원인 중 하나로 지목한 것이 중동(中東)의 불안정한 정세였습니다. 그런데 실제로 1973년도에 첫 번째 중동 전쟁이 발발하면서 시나리오에 나왔던 에너지 공급 차질(오일 쇼크)이 빚어졌습니다. 시나리오를 심각하게 받아들이고 미리 대비했던 쉘은 위기를 잘 넘겼고, 경쟁 기업들을 젖히고 올라섰습니다. 시나리오의 덕을 톡톡히 본 것이죠. 그 이후에도 쉘의 시나리오는 상당히 성공적이었습니다. 2000년대의 유가 상승 가능성과 1990년대의 반(反) 세계화 움직임도 예측했죠.

Q. 시나리오 작업은 어떻게 합니까?

A. 우선 제가 이끌고 있는 12명의 전문가들이 서로 분야를 나눠 관련 정보를 모읍니다. 주로 각 분야의 사람들을 인터뷰하는데, 대화 상대가 워낙 많아서 일일이 언급하기가 힘들 정도입니다. 그들과 함께 워크숍도 자주 갖습니다. 12명 팀원이 각각 인맥도 다르고 정보 소스도 달라서 정말 다양한 정보들이 모입니다. 다양한 내부 모델링 작업을 통해 구체적인 수치도 산출해 보죠. 올해 발표한 2050년까지의 장기 에너지 시나리오의 경우는 약 2년여의 시간이 걸렸습니다. 특정 국가나 주제에 초점을 맞춘 세부적인 시나리오에 대한 작업도 했지요. 이런 세부 시나리오는 몇 개월 만에 만들 수도 있습니다.

Q. 시나리오 작업을 잘 하는 비결은 무엇인가요?

A. 첫째, 서로 다른 의견을 존중할 수 있어야 합니다. 합리적인 사람이라면 항상 비슷한 생각을 할 것 같지만, 실제로는 전혀 그렇지 않습니다. 같은 일에 대해서도 저마다 다른 시각이 있을 수 있다는 것을 받아들이고, 적극적으로 포용해 통합하는 포괄적인 시각을 가져야 합니다. 둘째, 시나리오 토론 과정에 핵심 경영진이 참여해야 합니다. 시나리오 분석은 예상의 정확성이 중요하겠지만, 경영진이 시나리오를 보고 구체적으로 뭔가 행동에 나서는

가가 더 중요합니다. 시나리오 분석 결과를 사후 보고 받는 것만으로는 기업 고위층이 뭔가 영감을 받기 힘듭니다. 직접 시나리오 토론 과정에 참여하면 스스로 열린 사고를 가지게 되고, 시나리오의 의미를 더 잘 이해하게 됩니다. 셋째, 한번 결론이 난 사안이라고 하더라도 끊임없이 의문을 던지고 도전해야 합니다. 미래의 가능성은 항상 열려 있으니까요.

시나리오는 도전적이어야 합니다. '지금 하던 대로 계속하라'거나 '미래는 지금 하고 똑같을 것'이라는 시나리오는 의미가 없습니다. 시나리오를 만들 때는 모든 것이 불확실해 보입니다. 하지만 단 하나 확실한 것이 있습니다. 미래에 변화가 있을 것이라는 사실이죠."

Part II

쉘은 에너지 기업인만큼 에너지관련 시나리오를 짠다. 시나리오의 배경엔 세 가지 전제가 있다. 첫째, 인구 증가와 경제 발전으로 에너지 소비가 지속적으로 증가하고 있다. 둘째, 에너지가 고갈되고 무기화되면서 에너지 수급 불균형의 우려가 커진다. 셋째, 이산화탄소 배출량 증가로 인한 환경 문제가 날로 심각해지고 있다.

이 세 가지 전례를 중심으로 장차 어떤 일이 벌어질 수 있을까? 쉘은 두 가지 시나리오를 내놓았다. 하나는 이전투구(泥田鬪狗·scramble) 시나리오이고, 다른 하나는 청사진(blue print) 시나리오이다.

전자는 세계 각국이 에너지 확보 경쟁을 벌이며, 위의 세 가지 에너지 문제에 저마다의 방식으로 대처하다가 심각한 에너지 위기를 겪게 될 경우를 가정한다. 이 경우 지구 온난화는 가속화되고, 국가 간 갈등은 첨예해질 것이다. 후자는 반대로 탄소 배출량 절감을 위한 국가 간 공조 체제가 등장할 경우를 가정한다. 탄소 배출권 거래가 활성화되고, 다양한 형태의 신재생 에너지와 청정 연료가 보급된다(현재 이 시나리오가 진행되는 듯 하다.)

비관적인 시나리오와 낙관적인 시나리오를 하나씩 내놓고, 둘 중 어느 쪽도 될 수 있다니 싱겁게 느껴진다. 시나리오 분석의 태생적 한계일 것이다. 하지만 각 시나리오에 따라 전개될 상황을 구체적으로 묘사해 보는 데 의의가 있다. 그런 작업을 통해 상식과는 다른 통찰력을 얻을 수도 있다.

예를 들어 쉘이 두 시나리오에 따라 2050년의 신재생 에너지 사용량을 예측했다. 그랬더니 청사진 시나리오보다 이전투구 시나리오 쪽의 신재생 에너지 사용량이 약 40% 많은 것으로 추정됐다(아래 그림 참조). 상식적으로는 그 반대이어야 하는 것 아닐까? 바로 그런 점 때문에 시나리오 분석 방법이 필요하다. 상식으로는 놓치기 쉬운 부분을 훨씬 더 현실적으로 보여준다. 이전투구 시나리오는 각국이 에너지 국수주의적인 정책을 추진하는 시나리오이다. 따라서 에너지 위기가 닥칠 때 각국 정부는 신재생 에너지에 대한 보조금을 대거 투입해 신재생 에너지의 비중을 크게 끌어올린다. 청사진 시나리오의 경우도 물론 신재생 에너지 사용이 늘어나지만, 그 속도는 상대적으로 느리다.

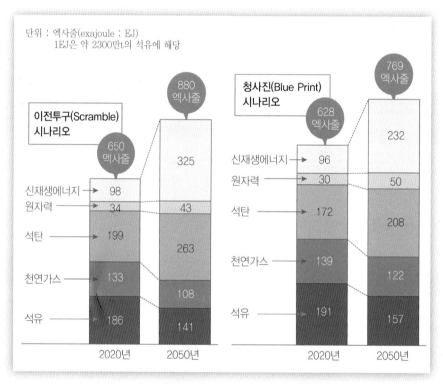

쉘이 전망한 미래 에너지별 사용량

그렇다고 해서 이전투구 시나리오가 더 좋다는 의미는 결코 아니다. 전체적인 에너지 소비량 예측을 보면 청사진 시나리오 쪽이 이전투구 시나리오에 비해

14% 정도 적다. 국가 간 협력을 통해 에너지 소비량이 줄어들고, 에너지 소비 효율성도 높아지기 때문이다. 물론 이산화탄소 배출량도 훨씬 적다.

어느 시나리오로 가든 원자력의 비중이 전체 에너지의 4.9~6.5%(청사진 쪽이 6.5%이다) 정도로 매우 낮게 예측된 점도 특이하다. 국제원자력기구(IAEA)는 2050년의 원자력 비중을 최대 11.9%로 예측했다. 원자력 같은 특정 에너지가 만병통치약이 될 수는 없다. 원자력 발전에 쓰이는 우라늄은 매장량이 희소한 자원이기 때문이다. 시나리오에서 원자력의 비중을 낮게 보는 이유 중 하나이다(현재 2017년 문재인 정부의 원전폐기정책을 예측한 듯하다).

☞ 시나리오 경영이란?

미래에 대한 불안감이 높은 상황에서 위험 요인을 최소화하기 위한 계획기법이다. 정치·경제·사회적 변화 요인과 이것이 기업에 미치는 영향을 여러 갈래의 각본으로 작성하고, 각각의 상황에 대한 대응책을 만들어 본다. 1990년대 초반 일본에서 큰 호응을 얻었고, 우리나라에서는 1996년 이건희 삼성그룹 회장이 신년사에서 언급하면서 널리 알려졌다.

자료원 : http://biz.chosun.com/site/data/html_dir/2011/01/07/2011010701109.html#csidxfd649fcb9137b0c90d713e7ef68fdd9(Weekly BIZ, "다가올 에너지 위기 '시나리오 경영'으로 대비하라", 정철환).

Chapter

8

경영혁신과 정보기술

Chapter

8 경영혁신과 정보기술

1. 경영혁신의 개념과 IT의 역할

    넓은 의미에서 경영혁신은 환경 변화에 대응하기 위한 조직의 의도적이고 주도적인 변화와 혁신노력을 통칭하는 개념이다. 오늘날까지 존재하는 모든 기업들은 이 혁신노력을 게을리 하지 않았기 때문에 시장에 생존해 있다고 할 수 있다. 따라서 수명을 100년을 넘긴 '위대한' 기업들 그리고 그 기업을 이끌었던 CEO들은 사실 대단한 사람들로 칭송받기에 충분하다.

    오늘날 첨단정보기술은 이러한 경영혁신을 주도하는 원동력이 되고 있다. 정보기술(IT)이 경영혁신을 촉진하는 탁월한 기반기술로 인정되고 있는 두 가지 근본적인 이유는 첫째, IT를 통해 기업의 목표, 구조, 인력, 기술, 과업 등을 조정, 연계, 통합함으로써 조직의 생존이나 성과향상이 가능하기 때문이며, 둘째, IT는 경영혁신을 통해 환경변화에 대한 적응, 기업성과의 향상, 직원의 근무환경개선 등을 동시에 성취하는 데 기여할 수 있기 때문이다.

IT가 기업의 경영혁신에 미치는 영향력은 산업차원에서 기업차원에 이르기까지 매우 광범위하다. 첫째, IT는 기업의 환경을 결정짓는 산업(업종)의 특성을 변화시키기도 한다. 예를 들면, 초창기에 American Airline의 SABRE(Semi-Automatic Business-Research Environment)는 단순한 좌석예약시스템에 지나지 않았다. 그러나 AA는 이 예약시스템에 숙박시설, 렌터카예약 등 여행과 관련된 모든 서비스를 연계한 토털 서비스를 제공하는 방향으로 발전시킴으로써 AA가 미국 내 항공업계에서 주도적인 지위를 오랫동안 누릴 수 있도록 하는데 크게 기여하였다. Amazon.com도 전자상거래가 확대되는 상황에서 도서판매에 있어 산업계의 판도를 바꾼 업체이다. 아마존은 책이 온라인으로 판매하기 매우 유리한 상품으로 판단하고 엄청난 규모의 전자상거래 사이트를 개설함으로써 기존의 오프라인 대형서점들을 크게 위협하였으며 일부 대형서점들을 몰락으로 이끌기도 하였다. 애플의 i-tunes서비스 역시 IT가 음원 콘텐츠의 유통산업을 혁신한 사례로 볼 수 있다. 인터넷을 기반으로 한 음원판매사이트의 출현으로 이제 오프라인 음원 유통관련업 전체가 경쟁력을 상실하였다.

2. 비즈니스 프로세스의 혁신

경영혁신(managerial innovation)이란 최고경영자부터 말단 직원에 이르기까지 주도적이며 의도적인 목적을 가지고 여러 분야에서 다양한 방식으로 경영활동에 변화를 추구하는 것을 의미한다. 변화의 목적은 결국 앞서 경영전략을 수립할 때 설명하였던 기업의 사명과 목표의 달성으로 귀결된다. 앞서 American Airline은 기존 좌석예약시스템을 고도화함으로써 이용자의 편의성을 높였으며, 아마존은 편리한 전자상거래사이트를 구축하여 고객에게 다양한 서비스를 저가로 제공하였다. 즉 두 기업 모두 고객이 기업과 비즈니스(거래)를 하는 방법과 절차를 혁신하여 고객에게 부가적인 가치를 제공하는 혁신을 하였던 것이다.

기업이 고객과 어떤 비즈니스를 수행하기 위해서는 규정된 방법과 절차로 구성된 효율적이고 편리한 프로세스(process)를 구축해야 함을 의미한다. 비즈니스 프로세스란 특정한 과업을 해결하거나 목표를 달성하기 위해 존재하는 규격화된 활동의 조합으로 실제로 업무를 처리하는 방법을 말한다. 예를 들면 고객이 어떤 상품을 주문하면 재고확인, 대금 결제, 상품 픽업 및 포장, 배달, 애프터서비스 등으로 구성된 프로세스를 거치게 된다. 프로세스는 고객들에게 가치 있는 결과를 제공하기 위해 목표지향적이어야 하는데 전통적으로 대다수의 기업들은 부서별 또는 개별 작업을 중심으로 운영되다보니 고객의 입장에서 바라본 전체 프로세스의 효율화를 달성하기가 쉽지 않다. 그래서 이 프로세스의 혁신은 중요한 경영혁신의 대상이라 할 수 있다.

역사적으로 18세기 중반 영국의 아담 스미스는 그의 저서《국부론》에서 분업의 중요성을 강조함으로써 산업혁명의 이론적 기초를 제시하였다. 당시 조직은 분업을 기반으로 한 전문화를 통하여 대량생산을 추구하였고 이로 인해 생산성을 급격히 향상시킬 수 있었다. 이러한 이론을 바탕으로 산업사회는 기능(function)을 중심으로 하는 조직구조를 갖게 되었다. 기업 활동이 팽창하면서 분업, 즉 전문화는 가속화되어 그 결과 생산, 재무, 회계, 인사, 판매 등의 높은 담을 가진 전문적인 부서들이 기업 내부의 필요에 의해 생겨났다. 그러나 이러한 조직이 시간이 지나면서 더욱 복잡하고 관료화되면서 비효율적인 측면이 드러나기 시작하였다. 20세기 초반 미국의 테일러는 효율성 제고를 위해 프로세스의 중요성을 분석하였다. 시간과 동작연구를 통한 연계된 업무의 효율성 분석은 프로세스를 이해하는 데 중요한 역할을 하였다. 한편 분업으로부터 발전된 관료적 조직구조는 부서 간의 협조부재, 분리주의 등의 문제를 표출함으로써 부분 최적화 (sub-optimization)에 머물렀으며, 이러한 문제들을 대대적으로 혁신하기 위한 대표적인 기법으로 비즈니스 프로세스 리엔지니어링(Business Process Reengineering) 또는 프로세스 이노베이션(PI)이 등장하였다. BPR은 1990년 마이클 해머(Michael Hammer) 교수에 의해 처음으로 소개되었으며 IT를 이용한 프로세스의 혁신을 통해 기업의 성과를 극적으로 향상시키는 경영기법으로 알려지게 되었다.

1) 프로세스의 요소

프로세스는 입력(inputs), 전환(transformation), 출력(outputs), 입력을 담당하는 공급자(suppliers), 출력을 사용할 고객(customers), 통제, 피드백, 프로세스 오너 등으로 구성된다. 프로

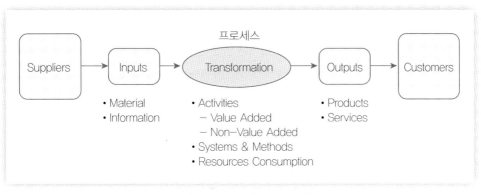

⚙ 그림 8-1 _ 프로세스의 구성요소

세스의 목표는 입력에 가치가 부가된 출력을 만들어 내는 것이며 프로세스의 기본적인 특징은 전환, 피드백, 반복성을 들 수 있다. 프로세스의 구성요소와 기본적인 특징은 〈그림 8-1〉에 잘 나타나 있다.

(1) 전환(transformation)

〈그림 8-1〉에서 보는 바와 같이 프로세스의 출력은 전환의 결과물이라 할 수 있다. 프로세스의 입력은 그것이 재료, 설비, 정보 등 어떠한 형태를 가지든 일련의 전환 활동들에 의해 출력물로 변화된다. 출력을 받을 대상은 외부의 고객, 내부의 부서, 직원, 혹은 기계 또는 설비가 될 수도 있으며 경우에 따라서는 미래의 사용을 위한 보관 장소가 될 수도 있다.

일반적으로 전환은 물리적 전환, 위치전환, 거래전환, 정보전환 등으로 분류된다. 물리적 전환은 원자재, 반제품 등이 프로세스를 거쳐 완제품이 되듯이 유형의 자산이 부가가치의 과정을 거치면서 형태가 변화되는 과정을 의미한다. 위치전환은 장소의 변화를 통해 부가가치가 창조되는 전환이다. 거래전환은 가치의 교환을 통한 부가가치의 창출과정이며 은행이나 주식거래와 같은 전환이다. 마지막 정보전환은 데이터의 처리를 통한 부가가치의 창출을 의미하며 이러한 경우 입력은 데이터가 되고 출력은 재무제표와 같은 의미 있는 보고서가 된다. 모든 프로세스는 적어도 하나 이상의 전환과정을 통해 부가가치를 창출해 낸다.

213))

(2) 피드백(feedback)

피드백(통제)은 정상적인 출력을 유지할 수 있도록 전환과 관련된 활동들을 수정하고 바로잡는 규제 수단이라 할 수 있다. 출력에 가치를 부여하는 모든 생산적인 프로세스에는 피드백(통제)이 필요하다. 피드백은 일반적으로 프로세스의 출력 부분이나 전환 과정의 내부에서 생성하는 정보의 형태를 가지며, 이것을 위해서는 적절한 방법으로 데이터를 수집하고 분석하는 도구와 절차가 필요하다.

(3) 반복성(cycling)

반복성 혹은 순환성은 프로세스의 중요한 요소이며 이는 프로세스가 같은 방법으로 계속적으로 수행되는 것을 의미한다. 어떤 프로세스는 속성상 계속적인 반면 어떤 프로세스는 간헐적으로 수행된다. 일반적으로 원유정제와 같은 화학처리 프로세스, 자동차 조립공정은 계속적인 반면, 주문식 생산방식은 간헐적인 공정이라 할 수 있다.

2) 프로세스 모델

프로세스는 일반적으로 원재료, 반제품, 혹은 데이터로부터 시작되며 〈그림 8-2〉

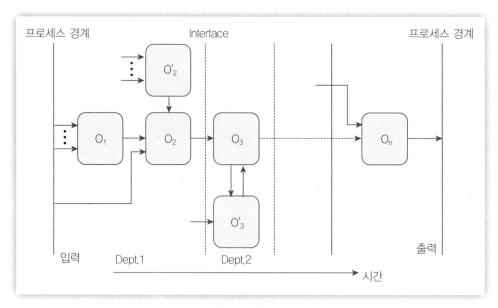

※ 그림 8-2 _ 프로세스 모델

처럼 그림으로 모델링될 수 있다. 〈그림 8-2〉에서 하나의 전환과정은 내부적으로 작업 O_1에서 시작되고, 작업 O_1의 결과는 다음 작업 O_2의 입력이 되며 작업 O_2는 O'_2라는 가치가 부가된 후 작업 O_3의 입력이 되는 식으로 O_n까지 진행된다. 프로세스의 최종 작업인 O_n이 수행될 때까지 개개의 작업마다 가치가 부가되어 프로세스의 최종 출력물이 나오게 되는 것이다. 〈그림 8-2〉에는 하나의 프로세스의 경계를 명확히 보여주며, 그 경계 안에서 프로세스의 입력에서 출력까지의 업무흐름을 분명하게 보여 준다. 프로세스 내부에는 또 서브 프로세스 간의 접점인 점선으로 된 인터페이스가 존재하는데, 이 인터페이스는 프로세스 내에 존재하는 상이한 부서(팀) 간의 경계를 의미하기도 한다.

3) 프로세스의 평가

기업 내에는 인력채용 프로세스, 교육 프로세스, 생산 프로세스, 구매 프로세스, 조달 프로세스, 배달 프로세스, 전략 프로세스, 신제품개발 프로세스 등 다양한 종류의 프로세스들이 존재한다. 어떤 프로세스는 반복적이나 어떤 프로세스는 필요할 때만 존재하므로 한시적이다. 이러한 비즈니스 프로세스를 잘 이해함으로써 경영자는 회사 전체가 어떻게 운영되고 있는지에 대한 큰 그림을 볼 수 있다.

프로세스의 종류를 크게 둘로 나누면 프런트-오피스(front-office) 프로세스와 백-오피스(back-office) 프로세스로 나눌 수 있다. 프런트-오피스 프로세스는 고객 지향적인 프로세스로 소비자가 받는 제품이나 서비스와 직접 관련이 있으며 고객응대, 주문처리, A/S, 영수증 발행 등을 포함한다. 백-오피스 프로세스는 비즈니스 지향적인 프로세스로 고객들에게는 보이지 않지만 비즈니스의 원활한 진행을 위해서 필수적으로 수반되는 프로세스를 말하며 목표설정, 자원할당, 일일계획, 생산, 성과측정, 피드백과 보상 등이 포함된다. 패스트푸드점을 예로 들면, 주문을 받는 계산대는 프런트-오피스에 해당되며, 음식을 조리하는 뒤쪽의 부엌은 백-오피스에 해당된다. 프로세스를 평가하기 위해서는 핵심 프로세스를 찾아야 하며 핵심적인 프로세스는 기업의 핵심 성공요인과 직결되는 프로세스이다.

앞에서 소개된 비즈니스 프로세스 모델 또는 프로세스 맵(map)은 조직 내의 여러 기능(부서)들이 프로세스를 중심으로 어떻게 연결되어 있는지, 시간의 흐름에 따라 어떻게 진행되는지, 다른 프로세스와 어떻게 연결되어 있는지를 시각적으로 보여줌으로써 소요시간을 단축하고 고객만족을 극대화하는 방법을 쉽게 찾도록 돕는다. 프로세스 맵은 전체적이고 통합적인 관점에서 기업 활동을 분석함으로써 프로세스들 간의 관계를 명확히 이해하는 데 그 가치가 있다. 따라서 특정 프로세스와 관련된 조직구성원들 모두가 동참하여야 조직 전체를 이해할 수 있는 프로세스 맵의 제작이 가능하다. 또한 프로세스 맵은 직원들에게 자신들의 업무가 어떻게 제품이나 서비스에 가치를 부가하는가를 시각적으로 보여 줌으로써 스스로 자신의 업무에 자부심을 갖게 할 수 있으며, 고객이 받는 서비스에 초점을 맞춤으로 고객의 입장에서 업무처리과정을 설계할 수 있도록 하는 장점이 있다.

경영혁신의 일환인 프로세스 혁신은 현재의 프로세스 맵을 작성함으로써 문제를 발굴하고 이 문제들을 해결하기 위한 미래 프로세스 맵을 작성함으로써 가능하다. 비즈니스 프로세스 맵을 작성할 때 일반적으로 문제를 찾기 위해 기능적 프로세스를 나타내는 현재 프로세스 맵(As-Is Process Map)에서 시작한다. 현재 프로세스 맵은 매핑(mapping)된 작업의 현재 상태를 나타내며 이어서 어떠한 문제들이 존재하는지 그리고 이 문제를 어떻게 해결하고 개선해 나갈 것인지에 대한 미래 프로세스 맵(To-Be Process Map)을 작성하게 된다.

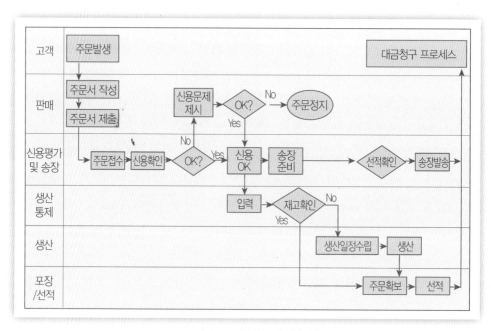

그림 8-3 _ 현재 프로세스 맵

(1) 현재 프로세스 맵

〈그림 8-3〉은 일반적인 제조업체의 현재 주문처리 프로세스를 보여 준다. 현재 프로세스맵을 작성하기 위해 프로세스가 포함하는 다양한 부서의 직원으로 구성된 프로세스 매핑팀을 구성하여 프로세스와 관계된 부서의 활동 및 입력과 출력, 전환의 관계를 나타내고, 프로세스의 입력을 출력으로 전환시키는 활동들의 순차적인 관계를 그림으로 보여준다. 프로세스 맵을 작성하다 보면 업무처리 프로세스가 확립되어 있지 않은 활동들이 많은 것을 발견할 수도 있다.

프로세스 맵을 통하여 하위 프로세스 사이의 중요한 인터페이스를 파악하고, 하위 프로세스가 완료되는 시점을 알 수 있으며, 다양한 분석을 통하여 중복되거나 불합리한 활동, 부가가치가 없는 활동을 제거함으로써 프로세스의 흐름을 유연하게 새롭게 디자인할 수 있다.

(2) 미래 프로세스 맵

〈그림 8-3〉이 제시한 현재 프로세스 맵을 보면 업무처리에 있어 몇 가지 문제점이 있음을 알 수 있다. 먼저 영업사원(판매)이 고객의 주문서를 제출하는 시간이 너무 오래

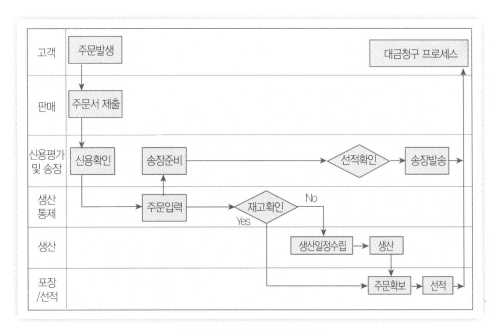

🔅 그림 8-4 _ 미래 프로세스 맵

걸리고 프로세스의 단계가 너무 세분화되어 있으며 특히 여러 주문을 모아 한꺼번에 처리하기 때문에 프로세스 속도가 느리다는 것을 알 수 있다. 또한 고객에 대한 신용 평가를 신규 고객뿐만 아니라 기존 고객에까지 실시하고 있으며 신용평가 시점 역시 주문을 접수함과 동시에 하지 않기 때문에 주문접수 시간이 지연되고 있다. 이러한 문제점을 개선하기 위해 프로세스 매핑 팀은 판매 부서를 배제하고 영업사원이 주문서를 직접 입력하고, 프로세스 시간을 줄이기 위해 주문처리와 신용평가를 동시에 실시하며, 신규 고객에 대한 신용평가를 실시하고 고객의 주문, 판매부서의 주문서 작성 및 제출, 신용관리 부서로 주문 전달, 배송 단계의 주문 픽업 등 주문과 관련된 단계별 활동을 간소화하여 전체 프로세스 시간을 줄이고 단순화시켰다. 〈그림 8-4〉에 의하면 새로운 프로세스 맵은 보다 효율적이고 효과적인 미래 프로세스들을 보여 주고 있다.

4) 프로세스 관리

프로세스 관리는 제품이나 서비스가 고객에게 전달되는 반복적인 과정을 지속적으로 개선시켜 나가는 것이다. 기능별 활동을 반복적이면서도 신뢰할 수 있도록 만들며, 성과를 측정할 수 있도록 단계별로 새롭게 재편성하는 것을 말한다. 효과적인 프로세스 관리를 위해서는 다음의 네 가지 요소가 잘 관리되어야 한다.

첫째, 프로세스 목표가 잘 관리되어야 한다. 프로세스의 목표는 프로세스 내 중간목표 설정의 기본이 되고 있으며 프로세스의 각 단계마다 이 중간목표는 점검되어야 한다. 예를 들어 송수관을 관리할 때 마지막 출력물인 수질이나 수압도 중요하지만 파이프라인의 중간 연결점들도 중요하다. 이 중간 연결점의 성과를 계속 측정하여야 마지막 목표를 달성할 수 있듯이 프로세스 목표관리에서도 단계별로 중간 목표를 설정하고 이를 지속적으로 점검하여야 프로세스의 최종 목표를 완수할 수 있다.

둘째, 프로세스 성과관리가 잘 수행되어야 한다. 프로세스 목표와 중간 목표가 설정되면, 프로세스 출력에 대한 내부 및 외부고객의 피드백이 있어야 하고, 관리자는 프로세스 단계별 출력에 대한 피드백을 프로세스 목표와 연계하여 평가할 수 있는 체계를 갖추어야 한다. 측정을 위한 데이터 수집과 가공을 위한 IT의 지원(센서, 데이터분석 도구 등)이 필요하다.

셋째, 프로세스 자원관리가 잘 이루어져야 한다. 자원의 적절한 배분은 경영자들의 중요한 의무이며 효율적인 프로세스의 필수조건이다. 프로세스 중심의 자원 분배는 기존의 기능 중심의 자원분배와 차이가 있다. 기능 중심의 자원분배는 부서 간의 조정이나 부서장의 파워에 의해 결정되는 반면, 프로세스 중심의 분배는 프로세스 목표 달성을 위해 필요한 자원의 양이 먼저 결정되고 프로세스 목표 달성의 기여도에 따라 프로세스에 분배된 후 다시 기능별 부서로 재분배된다.

넷째, 프로세스 내 인터페이스 관리가 잘 이루어져야 한다. 일반적으로 하나의 프로세스의 출력물은 다른 프로세스 활동의 입력물이 된다. 이러한 접촉점이 인터페이스이며 대부분 프로세스의 개선은 이 인터페이스의 개선을 통해 이루어진다.

3. 경영혁신과 BPR

1980년대에 미국의 대표 제조업체들의 경쟁력은 극도로 쇠퇴하였고 제조업 생산성이 일본의 경쟁 기업들에 비해 크게 뒤지자 이를 만회하기 위한 혁신적인 경쟁력 제고 방안이 필요해졌다. 1990년대에 들어서면서 마이클 해머(Michael Hammer) 교수는 프로세스관리를 근간으로 하는 경영혁신 기법인 비즈니스 프로세스 리엔지니어링(Business Process Reengineering: BPR)을 소개하였고, 데이븐포트(Davenport)는 프로세스 혁신(Process Innovation: PI)을 소개하였다. BPR은 기본적으로 '정보기술을 이용하여 프로세스를 새롭게 디자인함으로써 획기적인 성과를 획득하려는 시도'라고 정의할 수 있다. BPR에서 업무 프로세스를 재설계할 때 정보기술을 유기적으로 결합하는 일을 매우 중시한다. 즉 정보기술이 경영혁신을 어떻게 지원할 수 있을 것인가 하는 문제와 경영혁신에 정보기술이 어떻게 사용될 수 있을 지를 동시에 고려해야 하는 경영혁신 기법이다.

이후 패키지형 ERP(전사적자원관리)[1]가 출현하면서 ERP가 내장한 선진 프로세스가 프로세스 혁신을 주도하는 일이 일반화된 한편, 기업의 내·외부 환경이 급속하게 변하고 ERP가 지닌 경직성 문제가 대두됨에 따라 워크플로우 관리[2]의 개념이 도입되었는데 이것이 비즈니스 프로세스 관리(BPM) 기법으로 발전하였다. 〈그림 8-5〉는 시대별 경영

---

1) Enterprise Resources Planning의 약자로써 전문소프트웨어기업이 개발한 정보관리 통합패키지를 일컫는다. 기업은 정보시스템을 직접 개발할 수도 있지만 이 패키지를 도입하여 쓸 수도 있다.

2) workflow는 작업(일)의 흐름을 의미하며 이 속에는 데이터와 정보의 흐름 그리고 그 작업을 수행하는 애플리케이션이 포함되어 있다. 프로세스의 또 다른 용어로 볼 수도 있다.

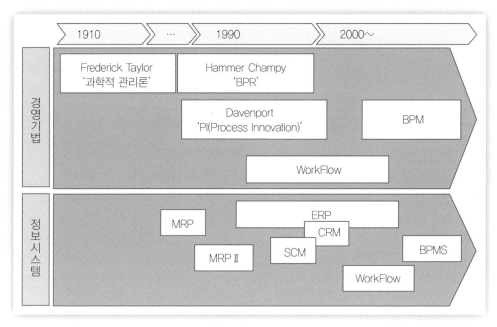

자료원 : 김진태, 2005.

☀ **그림 8-5** _ 프로세스 중심의 경영기법 및 정보시스템

혁신기법과 이에 따른 정보시스템의 발전과정을 요약해서 보여 주고 있다.

1) 비즈니스 프로세스 리엔지니어링(BPR)

BPR은 단순한 경영혁신기법이 아니라 기업이 생존하기 위해 급진적인 혁신을 통해 단기간에 큰 성과를 내는 새로운 경영 패러다임이라 할 수 있다. 따라서 BPR의 창시자 해머(Hammer)는 BPR을 '비용, 품질, 서비스, 속도 등 기업의 주요성과지표를 극적으로 향상시키기 위해 업무처리방법을 근본적으로 다시 생각하고 새롭게 디자인하는 것'이라 정의하였다. 여기에서 '근본적으로 다시 생각한다'는 것은 현재의 모든 구조와 절차를 버리고 완전히 새로운 방법을 만든다는 것을 의미하며, 극적인 향상을 얻기 위해서는 점진적인 개선이 아닌 낡은 것은 버리고 완전히 새로운 것으로 대체할 때만 가능하다.

초기의 BPR 이론가들은 마이클 포터의 가치사슬과 같이 기업을 포괄적인 프로세스들로만 구성된 것으로만 이해하였다. 그들은 전체 프로세스의 최적화를 이루기 위해서는 먼저 기업의 주요 프로세스들을 정의하고 그중에서 투자 수익률이 높은 프로세

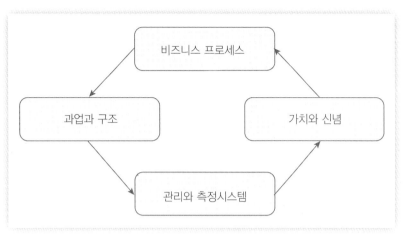

자료원 : Hammer & Champy, 1993.

☀ 그림 8-6 _ 비즈니스 다이아몬드 모형

스에 집중적인 노력을 기울여야 한다고 주장하였다. 그러나 BPR은 프로세스 변화와 함께 프로세스들의 연결을 통한 전체 프로세스의 최적화 그리고 이를 지원하는 관리 체계를 포함하는 프로세스 변화 이상의 의미를 가지고 있다. 이에 해머와 챔피(Hammer & Champy)는 〈그림 8-6〉의 비즈니스 다이아몬드 모형처럼 네 가지 요소, 즉 비즈니스 프로세스, 과업과 조직의 구조, 관리와 측정시스템, 가치와 신념을 추가하여 BPR의 개념을 확장하였다. 비즈니스 다이아몬드 모형은 새로운 조직을 만들거나 조직의 문제를 진단하는 데 상당히 유용한 모형이다. 예를 들면 조직의 문화(가치와 신념)를 바꾸려는 시도를 하면서 관리와 측정시스템을 그대로 둔다면 그 목적의 달성이 어렵다. 과업과 구조의 변경, 관리와 측정시스템의 변화 없이 단순히 비즈니스 프로세스를 바꾼다는 것은 지속성이 떨어진다. 즉 네 요소가 모두 물려있으므로 한 가지를 바꾸려면 나머지도 함께 변화를 주어야 함을 의미한다.

2) BPR의 특징과 기본원칙

BPR의 특징은 크게 세 가지로 요약할 수 있다. 첫째, BPR은 기능 중심의 조직을 프로세스 중심으로 전환하는 경영혁신방법이다. BPR을 처음 주장한 해머(Hammer)에 의하면 BPR을 통한 극적인 성과향상은 업무처리 방식을 개인 전문가나 특정 부서가 주도하는 개별적 업무수행방식에서 관련성이 있는 업무들을 새롭게 연결하고 재구성할 때 가능하다고 하였다. 즉 BPR은 전통적인 관료 및 기능 중심의 조직을 고객 중심의 목표지향적 조직으로 재편하는 것이다.

둘째, BPR은 고객중심 사고와 기업가정신이 요구된다. 다른 경영혁신기법처럼 BPR 역시 고객 중심의 관리·조직문화를 강조한다. 고객의 취향에 발 빠르게 대응하려면 기존의 관료적인 시장대응책을 버려야 하며, 시장과 고객에 관한 확장된 지식을 바탕으로 고객관계관리를 위한 혁신적인 프로세스가 필요하다. 이를 위해서는 때로 위험을 감수하는 혁신적 사고로 앞서가는 기업가정신이 요구된다.

셋째, BPR을 가능하게 하는 것은 IT의 힘이다. 해머나 데이븐포트(Hammer & Davenport) 등 초기의 BPR 전문가들은 IT가 어떻게 프로세스의 변화를 가져오며, 부서들 간의 연결을 가능하게 하며, 극적인 성과를 가져오는 지를 사례를 통해 보여줌으로써 BPR의 성과를 소개하였고 그 파급효과는 매우 컸다.

이러한 BPR을 수행할 때의 기본 원칙은 다음과 같다.

첫째, 업무 중심의 일처리가 아닌 결과 중심의 일처리가 되도록 하는 것이다. 전통적으로 분업과 전문화의 원칙에 의해 업무가 너무 세분화되어 오히려 업무의 원만한 흐름에 방해가 되는 일들이 자주 발생하였기에 최종결과물(출력물, output)을 중심으로 일하는 방법을 재구성하라는 것이다. 앞의 프로세스 맵에서 판매부서는 주문처리, 신용평가부서는 거래처 신용평가, 생산부서는 생산일정수립 등 각각의 일을 처리한다고 생각하기 쉽지만 BPR을 수행하는 관점에서는 모두가 '고객에게 주문 및 배달 날자를 최대한 빨리 확정해 주는 것'으로 수정하면 더 좋을 것이다.

둘째, 프로세스의 결과물을 받는(또는 필요로 하는) 자가 그 프로세스를 직접 수행하도록 하는 것이다. 기능적인 조직에서는 프로세스의 결과물을 받는 자와 프로세스를 실행하는 자가 서로 다른 부서에 소속된 경우가 일반적이다. 이렇게 이원화된 조직에서는 소통의 착오, 시간적 손실, 배달의 지연 등의 비효율이 발생할 수 있다. 앞의 프로세스 맵의 예에서, 주문을 처리하는 영업사원이 시스템의 도움을 받아 거래처의 신용평가도 함께 하면 더욱 효율적일 것이다. 주문처리를 완결하기 위해서는 거래처의 신용평가가 수반되어야 하기 때문이다.

셋째, 데이터가 생성되는 현장에서 데이터처리를 바로 하라는 것이다. 데이터가 생성되는 부서와 이것을 처리하는 부서가 이원화되면 누락과 오기 그리고 지연과 같은 비효율이 발생하기 때문이다.

넷째, 각종 자원의 중앙집중관리가 필요하다. 조직의 자원을 분산관리하면 비효율의 문제가 자주 발생한다. 비록 자원이 지리적으로 분산되어 있다하더라도 집중관리를 하면 자원을 공유할 수 있고, 중복처리를 피할 수 있어 처리시간을 단축하고 관리비용도 절감할 수 있다.

다섯째, 여러 활동들을 순차적으로 처리하지 말고 가급적 병렬식으로 처리를 함으로써 전체 프로세스 시간을 단축하라는 것이다. 전통적인 기업들이 공통으로 가지고 있는 문제점들 중의 하나는 순차적인 기능들 간의 연결이 미약하다는 것이다. 따라서 순차적인 기능들 사이의 연결고리를 더욱 강화하고 더 나아가 동시 처리가 가능한 기능들을 찾아 조정하고 통합해야 한다. 이를 위해서는 통합데이터베이스의 구축과 원활한 의사소통을 위한 기술적 지원이 필수적이다. 앞의 프로세스 평가에서 주문서 작성, 거래처신용확인, 재고확인은 거의 동시적으로 수행할 수 있는 업무들이다.

여섯째, 현장에 투입된 직원이 바로 그 자리에서 중요한 의사결정과 정책적 판단을 할 수 있도록 지원한다. 현장 직원들의 능력이 부족하거나 시간이 촉박하다는 이유로 의사결정과 정책적 판단을 매장이나 시장에서 바로 하지 못할 경우 판매기회를 놓치거나 고객의 요구에 즉각적으로 대응하지 못하는 경우가 발생한다. 따라서 정보시스템의 적절한 지원을 통해 현장에서 직원이 즉각적으로 의사결정과 정책적인 판단을 할 수 있도록 권한을 위임하고 기술적 지원을 해 주면 좋을 것이다. Zara의 경우, 매장의 매니저가 매장에서 수집한 따끈따끈한 고객정보를 바로 본사의 디자이너에게 제공함으로써 고객의 취향에 맞는 제품을 재빨리 생산·공급할 수 있었다.

일곱째, 모든 데이터는 생성되는 현장에서 바로 확보하여 저장해야 한다. 유사한 데이터의 수집과 입력이 여러 장소와 경로를 통해 일어나면 데이터의 정확성이 떨어지고 중복 저장으로 인해 비용만 증가할 뿐이다.

3) BPR의 실행 절차

BPR 프로젝트는 점진적인 개선이 아닌 근본적인 프로세스의 변화를 통하여 극적인 경영성과를 얻는 것을 목적으로 하는 경영혁신기법이다. BPR을 통한 프로세스 변화는 IT를 통해 구체화되고, 기업의 문화, 조직구조, 관리 및 평가체계 등 조직 전반에 걸친 큰 변화가 요구된다. 따라서 다른 경영혁신기법과 비교해서 BPR 프로젝트는 실패

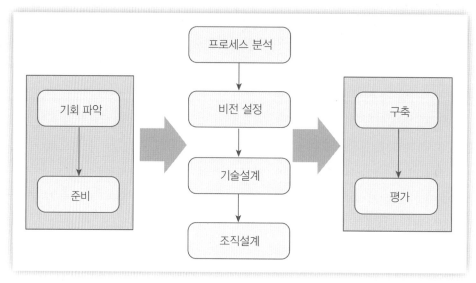

프로세스 분석

기회 파악

준비

비전 설정

기술설계

조직설계

구축

평가

⊛ 그림 8-7 _ BPR의 실행 절차

할 확률이 상당히 높은 것으로 알려져 있다. BPR의 실행절차는 컨설팅회사마다 약간의 차이가 있으나 근본적인 절차는 유사하다.

BPR 프로젝트의 실행 절차는 〈그림 8-7〉과 같이 여덟 단계로 진행된다. 먼저 BPR의 기회 파악 단계에서는 운영위원회를 구성하고 주요 대상 프로세스들의 파악, 프로세스 우선순위를 결정한다. 다음 준비 단계에서는 프로젝트팀을 구성하고 팀원교육, 프로젝트 계획을 수립한다. 이어 실제 프로젝트팀의 활동이 시작되는 단계로, 프로세스 분석에서는 현재 프로세스의 구조 및 성과분석, 부가가치 활동의 파악, 정보시스템의 문제점과 원인 분석 등을 수행한다. 다음은 프로세스의 비전을 설정하는 단계로 프로세스가 대상으로 하는 고객의 요구사항을 파악하고 프로세스의 성과 측정 방안 및 프로세스 목표를 제시하며 프로세스의 특성을 분석하여 프로세스 비전을 설정한다. 기술설계에서는 새로운 프로세스를 설계하고 이를 위해 필요한 정보시스템을 분석하고 설계하여 프로토타입[3]을 개발하고 정보기술 플랫폼을 설계한다.

조직설계 단계에서는 업무 및 기술 요구사항을 정의하고 새로운 프로세스에 맞게 조직구조를 개편하고 권한을 위임(empowerment)하며, 평가와 보상제도를 결정하고, 변화관리 프로그램을 설계한다. 끝으로 프로세스를 실제로 구축하는 단계로 프로젝트팀

---

3) prototype. 시험용 애플리케이션

이 새로운 프로세스와 이를 지원할 시스템을 구현하고, 이를 테스트하고, 사용자교육과 훈련을 실시한다. 마지막 평가 단계에서는 프로세스 성과를 측정하여 이를 지속적인 개선과제로 연결될 수 있도록 한다.

4. 비즈니스 프로세스 관리(BPM)

1) BPM의 등장배경

BPR은 정보화시대가 요구하는 새로운 경영혁신기법을 제시했다는 점에서 많은 주목을 받았으나 급진적인 변화가 쉽지 않아 많은 기업들이 혁신에 실패하였다. BPR에 따른 많은 변화들과 기업의 내·외부 환경의 급속한 변화들을 반영하는 일도 시스템의 경직성으로 인하여 어려움이 많았다. 또한 새로운 프로세스를 설계하고 그러한 프로세스를 조직에서 실현하는 데 엄청나게 많은 노력과 시간이 엄청나게 소요되었다. 따라서 한 번의 BPR 프로젝트를 통해 프로세스를 재설계하고 조직을 바꾸기 보다는 지속적인 프로세스의 개선을 목적으로 하는 BPM(Business Process Management)이 등장하게 되었다.

2) BPM의 기능과 이점

넓은 관점에서 BPM은 상호 긴밀한 연관성을 가지면서도 기업 내부에 흩어져 있는 다양한 정보시스템을 통합하고, 프로세스에는 존재하면서도 정보시스템에서는 빠져 있는 업무들을 통합적으로 관리하는 기법을 말한다. 좁게는 비즈니스 프로세스가 효율적으로 유지되고 관리되도록 감독하고 통제하는 활동을 BPM이라 하고 이러한 활동을 지원해 주는 소프트웨어를 BPMS(Business Process Management Systems)라 불렀다.

결론적으로 BPM은 점진적이고 지속적인 워크플로우의 개선, 기존 프로세스를 관리하는 활동, 비즈니스(사업)와 정보시스템들을 밀접하게 연결하는 활동 등을 수행한다. 실무적으로 기업 내 모든 업무를 한 번에 BPM으로 이동할 수 없기 때문에 점진적이고 체계적인 방법으로 접근해야 한다. 즉 기업의 프로세스 관리를 위한 인프라로 BPM이 등장하였다.

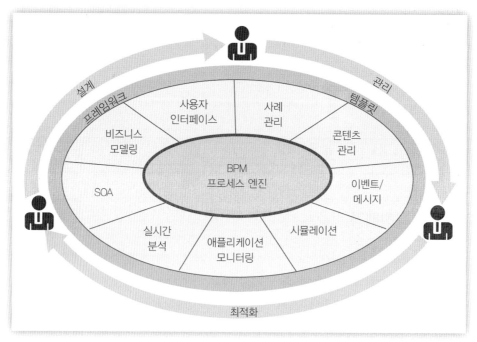

자료원 : www.appian.com

☀ 그림 8-8 _ BPM Architecture

BPMS는 조직 내 부서들 간 경계를 뛰어넘는 자동화된 프로세스를 쉽게 만들어 주기도 하고, 프로세스들의 성과를 모니터링하며, 불필요한 프로세스를 뛰어넘는 특정 프로그램을 실행하기도 한다. BPMS가 수행하는 프런트-오피스 프로그램의 예는 판매나 주문 프로세스처럼 직원과 고객을 연결해 주는 프로세스이다. BPMS가 수행하는 백-오피스 프로세스의 예는 주로 시스템과 시스템을 연결하며, 기업 외부(고객, 공급업체, 협력업체)와 협업하는 웹 기반 애플리케이션들을 포함한다. 〈그림 8-8〉은 한 회사의 BPM 아키텍처를 보여 주고 있다.

일반적으로 BPM을 적용하면 다음 세 가지의 이점이 있다. 첫째, 업무 프로세스를 자동화함으로써 워크플로우와 비슷한 개념으로 변화에 쉽게 적응할 수 있다는 장점이 있다. 둘째, 업무 프로세스의 상당부분이 프로그래밍됨으로써 업무처리에 소요되는 시간과 자원이 대폭 절감된다. 끝으로 현재 진행 중인 업무를 최적화하는 것을 뛰어넘어 향후의 새로운 비즈니스 프로세스를 신속하게 생성할 수 있어 기업의 경쟁력을 강화시킨다.

5. TQM

TQM(Total Quality Management: 전사적품질관리)은 고객의 요구나 기대치에 부응하거나 그 이상을 달성하기 위하여 인적자원관리와 계량적 기법을 통하여 기업의 모든 프로세스를 지속적으로 개선하는 철학 또는 원칙이다. 즉 TQM의 목적은 고객에게 높은 품질의 제품이나 서비스를 제공하고 동시에 생산성 향상 및 비용절감 목표를 달성함으로써 경쟁우위를 확보하는 것이다.

1) TQM의 성공요인

(1) 최고경영층의 리더십

성공적인 TQM을 위해서는 최고경영층이 포함된 TQM위원회를 만든 후, 품질관리에 필요한 명확한 비전, 장기적 목표 설정, 품질관리정책 등을 수립해야 한다. 이어 품질개선 프로젝트의 결정, 프로젝트팀의 구성, 모니터링, 교육 및 훈련 계획 등이 뒤따라야 한다. 특히 최고경영자는 조직의 핵심가치를 만들어야 하는데, 여기에는 고객지향성, 리더십, 지속적인 개선, 직원참여, 신속한 대응, 디자인 품질 및 예방적 관리, 기업의 사회적 책임 등이 될 것이다.

(2) 고객만족의 추구

품질을 고객의 관점에서 정의하고 고객만족이 기업의 최우선 목표가 되어야 한다. 이를 위해서 지속적으로 고객으로부터 피드백을 받아 이를 제품의 기획, 디자인 그리고 생산공정을 개선하는데 반영해야 한다. 고객의 불만사항, 품질의 우선순위(성능, 가격, 서비스, 보증제도 등), 경쟁업체와의 비교, 고객의 요구사항 등이 기업이 관심을 가져야할 피드백일 것이다. 오늘날 기업들은 현장에서 또는 콜센터, 웹사이트(블로그 등), SNS 등 다양한 전자채널을 통하여 고객의 의견을 청취할 수 있다.

(3) 직원의 참여

TQM은 전사적으로 접근해야 하는 혁신방법이어서 직원 모두가 품질개선과 생산

성향상에 관심을 가지고 참여하게 할 필요가 있다. 이를 위해서 프로젝트팀을 구성할 필요가 있으며, 동기부여를 위해 권한위임(empowerment), 사기진작, 작업방법의 개량, 작업환경의 개선, 고용안정성 개선 등을 고려할 수 있다. 이 외에도 성공적인 TQM을 위해서 직원들에 대한 교육, 훈련, 성과측정 및 평가시스템의 개선, 보상체계의 개선 등도 중요하다. 직원이 개선 프로세스에 직접 참여함으로써 스스로 동기부여가 되고 자부심을 가지게 되어 보다 나은 결정을 하고 품질개선에 더 적극적이 된다.

(4) 지속적인 프로세스 개선

TQM은 경영과 생산공정을 지속적으로 개선하여 완벽을 추구하는 것이다. Juran의 Triology에 의하면 i) 품질계획, ii) 품질통제, iii) 품질개선 순으로 지속적인 프로세스 개선을 추구할 수 있다. 품질계획은 고객의 요구사항을 파악하고, 고객의 요구에 바탕을 둔 제품과 서비스를 개발하며, 고객의 기대치를 뛰어넘는 제품을 생산하는 작업방법이나 프로세스를 개발하는 단계이다. 품질통제는 실제 성과를 평가하고, 실제성과와 목표치를 비교하며, 목표치와 실제 사이에 차이가 있으면 즉각적인 조치를 취하는 것이다. 끝으로 품질개선은 지속적인 품질개선을 위한 인프라를 구축하고, 개선이 필요한 프로세스와 작업방법을 찾으며, 개선 프로젝트팀을 구성하고, 그들로 하여금 문제를 진단하고 원인을 파악하며 해결책을 찾을 수 있도록 필요한 자원을 제공하고 훈련을 시키는 일이다.

(5) 공급자와의 파트너십 형성

공급자와의 견실한 파트너십 없이는 높은 수준의 품질을 확보하기 어렵다. 간혹 현대기아와 같은 자동차제조업체가 결함이 발생한 차량들을 대량 리콜 조치하는 것을 볼 수 있다. 비록 일부 공급업체의 부품에서 하자가 발생했지만, 제조사는 전체 차량을 불러들여 문제를 시정해야 하므로 이로 인한 금전적 손실은 물론 기업의 이미지도 큰 타격을 입게 된다.

공급자들 역시 고객만족의 극대화라는 목표를 공유하고 신뢰에 바탕을 둔 장기적인 관계를 유지할 때 품질개선, 효율성증대, 비용절감, 지속적인 개선에 적극 협력할 수 있게 된다.

(6) 성과측정

"측정 없이는 개선도 없다"는 말이 있다. 그만큼 성과의 측정은 중요하다. 성과측정은 추세분석, 개선대상 프로세스의 확인, 목표치의 달성 여부 판단, 개인 혹은 팀의 평가, 사실에 근거한 경영 등이 포함된다. 측정대상은 제품, 고객, 직원 등 품질에 영향을 미칠 수 있는 모든 경영활동들이다. 측정방법으로는 시계열그래프, 공정능력지수, 다구치의 손실함수, 품질실패비용, MBNQA(Malcolm Baldridge National Quality Award) 등이 있다.

2) TQM 도구

TQM을 위한 도구로는 통계적 공정관리(SPC: statistical process control), 벤치마킹(Benchmarking), 품질기능전개(QFD: quality function deployment), 실험계획법(experimental design), 다구치방법(Taguchi's method) 등이 있다.

SPC는 통계적 분석방법으로 데이터를 분석한 후 그 결과를 다이어그램(파레토 다이어그램, 막대그래프, 분산다이어그램, 컨트롤 차트 등)으로 표현함으로써 품질문제가 발생하는 공정과 원인 등을 과학적으로 파악하는 방법이다. 컨트롤 차트(control chart)는 제품의 샘플을 뽑아 측정한 후, 그 값이 지속적으로 통제범위 내에 있는 지를 모니터링하는 통계적 분석방법이다.

벤치마킹은 자사의 운영상태나 성과를 우수기업의 그것과 비교하고 분석한 후, 그 결과를 자사의 품질관리 목표와 전략을 수립할 때 반영하는 기법이다. 벤치마킹은 비단 품질관리만이 아닌 모든 영역의 경영혁신에 적용될 수 있어 별도로 서술하였다.

품질기능전개는 소비자의 요구에 맞는 제품의 개발을 위해 이용되는 기법이다. 1단계(What)에서는 소비자의 기본적인 요구사항을 파악한 후 보다 자세한 사항으로 세분화한다. 2단계(How)에서는 소비자의 요구에 영향을 미치는 공학적, 기술적 특징을 파악한다. 즉 기본적인 1차적인 특징을 파악한 후, 이어 보다 세분화된 특징을 분석하는 것이다. 3단계는 앞에서 파악된 What과 How의 상관관계의 강도를 기호(강한 관계-◉, 중간-○, 약한 관계-△)로 표시한다. 5단계에서는 경쟁사 제품과 비교를 한다. 끝으로 6단계는 소비자 요구항목과 기술적 항목의 우선순위를 결정한다.

일반적으로 품질통제를 위해서 제품의 규격목표치를 기준으로 허용오차(tolerance)를 고려한 규격상한(USL: upper specification limit)과 규격하한(LSL: lower specification limit)을 정하여 그 범위를 벗어날 때 통제시그널을 보내게 된다. 그러나 다구치방법에 의하면 품질은 비록 허용오차 범위 내에 있다하더라도 규격목표치를 조금이라도 벗어나게 되면 손실이 발생한다고 가정하고, 2차 손실함수를 반영하여 통제를 더욱 강도 높게 하는 방법이다. 특히 다구치는 제품이 외부변동요인에 잘 견디도록 설계되어야 한다며 실험계획법에서 파라미터와 허용오차를 여유 있게 설정하여야 한다고 하였다.

6. 6-시그마(Σ 또는 σ)

6-시그마는 1980년대에 모토롤라가 창안하였으며 이후 유수의 제조업체들이 이 기법을 도입하여 유명해졌다. 시그마(Σ 또는 σ)는 분산을 측정하는 단위로서 백만 개 중에 6천개 정도의 불량이 나오는 수준을 의미하므로 상당히 낮은 수준의 불량률을 상징한다. 6-시그마는 프로세스의 품질향상을 통한 수익성의 향상에 추구하며, 객관적인 데이터에 근거한 통계적 분석기법을 광범위하게 이용하며, 최고경영층의 적극적인 리더십을 요구하는지라 단순히 품질향상운동이라기 보다 경영혁신기법으로 봐야 한다. GE의 경우 잭 웰치 회장의 강력한 리더십으로 6-시그마를 성공적으로 실천하여 효과를 본 대표적인 대기업 사례이다. 오늘날에는 서비스기업들도 도입하고 있어 적용범위가 계속 확대되고 있다.

TQM과 비교할 때 방법론의 발원지와 발전과정만 다를 뿐 기본적으로 지향하는 철학, 목표, 방법론은 크게 다르지 않다.

7. 벤치마킹

일반적으로 벤치마킹(benchmarking)이란 측정의 기준이 되는 대상을 설정하고 그 대상과 비교 분석을 통해 장점을 따라 배우는 행위를 말한다. 경영 분야에서 '벤치마킹'이란 어떤 기업이 다른 기업의 제품이나 조직의 특징을 비교 분석하여 그 장점을 보고 배우는 경영 전략 기법을 말한다. 정보시스템 분야에서 '벤치마킹'이란 자사의 정보시스템이나 홈페이지 등을 다른 정보 시스템이나 홈페이지 등과 비교 분석하여 평가하고 그 장점을 따라 배우는 것을 말한다.

벤치마킹을 하는 이유로는 첫째, 치열한 경쟁으로 점진적인 개선을 도모할 시간적인 여유가 없기 때문이며, 둘째, 최고와 비교하여 자신의 위치를 좀 더 정확하게 알 수 있고 또한 자신이 고쳐야 할 것에 대한 정보를 얻을 수 있기 때문이며, 셋째, 최고가 아니면 살아남기 힘든 상황에서 지속적인 개선의 수단으로 활용될 수 있기 때문이다.

벤치마킹은 먼저 벤치마킹할 분야를 결정하고, 벤치마킹 대상기업의 선정 및 자료를 수집하며, 자료의 분석을 통한 차이를 확인하고, 마지막으로 분석결과를 바탕으로 자사의 목표와 전략의 설정, 실행계획의 수립 그리고 실행하는 순으로 진행한다.

벤치마킹을 할 때 주의해야 할 것은 모든 기업들이 같은 환경에 같은 역량을 갖추고 있지 않다는 점이다. 흔히 맥락(context)이라는 배경이 다를 경우, 동일한 경영혁신기법을 적용하더라도 동일한 효과를 거두지 못하는 경우가 흔하다. 아시아에 있는 기업들이 미국의 기업이 성공을 거뒀던 경영혁신방법을 그대로 따랐다 하더라도 똑 같은 결과를 얻지 못하는 것과 같다.

1. 비즈니스 프로세스

비즈니스 프로세스는 특정한 과제를 해결하기 위해 존재하는 규격화된 활동의 조합으로 실제로 업무를 처리하는 방법과 절차를 말한다. 프로세스에서 중요한 것은 고객들에게 가치 있는 결과를 제공하는 활동 또는 작업인데, 대부분의 기업들이 부서별 또는 개별 작업만 관리하다 보니 고객의 입장에서 필요한 전체적인 프로세스의 효율화는 달성하기 어렵다.

프로세스는 입력, 전환, 출력, 입력에 대한 공급자, 출력을 사용할 고객, 통제, 피드백, 프로세스 오너 등으로 구성되며, 기본적인 특징은 전환, 피드백, 반복성이 있다. 프로세스 맵은 비즈니스 프로세스를 그림으로 표현한 것으로 현재 프로세스 맵(As-Is Process Map)과 미래 프로세스 맵(To-Be Process Map)이 있다. 프로세스관리에서 프로세스의 목표관리와 성과관리를 수행하는 것이 중요하다. 또한 프로세스 자원관리가 이루어져야 하며 인터페이스 관리도 효과적으로 수행되어야 한다.

2. 경영혁신과 BPR

경영의 효율성을 획기적으로 제고하는 경영혁신의 개념으로 1990년도를 전후하여 BPR과 PI 등이 소개되었다. BPR은 정보기술을 이용하여 프로세스를 새롭게 디자인함으로써 획기적인 성과를 획득하려는 시도라고 할 수 있으며 세 가지의 중요한 특징을 가지고 있다. 첫째, BPR은 기능 중심의 조직을 프로세스 중심으로 전환하였다. 둘째, BPR은 고객 중심의 관리 및 조직문화를 강조한다. 마지막으로 BPR을 가능하게 하는 것은 ICT이다. BPR의 기본 원칙은 업무 중심의 일처리가 아닌 결과 중심의 일처리가 되도록 하는 것과 프로세스의 결과물을 받는 자가 그 프로세스를 즉시 수행하도록 하는 것이며, 분산 자원의 집중관리, 현장에서 의사결정과 정책판단이 이루어지도록 해야 한다. 아울러 BPR의 8단계 실행 절차를 설명하였다.

3. 비즈니스 프로세스관리(BPM)

BPR은 프로세스 중심의 새로운 경영기법을 제시하였다는 점에서 많은 주목을 받았으나 급진적인 변화를 추구하는 것이 쉽지 않은 작업이기 때문에 좀 더 점진적인 프로세스의 관리를 통해 효율성을 추구하는 비즈니스 프로세스관리 기법이 등장하였다. BPM의 등장배경을 설명하고 BPM과 BPMS 실제적인 기능을 소개하였다. BPM은 조직의 경계를 넓힐 수 있는 자동화된 시스템을 만들고, 적용하고, 모니터링하는 방법이며 비즈니스 프로세스가 더욱 효율적으로 실행될 수 있도록 해줄 뿐만 아니라 성취도를 측정하고 개선의 가능성을 평가할 수 있는 도구를 제공해 준다.

사례

보잉787 드림라이너 사례

Boeing 787 드림라이너(Dreamliner)의 개발은 여러 가지 이유로 지연이 되었는데 그중 하나는 글로벌 공급망(supply chain)의 문제였다. 글로벌 공급망은 비용을 절감하고 개발 기간을 단축하기 위해 만들어진 네트워크였지만 실제로는 여러 가지 문제를 일으켰다. 이에 보잉은 드림라이너 프로젝트를 통해 대형 여객기의 개발에 따른 프로세스를 재설계하기로 결정하였다. 즉 지금까지 주로 사용하였던 기술적인 노하우에 의존하는 방법을 탈피하여 글로벌 공급망의 프로세스에 협력(collaboration)이라는 경쟁적인 도구를 활용하기로 하였다.

드림라이너 프로젝트에는 혁신적인 설계와 새로운 재료들을 사용하는 것 이외에도 제조프로세스에 큰 변화를 도입하였다. 보잉은 매우 복잡한 공급망을 구축하였는데 이 망에는 전 세계의 103개 지역에 산재해 있는 50여 개의 파트너 기업이 엮어 있었다. 이러한 공급망을 구축한 목적은 백억 달러 이상 소요되는 새로운 비행기의 설계와 제작에 따르는 재무적 리스크를 줄이고 새로운 제품의 개발에 들어가는 시간을 단축하는 것이었다. 파트너들의 전문성과 기술을 서로 보완하기 위해서는 복합적인 재료나 기체 동역학(aerodynamics), IT 인프라 등에 관한 여러 지역에 소재한 회사들의 전문지식과 기술을 끌어모으는 일이 중요했다. 이러한 변화는 과거 경쟁의 기반을 비용절감에 두었던 것에서 벗어나 숙련된 기술에 의한 경쟁기반을 제공하는 계기가 되었다. 이러한 공급망의 구축은 보잉이 비행기의 제작에 가장 중요한 두 가지 부분, 즉 동체와 날개를 외주로 생산하게 된 시발점이 되었다.

시제품 개발에 들어간 지 6개월 만에 문제점이 나타나기 시작했다. 기술자들은 복합재료들을 구워서 동체의 바깥을 만드는 과정에서 예상하지 못한 거품들이 생기는 현상을 발견하였다. 이 일로 인하여 프로젝트는 1개월가량 지연되었다. 보잉의 관리자들은 늦어진 시간을 보충할 수 있으며 모든 것은 순조롭게 진행되고 있다고 주장하였다. 그러나 다음으로 코에 해당하는 앞부분의 테스트에서 큰 문제가 발생하였다. 이번에는 소프트웨어 프로그램에 문제가 있다는 것이 확인되었는데 여러 제조사에서 설계된 제품과 관련이 되었다. 프로그램들은 서로 소통하지 못했으며 이로 인하여 전체 공급망이 문제가 생겼고, 전자제품의 통합에도 문제가 발생하였다. 비행기의 여러 파트들을 단단하게 고정시키기 위한 티타늄 고착제에 문제가 있다는 사실을 발표했을 때 보잉은 이미 위험 지역에 깊숙이 들어가 있었다. 글로벌 공급 네트워크는 통합이 제대로 이루어지지 않았으며 단지 몇 개의 공급사에 전적으로 의지해야 하는 상황이 되었다.

이 사례는 과도한 공급망에 의존하는 위험을 보여 주는 것이며 비즈니스를 계획한 대로 수행하기 위한 능력에 상당한 문제를 야기하는 것이었다. 급진적으로 새로운 프로세스를 추진하게 되면 예상하지 못한 문제들을 만나게 된다. 어떤 경우에는 기업의 경쟁력을 훨씬 뒤떨어지게 하여 기업경영에 실패를 초래할 경우도 생긴다. 그러나 이 사례의 경우에는 드림라이너의 주된 경쟁제품인 에어버스 380 프로그램도 글로벌 공급사슬 모형을 사용하고 있으며 이로 인해 에어버스 개발 프로그램도 몇 년간 지연되었다. 이들의 경쟁은 지금도 계속되고 있다.

자료원 : Pearlson and Saunders, 2010.

▪➡ 사례질문

1. 보잉사는 왜 787 드림라이너를 설계하고 개발하는 데 급진적인 프로세스 재설계를 채택하였는가?

2. 이 사례처럼 급진적인 변화나 프로세스의 변화를 추구할 때 있을 수 있는 어떤 위험들이 있을 수 있는지 토론해 보자.

3. 본인이 프로젝트 관리자라면 드림라이너 개발 프로젝트가 겪은 문제를 피하기 위해 어떠한 조치를 취할지를 토론해 보자.

註. 꿈의 항공기로 불리는 보잉 787은 뛰어난 연비를 자랑하며 스위치로 창문을 불투명하게 조절하는 등 첨단기술들을 적용하고 있다. 당초 2008년 인도를 목표로 여객기를 개발하였는데 사례에서 보여 준 바와 같은 여러 가지의 문제로 인하여 2011년 가을 처음으로 일본의 ANA사에 인도될 수 있었다. 우리나라의 대한항공과 한국항공우주산업 등도 부품제작에 참여하고 있으며 대한항공에서는 2016년에 드림라이너를 도입하였다.

Chapter

9

e-비즈니스

8장에서는 시장과 기술 환경의 변화에 대응하여 기업들이 전통적인 경영방식에서 탈피하는데 필요한 다양한 변화·혁신이론과 기법들을 소개하였다면, 이 장에서는 ICT[1] 그 자체를 경영활동 전면에 적용하는 혁신에 초점을 맞추었다. 첨단 ICT를 활용한 궁극의 경영혁신은 경영의 디지털화, 즉 e-비즈니스를 전면적으로 추구하는 것이다. ICT는 오늘도 내일도 계속적으로 발전하는 경영혁신의 주요 변수이다. 따라서 혁신적 경영자는 거래 및 경영활동 전반에 새로운 ICT를 지속적으로 접목함으로써 효율성과 효과성을 극대화하고자 노력해야 한다. 따라서 e-비즈니스는 지속적인 경영혁신 및 정보화전략으로 볼 수 있다.

---

1) Information & Communication Technology

1. e-비즈니스의 개념

e-비즈니스의 근간은 개방형 인터넷이다. 1969년 미국 국방부가 신뢰성 높은 네트워크의 필요성 때문에 최초의 인터넷을 개발한 이 후 인터넷의 발전과 전 세계로의 확산 스토리는 경이적이다. 특히 기업이 인터넷을 적극적으로 경영에 도입하기 시작한 것은 비즈니스적 관점에서 바라본 인터넷이 지닌 엄청난 가치(value) 때문이었다. 〈그림 9-1〉은 비즈니스 관점에서 바라본 6가지의 인터넷 가치를 요약해서 보여주고 있다.

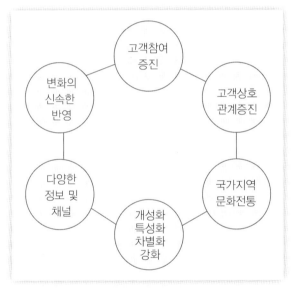

☀ 그림 9-1 _ 비즈니스 관점의 인터넷 가치

1) 비즈니스 관점의 인터넷 가치

(1) 고객의 경영활동에의 참여 확대

인터넷은 고객이 자신의 요구사항과 불만을 보다 손쉬운 방법으로 전달할 수 있는 새로운 경로를 제공하였다. 기업은 오랫동안 고객의 음성을 듣고 그것을 경영에 반영하고 싶어 해 왔는데, 이제 새로운 길이 현실화된 것이다. 기업의 웹사이트와 게시판, 이메일, 각종 홍보 SNS계정에서 고객들은 자신의 요구사항과 불만을 적극적으로 개진하고 토로할 수 있게 되었다. 고객과의 의사소통 빈도가 늘어남에 따라 고객의 중요성은 더욱 부각되었고 고객중심적 경영의 가치도 함께 부각될 수 있었다.

(2) 고객 상호간의 관계의 증진

인터넷은 고객들이 모여 상호간에 쉽게 정보를 교환하고 요구사항을 조직적으로 전달할 수 있는 사이버공간을 쉽게 제공해 주었다. 그래서 인터넷에서는 고객들이 집단적 관계를 형성하기가 매우 쉽다. 사실 상업적 포탈에는 같은 취미를 가졌거나, 같은 문제와 목적을 공유하는 사람들이 모인 수십만 개의 블로그나 카페가 개설되어 있다. 다수의 사람들이 공감할 수 있는 사회적 이슈(기부금 모금, 영화제작, 스토리개발 등)를 위해 쉽게 기부금을 모을 수 있는 크라우드펀딩도 한 예가 될 수 있다. 때로 기업에 불만을 가진 소비자집단이 안티 사이트(anti site)를 개설하고 불매운동도 쉽게 추진할 수 있다. 기업들은 안티 사이트와 불매운동을 무조건 두려워할 것이 아니라 이를 경영혁신의 기회로 삼는다면 병을 치료할 수 있는 명약이 될 수도 있다. 이렇듯 고객 상호간의 관계를 쉽게 구축할 수 있도록 돕는 인터넷이 고객중심적 경영의 가치를 더욱 부각시켰다.

(3) 국가, 지역 문화의 관통

인터넷이 보편화된 환경에서 국가를 구분 짓는 국경의 의미는 점점 쇠퇴하고 있으며, 국가 간에 맺는 자유무역협정(FTA)은 이를 더욱 가속화시키고 있다. 인터넷이 확산되면 될수록 전 세계인은 비슷한 환경 하에서 인터넷을 통해 관계를 형성할 수 있으며, 세계는 거대한 단일시장으로 확대 개편됨에 따라 기업은 언제나 새로운 시장을 창출할 수 있는 기회를 가질 수 있다. 삼성전자와 애플과 같은 첨단기업들이 신제품 개발, 생산설비, 우수인재에 천문학적인 투자를 하는 것은 세계의 거대 시장이 가져다 줄 수 있는 규모의 경제의 이익을 보았기 때문이다. 알리바바와 같은 거대한 BtoB 전자상거래 사이트는 국경을 넘어 전 세계의 제조업체와 공급업체를 연결함으로써 쉽게 글로벌 소싱(sourcing)을 가능하게 하고 있다. 우리나라의 한류 콘텐츠는 유튜브와 같은 동영상 플랫폼을 통해 동남아시아, 유럽, 남미의 이용자들에게 쉽게 전파되어 소비될 수 있게 되었다. 이런 측면에서 개방형 인터넷이 갖는 비즈니스적 가치는 천문학적이라 할 수 있을 것이다.

(4) 개성화, 특성화, 차별화가 쉬워짐

사람과 집단은 일반적으로 타인과 구별하여 스스로를 차별화 하고자 하는 성향이 높은데 이는 인터넷이라는 사이버공간에서도 마찬가지다. 독특한 휴대폰 벨소리, 컬러링, 블로그 스킨, 아바타, 이모티콘, SNS 포스터 사진, 사진편집도구 등을 활용하여 자신은 타인과 다르다는 것을 쉽게 표현할 수 있다. 웹환경에서는 이러한 기능을 쉽게 구현해주는 웹 프로그래밍 도구와 기술들이 즐비하기 때문이다.

기업들 역시 이러한 소비자의 성향을 잘 알고 있기에 개인화(personalization) 서비스를 통해 고객의 마음을 사로잡고자 노력한다. 예를 들어, 전자상거래업체들은 고객이 자사의 웹사이트에서 클릭하거나 구매한 모든 상품들을 기억해 두었다가 고객의 흥미를 끌만한 유사 제품이나 세일 상품을 제시함으로써 구매동기를 높인다. 포탈은 블로그 사용자들에게 원하는 색상이나 레이아웃 그리고 메뉴를 선택할 수 있도록 돕는다. 모두가 1:1 개인화 서비스라 할 수 있다. 이렇게 쉽게 개인화를 할 수 있는 인터넷은 기업들 고객서비스 활동에 큰 가치를 제공한다고 볼 수 있다.

(5) 다양한 정보와 전달 채널

인터넷은 다양한 내용과 다양한 형식의 디지털 정보를 제공하는 새로운 전자채널이다. 사람들은 인터넷에서 문서, 음성, 이미지, 동영상, 애니메이션 등의 정보를 이메일, 전자게시판, 블로그, 커뮤니티, 각종 SNS미디어를 통해 얻을 수 있으며, 사용자의 접근 도구는 점차 PC에서 모바일기기로 옮겨가고 있다. 이렇게 고객에 대한 근접성과 밀착성이 강화됨에 따라 양질의 고객서비스와 호의적인 고객반응을 얻을 수 있다.

인터넷을 기반으로 정보제공이 다양해지는 상황에서 기업들은 정보자원관리에 대한 새로운 대응방식을 준비할 필요가 있다. 과거에 마케팅 활동을 PC를 기반으로 하였다면 이제는 모바일기기(스마트폰, 테블릿PC 등)를 기반으로 인터넷마케팅 및 홍보활동을 해야 할 것이다. 더구나 VR(가상현실), AR(증강현실) 등의 첨단기술을 활용하여 보다 열광적인 고객반응을 기대할 수도 있다.

다양한 유형의 정보를 확보가 쉬워졌지만 이러한 콘텐츠들이 모두 정보나 지식으로 활용될 수 있는 조건을 갖추고 있지는 않다. 진정한 가치는 인터넷에서 정보를 찾아내고 이를 의사결정과 경영에 유용하게 활용 가능할 때 가능한 것이다. 인터넷에서 자료를 찾아 그것을 기업의 경쟁력을 강화해줄 수 있는 차별적 정보로 가공할 때 비로소 인터넷의 가치는 빛난다. 빅데이터는 이러한 가능성을 더욱 확대해 주고 있다.

(6) 변신욕구의 신속한 반영, 변화주기의 단축

인터넷은 고객과의 밀착성이 뛰어나므로 시장의 변화와 고객의 요구를 신속히 파악할 수 있고, 이를 서비스와 상품의 설계에 반영함으로써 고객의 만족도를 향상시킬 수 있다. 고객의 소리를 실시간으로 청취할 수 있고 이에 대해 신속한 대응을 가능하게 하는 인터넷 환경은 비즈니스 유연성의 향상이라는 귀중한 가치를 가진다.

한편 이러한 인터넷의 속성 때문에 제품과 기술의 수명주기는 점점 짧아지고 있고, 기업들은 제품의 개발에서 출시에까지 걸리는 시간, 즉 time-to-market을 줄이기 위해 부단히 경쟁하는 시대에 이르렀다. 오늘날 스피트(속도)는 경영성과의 중요한 측도가 되고 있다. 빠른 경영을 위해서 기업들은 경영 전반에 e-비즈니스화를 추진해야 할 것이다. 이를 위해 기업은 새로운 가치사슬(value chain)을 설계함으로써 비용만 발생하는 불필요한 경영활동을 제거함으로써 효율적인 비즈니스 프로세스를 재창출해야 한다. 이는 8장에서 설명한 BPR(Business Process Reengineering)과도 일맥상통하는 노력이다.

2) e-비즈니스의 정의

1997년에 IBM이 e-Business 라는 용어를 처음 사용했을 당시에는 인터넷을 기반으로 한 전자상거래(electronic commerce)라는 용어가 유행하던 시기였다. 당시만 하더라도 인터넷을 통해 수행할 수 있었던 경영활동은 판매행위가 유일했지만, IBM은 판매 외의 다른 경영활동에 대한 적용가능성을 제시하면서 e-Business 개념을 제시하였다. 당시 IBM은 e-Business를 '인터넷 기술을 기반으로 핵심적인 경영 업무 수행과 시스템을 결합함으로써 다양한 비즈니스 가치를 광범위하고 편리하게 추구할 수 있는 안전하고 유연하며 통합된 비즈니스 방식'으로 정의함으로써 오늘날에도 통용될 수 있을 정도로 e-비즈니스를 포괄적으로 정의하였다. IBM은 기존의 정보시스템과 인터넷의 광역성(개방성)을 통합함으로써, 고객, 직원, 공급업체 등의 핵심적인 비즈니스 활동에 직접 연결시켜 공급망 전체의 효율성을 업그레이드할 수 있는 기술로 e-비즈니스를 이해하였다.

본 장에서는 e-Business를 다음과 같이 정의하고자 한다.

> e-Business는 기업의 모든 경영활동에 인터넷 기반기술과 디지털 정보기술을 전자적으로 통합 적용함으로써 경영의 효율성과 효과성을 극대화하고자 하는 새로운 경영방식이다.

첫째, 이 정의에 의하면 e-Business는 특정 분야나 기능에 한정하는 것이 아니라 기업의 모든 경영활동을 대상으로 한다. 계획, 조직화, 운영, 통제, 평가 등 모든 경영활동을 포함할 뿐만 아니라, 인사관리, 재무 및 회계, 재고관리, 생산, 연구개발(R&D), 마케팅, 주문처리, 판매, 물류 및 배송 등 모든 기능을 대상으로 한다.

둘째, e-Business는 인터넷 기반기술과 전통적 디지털 정보기술 모두를 포함한다. 즉 새로운 기술과 전통적 기술은 물론 미래에 등장할 기술까지를 포함할 수 있는 여지를 남겨두는 개념이다. e-Business에 대한 그릇된 이해 가운데 하나는 인터넷 기술만이 e-Business에 적용하는 기술로 생각하는 것이다. 그러나 e-Business는 기존의 시스템과 인터넷이 갖는 공공 네트워크를 상호 연결하는 것이기 때문에 하드웨어, 소프트웨어, 네트워크 관련 모든 전통적 정보기술과 인터넷 관련 기술이 모두 필요하다.

셋째, e-Business는 기술을 전자적(electronically)으로 통합해서 적용해야 한다. 인터넷 기반기술과 디지털 정보기술 각각이 표준에 근거하여 전자적으로 통합될 때 다양한 하드웨어, 소프트웨어, 네트워크들이 갖는 비호환성을 극복할 수 있어 협력적, 분산처리가 가능해진다. 이러한 전자적 통합으로 기술적용의 시너지를 기대할 수 있으며 조직전체의 e-비즈니스 구축비용을 절감할 수 있다. 예를 들면, 홈페이지 게시판이나 A/S센터에 접수된 고객요청사항, 불만사항을 체계적인 보고서로 가공할 수 있는 프로그램이 없다면 이를 상품개발, 마케팅, 영업부서는 공유할 수 없을 것이다.

끝으로 e-Business는 경영의 효율성과 효과성을 균형 있게 극대화한다. 생산성과 유사한 의미의 효율성(efficiency)은 매출, 원가, 시장점유율 등 정량적 성과를 바탕으로 계량 가능한 경영성과를 말하며, 효과성은 계량화하기 쉽지 않은 고객만족도, 기업이미지, 브랜드 인지도와 같은 경영성과를 포함한다. 즉 e-Business는 계량화가 가능한 경영성과와 계량화하기 어려운 정성적 경영성과의 향상 모두를 균형적으로 추구한다.

2. e-비즈니스의 등장과정

앞서 설명하였듯이 e-비즈니스는 어느 날 갑자기 나타난 경영혁신방식이 결코 아니다 〈그림 9-2〉는 e-비즈니스의 등장과정을 요약해서 보여주고 있다.

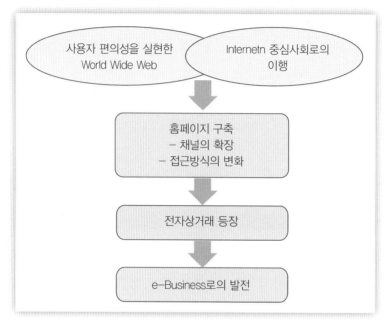

※ 그림 9-2 _ e-비즈니스의 등장과정

1) 환경조성단계-1 : 사용자 편의성이 보장되는 World Wide Web의 출현

e-비즈니스의 출발은 사용자가 인터넷 서비스를 매우 편리하게 쓸 수 있는 World Wide Web에서 찾는다. HTTP(Hyper Text Transfer Protocol)[2) 방식의 World Wide Web[3)의 등

---

2) HTTP는 웹(WWW) 상에서 파일(텍스트, 그래픽 이미지, 사운드, 비디오 그리고 기타 멀티미디어 파일)을 주고받는데 필요한 프로토콜(통신규약)로서 TCP/IP와 관련된 하나의 응용 프로토콜이다.

3) WWW는 인터넷의 많은 서비스들 중에서 가장 최근에 개발된 멀티미디어 서비스로서 유럽 입자물리학 연구소(CERN)에서 처음 고안되었다. 주로 문자를 기반으로 전송하던 다른 인터넷 서비스들과는 달리 윈도우의 그래픽 사용자 인터페이스(GUI)를 최대한 살려 사진과 그래픽, 음성과 동영상 등을 하이퍼텍스트라는 편리한 방법으로 검색할 수 있게 해준다. 하이퍼텍스트 자료들은 HTML이라는 언어를 통해 표현되며, 이러한 문서들은 HTTP라는 통신 프로토콜을 사용하여 전송된다.

장으로 인터넷 사용자는 폭발적으로 증가하였다. 물론 WWW 이전에도 Telnet, Go-pher, Archie와 같은 프로토콜을 사용하는 인터넷은 존재하였지만 명령어를 일일이 외워 입력해야 하는 등 사용하기 불편해서 사용자가 많지 않았다. 그러나 HTTP방식의 WWW는 배우기 쉬웠고, 사용하기가 편리하였고, 다양한 멀티미디어 정보를 제공하였기 때문에 순식간에 확산될 수 있었다. 즉, 인터넷이 본격적으로 기업 활동에 적용되기 전에 환경조성단계로서 사용자 편의성이 보장되는 World Wide Web이 존재했기 때문이었고, 다수의 사용자가 접근할 수 있는 인터넷 환경은 기업에게 새로운 시장을 제공할 수 있었다.

2) 환경조성단계-2 : 인터넷 중심사회로의 이행

인터넷이 본격적으로 경영활동에 활용되기 전에 우리 사회는 이미 인터넷이 매우 중요한 역할을 하는 사회로 이행하였음에 주목할 필요가 있다. 정치, 경제, 사회, 문화 등에 인터넷이 가져다 준 변화는 방대하였다. 따라서 이를 기회로 활용하는 것은 기존의 전통적 기업이든 스타트업이든 기업들이 당연히 해야 할 일이라 할 수 있다. 이는 사회 환경의 변화를 기업이 기회로 활용한 하나의 예로 볼 수 있다.

3) Business 활용 1단계 : 홈페이지 구축-채널의 다양화

기업이 인터넷을 활용한 1단계는 웹사이트(홈페이지)의 구축이었으며, 이는 기업이 고객과 소통하는 채널을 보다 다양화하는 효과가 있었다. WWW방식의 인터넷에서 HTML(hyper text markup language)을 이용한 홈페이지 구축은 기존 어떤 프로그래밍 언어와 비교해도 배우기 쉽고 활용하기 쉬워 많은 조직과 단체 및 개인들이 홈페이지를 구축하여 활용하기 시작하였다. 홈페이지로 인해 기업 홍보와 제품의 광고를 주로 담당하였던 전통적 매체인 텔레비전, 라디오, 신문, 잡지 등에 새로운 채널이 하나 더 추가된 것이다. 그리고 기존의 채널은 시간적, 공간적으로 제한되어 있었던 것에 비해 홈페이지는 365일 24시간 연속적으로 기업과 제품의 존재를 알릴 수 있다는 장점이 있었다. 특히 HTML로 개발된 홈페이지는 hyper-link에 의한 연결이 손쉬워 사용자가 원하는 정보를 얻기도 용이하였고 포탈의 검색엔진에 의한 자료검색도 매우 쉽다는 장점이 있었다.

단방향 의사소통 홈페이지	양방향 의사소통 홈페이지
– 기업소개 – 상품 및 서비스 소개	– 고객 및 방문자 반응 수렴 – 고객중심 경영의 가시화

☀ 그림 9-3 _ 홈페이지의 진화

〈그림 9-3〉과 같이 초창기의 홈페이지는 일방적인 의사소통만 가능한 것이었다. 홈페이지를 통해 기업들은 연혁, 비전 및 전략, 조직도, 경영진, 사업분야, 제품 및 서비스 등을 알리는 수준에 머물렀다. 이 후 홈페이지는 CGI, JAVA, ASP[4])와 같은 발전된 웹프로그래밍 기술에 힘입어 그림과 같이 양방향 의사소통이 가능한 2단계로 발전하였다. 이 후 기업의 홈페이지는 게시판, 이메일, 방명록 등을 통해 요구사항, 불만, 건의 및 새로운 아이디어를 고객으로부터 듣고 응답할 수 있는 공간으로 발전해 갔다.

4) Business 활용 2단계 : 인터넷 전자상거래 등장

기업은 자신의 홈페이지에 많은 방문자와 고객이 찾아온다는 것을 알고는 홈페이지에서 단순히 상품 및 서비스 자료를 전달하는 일에 머무르지 않고 직접 판매까지 하는 기회를 갖고자 할 것이다. 〈그림 9-4〉처럼 기업은 보다 많은 고객이 자사의 홈페이지를 찾도록 홈페이지를 단장하고 내용을 계속 업그레이드 하였으며, 방문한 고객들과의 양방향 관계에서 새로운 사업적 기회를 모색한 결과, 홈페이지를 판매-구매의 공간으로 활용하기 시작한 것이다.

인터넷전자상거래는 여러 가지 측면에서 기존의 상거래와는 차별화되는 장점이 많다. 첫째, 제조업체와 소비자 간의 거래단계가 단축되어 가격경쟁력이 나아지며, 주

---

4) CGI(Common Gateway Interface) : 서버와 응용프로그램 사이에서 데이터를 주고받기 위한 방법 및 규약으로써 웹의 HTTP의 일부분이다.

JAVA : 인터넷 분산환경에서 특별히 사용되는 프로그래밍 언어이다.

ASP(Active Server Page) : 웹을 양방향 대화식으로 만드는데 필요한 핵심 HTML 페이지의 일종이다.

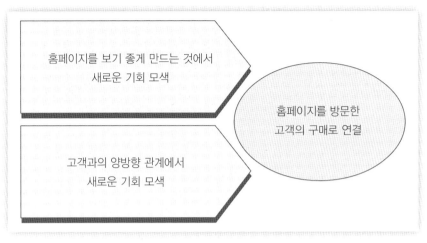

홈페이지를 보기 좋게 만드는 것에서
새로운 기회 모색

고객과의 양방향 관계에서
새로운 기회 모색

홈페이지를 방문한
고객의 구매로 연결

🌞 그림 9-4 _ 홈페이지가 상거래목적으로 변하게 된 요인

문방식, 입찰참여 절차, 대금결제 방식이 전자적으로 실행되는 등 고객의 편의성이 증가한다. 둘째, 거래로 인해 발생하는 데이터관리가 편리해진다. 전통적인 상거래에서는 문서형태의 자료가 생성되고 이를 보관하므로 이를 경영활동 목적으로 가공하기 위해서는 재작업을 해야 하는 번거로움이 있다. 전자상거래에서는 주문정보, 제품정보, 결제정보 등이 전자적으로 교환되고 보관되므로 거래 후 가공하여 경영활동을 지원하는데 쉽고 편리하게 활용될 수 있다. 끝으로 전자상거래는 시간적, 공간적 제약을 극복할 수 있어 가상공간에서 365일, 24시간 내내 비즈니스를 할 수 있다는 장점이 있다.

5) Business 활용 3단계 : e-비즈니스, m-비즈니스로의 발전

〈그림 9-5〉에 의하면 홈페이지를 기반으로 활성화된 인터넷전자상거래와 그에 필요한 쇼핑몰 구축, 전자결제 시스템 등이 인터넷 기반 기술을 적용할 수 있는 경영의 전부가 아니라는 사실을 인식하면서 새로운 경영방식에 대한 확대된 시각을 갖기 시작하였다. 즉 기업이 인터넷을 적용하여 성과를 향상시킬 수 있는 경영분야가 전자상거래(판매) 외에도 마케팅, 고객관리, 재고관리, 회계처리, 조달관리, 원가관리, 물류관리 등 기업의 경영활동 전반으로 확대할 수 있는 가능성을 본 것이다.

예를 들어, e-비즈니스의 한 분야인 인터넷 마케팅은 인터넷에서 각종 이벤트 실시,

e-쿠폰발행, 고객과의 양방향 소통을 위한 24시간 콜센터 및 게시판 개설, 고도의 마케팅 전략 수립을 위한 CRM의 구축과 실행을 가능하게 한다. 쇼핑몰에서 판매가 있은 후 POS가 생성하는 거래정보를 회계정보시스템이 별도의 수작업 없이 전자적으로 처리하여 각종 재무제표와 회계보고서를 생성하여 경영의사결정에 활용할 수 있어야 하고, 판매를 하면서 얻은 고객정보를 택배회사와 공유함으로써 신속하고 정확한 배달서비스도 가능해지는 것이다. 즉 경영활동 전 분야에 걸쳐 인터넷 기술을 응용하거나 디지털 정보기술을 통합 적용함으로써 정보공유와 협업을 통한 업무생산성 향상을 극대화할 수 있는 e-비즈니스가 출현한 것이다.

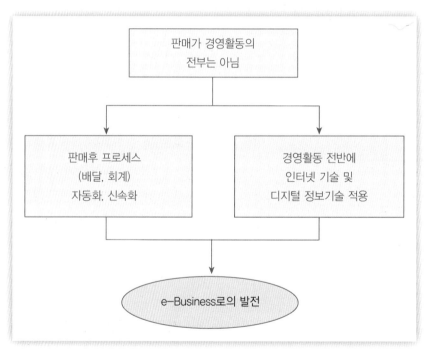

그림 9-5 _ 전자상거래에서 e-비즈니스로 발전하는 과정

오늘날 스마트폰, 태블릿PC와 같은 소형의 모바일 기기들이 출현하면서 모든 경영활동의 플랫폼이 PC기반에서 모바일(mobile)기반으로 변하고 있다. 이를 m-비즈니스라고 부르기는 하지만 그것을 가능하게 모든 기술들은 무선통신기술을 제외하고는 PC기반의 그것들과 크게 달라진 것은 없다.

3. e-비즈니스의 특징

e-비즈니스가 출현하기 이전에도 기업들은 전통적인 경영방식과 정보시스템으로 경영활동을 잘 수행해 왔다. 그렇다면 이것들과 비교해서 e-비즈니스는 어떠한 차이점이 있을까? 이 차이점을 잘 이해한다면 경영활동 전반에 e-비즈니스화를 보다 성공적으로 추진할 수 있을 것이다.

1) 전통적인 경영방식 vs. e-비즈니스

첫째. 전통적인 경영에 비해 e-비즈니스는 공급업체, 고객 등과 협력적 관계 및 정보공유를 보다 중요시 한다. 즉 e-비즈니스는 자사의 경영목표에만 몰입하지 않고 파트너들과 목표와 정보를 공유하는 가치사슬(value chain)을 중요시 여긴다. 따라서 단일 기업이 혼자 노력하기 보다는 때로 한 업종 또는 산업 전체가 함께 협력하고 표준을 정해 시스템을 구축하고 연결할 필요가 있다.

둘째. 전통적인 경영에 비해 e-비즈니스는 경영대상과 범위가 고객, 공급자, 협력업체, 정부 등으로 확대된다. 외부 조직과의 협력적 관계와 신속한 소통을 위해서는 조직 내부와 외부를 균형있게 관리해야 한다. 예를 들어 제조업체가 자사의 생산계획을 공급자와 공유한다면 보다 원활한 원자재 및 부품공급을 받을 수 있을 것이다. 그러므로 공급자의 경영계획에 도움을 줄 수 있는 정보를 제공해야 한다는 점에서 경영의 범위는 더 확대된다고 할 수 있다.

셋째. 경영대상과 범위가 확대되므로 당연히 의사결정 주체도 확대될 것이다. 의사결정주체가 확대됨에 따라 그에 따른 정보의 신속한 공유와 협업적 의사결정이 중요한 이슈가 된다. 예를 들어 전자상거래업체가 주문을 신속하게 배달하기 위해서는 택배업체와 고객정보과 배달일정 등을 공유하는 일이 필요하므로 협의에 의한 의사결정 주체를 확대하면 좋을 것이다. 특히 배달물품이 폭증하는 명절에는 더욱 그러할 것이다.

끝으로. 전통적 경영시스템에 비해 디지털 정보기술과 인터넷 기반 기술을 보다 균형감 있게 전자적으로 통합할 필요가 있을 것이다.

2) 전통적인 정보시스템 vs. e-비즈니스

첫째. 전통적 정보시스템에 비해 e-비즈니스는 보다 정교한 비즈니스 모델의 설계가 필요할 수 있다. e-Business에서는 기업의 외부조직과 이들의 경영자원도 중요한 경영활동의 대상이 되고, 외부조직과 경영목표와 비즈니스 프로세스를 공유할 필요도 발생하므로 새로운 비즈니스 모델을 설정하거나 강화해야 할 필요가 있는 것이다. 예를 들어, 인터넷전자상거래, 고객관계관리(CRM), 공급망관리(SCM) 등 모두 공동의 이윤창출에 필요한 새로운 비즈니스 모델을 필요로 한다.

둘째. 경영대상 및 범위가 확대되면 정보화 대상 및 범위가 확대되는 것은 당연하다. 즉 e-Business 환경에서는 공급자, 고객, 협력업체, 정부 등 외부조직들과의 협력적 관계와 신속한 정보공유가 중요하다. 이를 가능하도록 하기 위해서는 정보화 추진 범위를 확대하여 조직 외부의 정보화도 고려해서 e-Business 및 정보시스템전략을 수립할 필요가 있다.

셋째, 정보자원 관리대상이 확대된다. e-Business는 외부조직과의 업무 협력이 필요하므로, 외부 의사결정자에게 제공될 정보자원(예 : 데이터, 애플리케이션 등)의 범위도 결정해야 하고, 권한과 접근에 대한 통제도 필요하다. 거꾸로 외부조직이 창출하는 정보를 확보하고 공유하는 채널의 구축도 필요하다. 즉 e-Business에서는 조직외부로부터 발생하는 정보자원의 정의, 확보방법, 교환경로의 설정과 같은 추가적 관리사항이 발생한다.

넷째. 적용 기술이 확대된다. 전통적 정보시스템에 비해 e-Business는 인터넷 기술로 대표되는 응용기술이 보다 확대되므로 ICT의 발전추세를 보다 긴밀하게 모니터링할 필요가 있다. 기술의 발전을 지속적으로 시스템의 기능향상에 적용함으로써 IT활용의 경쟁적 우위를 이어나갈 필요가 있을 것이다.

끝으로. 통제 및 보안활동을 보다 강화할 필요가 있다. e-Business는 조직외부와의 관계를 확대하는 방향으로 전개되므로 보안에 대한 위험이 높아진다. 따라서 외부조직과 해커의 활동에 대한 통제가 강화되어야 하고, 보다 강력한 보안시스템의 구축도 필요해진다. 더구나 인터넷의 개방성과 표준화된 TCP/IP 프로토콜의 호환성 그리고 모바일통신(스마트폰)의 증가로 강화된 보안을 보다 필요로 한다.

4. e-비즈니스 모델들

e-비즈니스 모델은 i) 실행 주체에 따른 모델, ii) 실행 주체들의 관계에 따른 모델, iii) 경영기능별 모델로 나누어 설명하고자 한다.

1) e-Business 실행 주체에 따른 비즈니스 모델

e-비즈니스는 장기적으로 모든 조직들이 실행해야 하는 전략적 방향이다. 즉 전통적 제조업체, 전통적 서비스 기업, 신규 창업기업, 정부 및 공공기관들이 e-Business 수행할 수 있다.

첫째. 전통적 제조업체들은 과거의 전통적 기업 운영방식으로는 급변하는 경영환경에서 생존을 보장받기가 힘들어졌다. 따라서 경쟁력을 확보할 수 없는 부분은 과감하게 아웃소싱을 하고, 기업의 핵심역량에 모든 경영을 집중하여, 관련된 기업끼리 인터넷을 중심으로 비즈니스를 수행해야 한다. 판매와 유통을 위해서는 인터넷 마케팅을 교육과 훈련을 위해서는 e-learning을 도입할 수 있다. 아울러 e-Business에 맞는 전략과 사업구조 및 운영시스템을 갖추어야 한다.

둘째. 전통적 서비스 기업의 경우, 고객 정보를 관리하고 고객과의 관계를 형성, 유지하는 일련의 활동에서 과거의 방식이 아니라 새로운 디지털 정보기술과 인터넷 기술을 유기적으로 활용하는 것이 e-Business로의 변신을 말한다. 이를 위해 서비스 기업은 철저하게 고객을 중심에 두고, 고객관련 모든 데이터를 통합하여 체계적, 과학적 관리하고, 고객과 친밀한 양방향 의사소통을 추진해야 한다. 이를 위해 고기능 홈페이지 구축, 데이터웨어하우스, 데이터마이닝, CRM 시스템의 도입이 필요하다.

셋째. 당연히 신규 창업기업도 e-Business를 수행할 수 있으며, 기존의 기업에 비해 그 과정이 훨씬 용이하다는 장점이 있다. 신규 창업기업이 선택할 수 있는 사업분야와 기술은 무한할 것이다. 인터넷 자체가 비즈니스 대상이 될 수도 있으며, 처음부터 업무 프로세스에 인터넷 기술과 디지털 정보기술을 적용할 수도 있다. 전통적 기업에 비해 신규 창업기업은 과거의 관행과 구성원의 저항 및 반발에 따른 제약이 없어 보다 자유롭게 새로운 경영패러다임을 적용할 수 있고, 처음부터 완벽한 비즈니스 모델을 구상할 수 있어 경쟁력 확보도 쉬운 편이다.

끝으로, 정부 및 공공기관들도 e-Business를 수행한다. 오늘날 각 국가들이 추구하는 전자정부(E-Government)는 공공성을 띤 모든 업무에 인터넷 기술 및 디지털 정보기술을 적용하고 있다. 다만 민간기업과는 달리 e-Business 사명과 비전이 공공의 이익과 공공의 선을 추구하기 위해 인터넷 기술과 디지털 정보기술을 적용해야 할 것이다.

2) e-Business 실행 주체들의 관계에 따른 비즈니스 모델

(1) 기업과 기업간 e-Business 실행 : BtoB(Business to Business)

매출액 기준으로 B2B가 전체 전자상거래 중 가장 큰 비중을 차지한다. 기업과 기업 간 전자상거래관계에서 당연히 기업들이 e-Business 실행을 주도한다. 예를 들어, 원자재와 부품을 필요로 하는 기업과 공급하는 업체 간의 거래, 배송서비스를 필요로 하는 전자상거래업체와 택배업체 간의 거래 등 그 형태는 무수히 많다. 전자거래 장터(e-marketplace)라 불리는 B2B사이트는 원자재를 공급하는 업체와 그것을 필요로 하는 제조업들이 만나 주문하고 결제할 수 있는 사이버공간이다. 기업과 기업끼리 생산 및 재고정보를 공유하며 주문시스템을 통해 신속한 구매·조달을 할 수도 있다. B2B를 구체화시킨 비즈니스모델 중에 하나는 SCM(공급망관리)이다. 가치를 공유하는 기업들이 모여 스스로를 네트워크로 묶어 필요한 정보를 공유하며 신속하게 서로 필요한 서비스를 제공할 수 있다.

원활한 B2B를 위해서는 기업들이 각자 자신의 내부 정보시스템(인트라넷)을 쉽게 인터넷으로 연결할 수 있는 개방형으로 구축해 두어야 한다. 오늘날 TCP/IP를 근간으로 한 개방형 인터넷 환경은 B2B 비즈니스의 실행을 매우 저렴하고 용이하게 한다.

(2) 기업과 고객간 e-Business 실행 : BtoC(Business to Customer)

기업과 고객 간 거래관계에서 공급의 주체는 기업이고 고객은 수요의 주체가 된다. 일반 소비자가 가장 자주 접하고 그 비중이 날로 늘어가는 e-비즈니스형태가 바로 BtoC이다. 각종 인터넷 쇼핑몰, 인터넷 뱅킹 등이 여기에 해당된다.

BtoC 모델에서는 고객이 기업의 경영활동에 깊이 관여하는데 이를 '고객컴퓨팅 (customer computing)'이라 부른다. 인터넷 쇼핑몰에서 고객은 기업의 주문프로세스에 직접 참여하고, 직접 결제를 수행하고 배송에 필요한 주소를 제공해야 한다. 이렇듯 고객의 참여도가 높아질수록 기업은 별도의 업무 담당자를 두는 부담을 줄일 수 있으므로 그런 고객들에게는 절감되는 비용^(가치)을 돌려주는 전략도 필요하다.

(3) 고객과 기업간 e-Business 실행 : CtoB^(Customer to Business)

BtoC와 정 반대가 된 고객과 기업 간 거래관계^(CtoB)는 인터넷으로 인해 생겨난 독특한 전자상거래방식이다. 인터넷을 통해 비슷한 취향과 목적을 가진 개인들이 모이게 되고 이런 그룹은 자신의 강화된 협상력을 상품이나 서비스를 구매할 때 지렛대로 활용할 수 있다. 즉 인터넷이라는 양방향 소통매체를 통해 사람들은 특정 물건이나 서비스를 공동구매하기를 원하는 사람을 모아 판매자와 협상하여 저렴한 가격으로 구매하는 것이다. 즉 거래의 주체가 다수의 소비자^(고객)가 되는 형태이다.

이러한 공동구매의 이점을 처음 비즈니스 모델로 채택한 전자상거래업체가 쿠팡, 위멤과 같은 소셜커머스^(social commerce)업체들이다. 그러나 최근 이런 업체들도 공동구매 보다는 일반적인 BtoC 거래의 비중을 계속 높여가고 있어 BtoC와 크게 다르지 않다.

(4) 개인과 개인간 e-Business 실행 : CtoC^(Customer to Customer), PtoP^(Peer to Peer)

인터넷 공간에서 개인과 개인은 쉽게 만날 수 있으므로 거래관계가 성립하는 것도 자연스런 현상이다. CtoC모델은 과거 '벼룩시장'이라는 오프라인 매체를 통해 가능했던 개인과 개인 간의 거래가 인터넷으로 옮겨갔다고 보면 된다.

오늘날 대다수의 인터넷쇼핑몰은 본업인 BtoC외에도 CtoC를 위한 서비스를 제공하고 있다. 전문판매자가 아니라도 소정의 수수료만 지불하면 중고제품을 올려 팔 수 있고 안전하게 판매대금을 받을 수 있다. 한 때 일부 파일공유사이트는 개인과 개인을 네트워크로 연결해 줘 개인이 가진 디지털콘텐츠를 타인과 공유할 수 있도록 돕는 브로커 역할을 하기도 하였지만 모두 적법하지 않은 비즈니스 모델로 지금은 사라지고 없다. 오늘날 다수의 화일공유사이트와 엡스토어^(모바일폰 애플리케이션 판매 사이트) 등은 사이트가 개인 또는 기업이 창작한 컨텐츠나 애플리케이션을 받아 합리적인 가격을 책정하여 판매를 위탁해 주기 때문에 B2C e-Business로 봐야 하는 측면도 있으면서, 개인과 개인끼리 디지털 컨텐츠를 파는 부분도 있어 B2C와 C2C가 다소 혼재되어 있다고 볼 수 있다.

(5) 정부와 기업, 개인 간 e-Business 실행 : GtoB, GtoC

오늘날 정부는 기업들과 보다 원활하고 공정한 거래를 하기 위해 GtoB 모델을 실행하고 있다. 대표적인 예로 조달청(나라장터: sarok.go.kr)은 정부가 필요로 하는 공공물자 또는 행정물품의 조달을 위해 전자입찰시스템을 운영하고 있으며, 국세청은 기업이 수행해야 하는 모든 세무업무를 볼 수 있는 국세청 홈텍스라는 사이트를 운영하고 있다. 정부는 또한 국민 개개인이 편리하게 민원업무를 볼 수 있도록 '민원24'를 운영함으로써 시민들이 최대한 자신이 있는 곳에서 대민업무를 볼 수 있도록 돕고 있다.

3) 경영기능별 e-비즈니스 모델

경영기능별 e-비즈니스 모델은 매우 다양하지만 여기에서는 ERP, CRM, SCM만 상세하게 기술하고자 한다. 전자상거래와 전자무역은 최근에 들어 기술적 환경만 달라졌을 뿐 오래 전부터 기업들 끼리 수행해왔던 전자적 거래방식이어서 따로 설명을 하지 않고자 한다. 그리고 앞서 설명한 기업과 기업 간 BtoB(Business to Business)는 전자상거래 및 전자무역 모델이라 볼 수 있다. 다만 전자상거래와 전자무역은 오늘날 GtoB, GtoC, BtoC 등의 형태로 거래에 참여하는 당사자들이 확대되고 있는 추세라 할 수 있다.

- ERP(Enterprise Resource Management)
  - PDM(Product Document Management)
- CRM(Customer Relationship Management)
  - 인터넷 마케팅
- SCM(Supply Chain Management)
- 전자상거래(Electronic Commerce)
- 전자무역(Electronic Trade)

(1) ERP(Enterprise Resources Planning)

ERP는 경영목표 달성을 위해 경영자원을 효율적으로 관리하고, 경영기능이 제대로 기능을 발휘하도록 지원하는 내부 통합정보시스템이다. 전통적으로 정보시스템은 분석-설계-구축-검사라는 과정을 거쳐 자체개발해 왔지만 ERP는 전문 소프트웨어 개발업체가 이미 만들어 놓은 패키지형 소프트웨어를 구입하여 이를 자사의 환경에 맞게 수정하여 쓰는 패키지형 시스템이다.

SAP, Oracle, 영림원과 같은 전문개발업체들은 산업별, 업종별, 기능별 특성에 적합한 최적의 업무 프로세스(Best Process)를 연구하였고, 최적의 데이터, 조직, 정보기술을 적용한 통합정보시스템을 구현한 후 이를 자체개발을 원하지 않고 통합시스템의 구축을 원하는 기업들에게 팔고 있다. 즉 기업들은 자신의 업종에 최적화된 정보시스템을 구입할 수 있는 것이다.

기업들이 ERP패키지를 도입한다는 것은 패키지가 지정한 프로세스와 표준기술을 따른 경영혁신을 할 수 있다는 이점이 있다. ERP 패키지는 최적의 업무 프로세스를 근간으로 개발된 시스템이어서 비효율적인 현업의 업무 프로세스를 변경할 수 있도록 하는 BPR(Business Process Reengineering) 기능이 포함되어 있기 때문이다. BPR은 현재의 업무 프로세스를 다시 생각하고 근본적으로 재설계함으로써 비용, 품질, 서비스, 속도와 같은 핵심적인 성과를 극적으로 향상시킬 수 있는 기법이다.

ERP를 도입할 때 원칙적으로 커스터마이징을 추천하지 않지만 때로 획일적으로 받아들일 수 없는 부분이 있기에 개별 기업의 독특한 상황과 필요에 맞도록 ERP를 수정하고 변경(customizing)할 수 있다. 그렇지만 메뉴와 화면의 재구성, 보고서 양식조정 등에 그쳐야지 패키지의 핵심 프로세스나 알고리즘에 손을 대는 것은 추천하지 않는다.

제조업을 위한 ERP의 핵심모듈은 생산관리이다. 중장기 판매계획을 여러 단계의 세부계획으로 나눈 후 분기별, 월별, 일일 생산량을 결정하고, 이러한 생산계획이 차질 없이 진행될 수 있도록 자재수급계획을 생성하고, 이후 생산현장을 관리, 통제하는 프로그램들의 집합이다. 생산관리의 일부인 PDM(Product Document Management)은 생산에서부터 유통, 폐기에 이르기까지 제품에 대한 모든 정보를 통합 관리해주는 시스템이다. 기존의 CAD/CAM은 제품의 설계에서부터 생산까지 도면과 그래픽작업을 처리하고 저장하는데 중점을 두지만 PDM은 CAD 작업에서 생성된 도면정보 및 생산량, 생산일자, 주문량, 재고물량 등 제품과 관련된 모든 정보를 일괄적으로 관리하면서 생산관리 프로세스를 지원해 준다.

(2) CRM(Customer Relationship Management)

CRM은 고객 데이터로부터 추출한 고객에 대한 정확한 이해를 바탕으로, 고객이 원하는 제품과 서비스를 지속적으로 제공함으로써, 한번 고객이면 영원한 고객이 되도록 하여, 결과적으로 고객의 평생가치(life-time value)를 극대화하여, 기업의 수익성을 높이는 통합된 컴퓨터기반 고객관리시스템이다.

이를 위해서 기업은 고객과 무미건조한 관계에 머물지 않도록 노력해야한다. 다양한 고객접점(contact point)에서 신규 및 기존고객에 대한 데이터를 지속적으로 취득, 저장, 분류, 분석하여 광고 및 마케팅 의사결정에 활용해야 한다. 이를 지원하기 위해서 다양한 분석모형과 도구, 정보인프라, 효율적인 업무프로세스 그리고 고객중심 마인드가 갖추어져 있어야 한다.

CRM을 마케팅 관련 의사결정을 위해 단순한 정보제공이나 분석소프트웨어로 이해하는 것으로는 한계가 있다. 제대로 된 CRM은 고객중심의 경영철학 정립, 직원들의 고객 중시 마인드 함양, 고객관계관리를 위한 최적의 프로세스 확립, 관련 정보기술 인프라 구축 등 기업 전반에 걸친 혁신이 동반되어야 한다.

CRM을 추구하는 과정에서 고객데이터의 획득, 저장, 활용이 보다 중요해지고, 인터넷은 고객데이터관리와 판매촉진 등 마케팅목적으로 매우 중요한 매체임을 알게 된다. 이런 맥락에서 인터넷이라는 가상공간에서 인터넷 기술 및 디지털 정보기술을 이용해서 고객과의 관계 형성 및 실시간 상호작용을 통한 마케팅 활동을 추구하는 인터넷마케팅은 매우 중요한 e-비즈니스의 한 모델이다. 오늘날 마케팅을 빅데이터를 통해 가장 많은 이익을 얻을 수 있는 분야의 하나로 볼 때 CRM과 데이터분석 기술의 고도화는 떼어 놓을 수 없을 것이다.

(3) SCM(Supply Chain Management)

SCM은 원재료나 부품의 공급자, 생산자, 유통업자, 판매점, 소비자에 이르기까지 모두가 서로 정보를 공유하고 업무 프로세스를 연계함으로써 공급망 전체의 효율성을 극대화하는 e-비즈니스 모델이다. 이를 위해서 SCM은 기업 내 또는 기업 간에 수행되는 다양한 경영 프로세스와 부서 간에 존재하는 물리적 벽을 넘어서, 영업, 주문, 공급, 배송, 서비스, 결재 등에 정보가 물 흐르듯 흐르게 함으로써 공급망 전체의 효율성을 제고할 수 있다.

앞서 설명한 내부 통합시스템인 ERP로는 기업 내 부문별 최적화나 개별 기업단위에서의 최적화에 머물기 때문에 경영혁신에 한계가 있을 수밖에 없다. 예를 들어, 우리 기업은 최적의 재고 및 생산관리를 한다고 하더라도 공급업체가 많은 재고를 안고 있거나 원가목표를 달성하지 못한다면 전체 공급망은 최적화가 되지 못한다. 따라서 SCM은 기업단위의 최적이 아닌 공급망에 소속된 모든 구성원들의 프로세스를 함께 획기적으로 개선해서 전체의 최적화를 달성하는 것을 목표로 한다.

(4) 통합시스템으로써 e-비즈니스

ERP, CRM, SCM이 지향하는 e-비즈니스의 대상은 모두 조금씩 다르다. ERP는 내부 지향적 시스템이며, SCM은 외부조직과의 연결이 중요한 시스템이며, CRM은 내·외부 모두가 유기적으로 연계되어야 하는 시스템이다. 한 기업의 e-비즈니스는 궁극적으로 이 모든 시스템들을 통합해야 하고 개방적 인터넷 환경에서 작동될 수 있어야 한다. 그러나 통합시스템의 근간은 내부시스템인 ERP가 되어야 한다. CRM과 SCM 등 다양한 목적의 시스템들이 제대로 작동되기 위해서는 ERP가 기업 내·외부에서 생성되는 데이터를 통합적으로 잘 처리하여 보내고 받아줘야 하기 때문이다. CRM의 한 축인 판매점의 POS정보는 ERP의 재고관리시스템과 회계정보시스템에 연결되어야 하며, SCM의 일부인 주문시스템 역시 ERP의 재고관리 및 생산관리시스템과 연결되어야 한다. 즉 ERP는 CRM과 SCM 등의 통합 연결고리라 할 수 있다.

나라심한 교수의 황소채찍효과(Bullwhip Effect)

"매출이 갑자기 커지면서 생각지도 못한 어려움에 봉착했습니다. 엄청난 비효율이 발생하기 시작한 것이죠. 어렵게 번 돈을 눈 뜨고 날리는 경우가 허다했습니다." 벤처 시절에는 재고나 영업관리를 대부분 수작업으로 했다. 하지만 생산 기지가 유럽·중국·인도·폴란드 등으로 다변화하고 매출이 크게 늘어나면서 기존 방식에 한계가 드러났다. 장부상 재고와 실제 사이에 엄청난 차이가 나는 것은 물론, 배로 가야 할 자재가 비행기로 가는 사례가 비일비재했다. 변 사장은 이 같은 문제의 원인을 "'공급망관리(supply chain management)'의 중요성을 미처 몰랐기 때문"이라고 스스로 진단했다.

〈조선일보 2008.3.28 D1면〉

변 사장을 힘들게 한 SCM이란 도대체 무엇이며, 성공의 열쇠는 무엇일까? 최근 방한한 이 분야의 세계적 석학 램 나라심한(Narasimhan) 교수를 만나 들어 보았다. 그는 인도 출신으로, 공급망 및 물류분야 연구의 대가이다. 그는 미국 미시간 주립대학대 경영대학원의 석좌교수이다.

Q. 공급사슬관리를 한 마디로 표현하면 무엇입니까?

A. "최초의 부품 공급업체에서부터 최종 소비자에 이르기까지 비즈니스 프로세스를 통합적으로 운영하는 전략입니다. 흔히 단순히 부품을 구하고 부품 협력업체를 관리하는 것으로 생각하는데, 실은 이보다 훨씬 더 큰 개념입니다. 제품 디자인과 개발, 글로벌 운영, 통합 물류, 글로벌 소싱(global sourcing·해외 조달) 등을 모두 포함합니다."

공급망관리에서 실패하면 어떤 일이 벌어질까? 나라심한 교수는 '황소채찍효과(bullwhip effect)'를 대표적 사례로 꼽았다.

A. "황소채찍효과란 마치 채찍처럼 손잡이(시장)에서 멀리 떨어질수록 정보가 왜곡돼 나타나는 현상을 일컫습니다. 이를테면 어떤 제품에 대한 고객 소

비가 10% 늘어나 소매점이 주문을 10% 늘렸다고 합시다. 그러면 도매업체는 넉넉하게 재고를 확보한다는 차원에서 생산업체에 주문을 20% 늘립니다. 생산업체는 만약을 대비해서 30% 더 만들고요. 결국 이 같은 정보 왜곡으로 인해 불필요하게 재고가 늘어나게 되죠."

이런 문제에서 벗어나기 위해서는 생산자와 도매점, 소매점이 정보를 공유하는 것이 최선이다.

➡ 기업 경쟁력의 원천은 협력업체

나라심한 교수는 "오늘날의 산업 현장은 개별 기업 간 경쟁이 아닌 '기업 생태계(business ecosystem)' 간의 경쟁"이라고 말했다. 기업 생태계란 부품을 공급하는 협력업체는 물론, 금융기관, 컨설팅 회사, 기술 제공 기관 등 이해관계자를 모두 포함하는 기업 군(群)을 말한다. 일부에서는 '기업 간 연합'을 뜻하는 '인터펌 코퍼레이션(inter-firm corporation)'이라고도 부른다.

이를테면 글로벌 LCD TV 시장에서 삼성전자와 소니가 치열한 시장 쟁탈전을 벌이고 있는 것처럼 보이지만, 보다 정확히 표현하자면 부품업체·디자인컨설팅 회사·마케팅 아웃소싱 업체·물류시스템 등을 포함한 '삼성전자 LCD TV 연합'과 '소니 LCD TV 연합'이 일전을 벌이고 있다는 것이다.

따라서 기업의 경쟁력을 내부가 아니라 외부 협력업체와의 관계에서 찾는 '인식의 전환(paradigm shift)'이 절실해졌다고 나라심한 교수는 역설한다. 일본 자동차 산업이 세계적인 수준의 부품업체들의 힘으로 경쟁력을 유지해 온 것처럼, 요즘 전 세계 기업들은 좋은 공급업자를 구하고 그들과의 관계 개선에 힘을 쏟고 있다고 그는 전했다.

Q. 협력업체와의 관계가 더욱 중요해진 이유는 무엇입니까?

A. "세계화는 기업들에 압박을 가하고 있습니다. 생산을 보다 유연하고, 민첩하게 할 것을 요구합니다. 결국 경쟁력을 갖추기 위해서는 시장 전략에 꼭 맞는 경쟁력을 지닌 공급업자에 의존할 수밖에 없습니다. 이때 협력이란 수동적인 공급업자와 대기업 간의 관계가 아니라, 서로를 파트너로서 존중하는 적극적인 공조체제를 말합니다."

적극적인 공조체제란 "협력의 범위가 단순한 생산관리뿐 아니라 전략적 동맹, 지식 경영, 전략적 자산 경영 등으로 넓어진 것을 말한다"고 나라심한 교수는 설명했다. 공급망관리는 이런 모든 가치 창조 활동을 포함하는 개념이라는 설명이다.

Q. 월마트, 타깃(Target) 등 세계적 유통기업들이 이른바 PL(Private Label·자체 브랜드) 제품을 쏟아내고 있습니다. 제조업체에서 유통업체로 권력이 넘어오고 있다고도 합니다. 앞으로 전망은 어떻습니까?

A. "어느 정도 맞습니다. 월마트의 힘은 저가 전략에서 나옵니다. 월마트는 제조업체에게 저가의 물건을 대량 주문한 뒤 월마트 브랜드를 붙여 소비자에게 팔고 있습니다. 이걸 보면 유통업체로 권력이 쏠리는 듯 보입니다.

하지만 품질과 브랜드가 뛰어난 상품의 경우 이러한 권력 관계가 통하지 않습니다. 예를 들어 전자용품 전문점 베스트 바이(Best Buy)가 소니나 필립스를 맘대로 할 수 없습니다. 월마트라고 해도 세계적인 장난감 브랜드 레고에게 큰소리 칠 수는 없습니다. 이들 유명 제조 브랜드는 높은 인지도와 좋은 품질을 갖추고 있기 때문입니다."

➡ "내가 다 하려 하지 마라"

나라심한 교수는 아웃소싱(outsourcing)의 적극적 옹호자이다. 그는 "기업이 모든 지식을 다 가지고 있을 필요가 없고, 제조에 필요한 공장·종업원을 갖추고 있을 필요도 없다"고 말했다. 잘하는 기업에 맡기면 된다는 것이다. 미국 크라이슬러의 경우 아웃소싱 비율이 70%에 이른다고 나라심한 교수는 설명했다.

A. "델컴퓨터는 물류조차 자체적으로 하지 않습니다. 경쟁력 있는 회사가 있다면 그곳에 해당 부문을 맡기고 정말 핵심적인 일만 하는 것입니다. 잘하는 기업들을 모아 하나의 제조체계를 만들어내는 셈입니다. 그래서 공급사슬이 중요합니다. 한 기업이 모든 제조과정의 부가가치를 담당할 필요가 없습니다. 서너 개의 공급사슬이 조합돼 하나의 좋은 제품이 나온다고 보면 됩니다."

Q. 글로벌 소싱이 확산되면서 국내 산업의 공동화(空洞化)와 같은 여러 우려가 제기되고 있는 것도 사실입니다.

A. "글로벌 소싱의 물줄기는 이제 와서 다시 되돌리지 못할 정도로 진전돼 있

습니다. 최근 인도와 중국의 인건비가 상승하고 있어 이들 국가로의 글로벌 소싱이 줄어들지도 모릅니다.

하지만 그건 코스트 절감 차원에서 보는 관점일 뿐입니다. 요즘 기업들은 코스트 절감 외에 혁신, 디자인 능력, 특화된 경영지식, 비즈니스 프로세스 통합 등 여러 가지 이유로 글로벌 소싱을 선택하는 것입니다. 한국의 삼성, 현대가 아웃소싱, 그것도 글로벌 소싱을 추구하는 마당에 제조업 공동화를 걱정하면 안 됩니다. 글로벌 소싱을 하지 않으면 경쟁력이 떨어집니다. 궁극적으로 좋은 협력 공급사를 찾아 세계로 갈수록 한국의 경쟁력은 더욱 좋아지는 것입니다."

Q. 글로벌 아웃소싱은 확대될 수밖에 없다는 얘긴가요?

A. "도요타나 GM이 똑같은 인도 회사에 아웃소싱을 하는 경우가 있습니다. 그건 그 회사가 그 분야에서 가장 좋은 품질의 서비스를 가졌기 때문입니다.

혁신 때문에 추구하는 아웃소싱도 있습니다. 새로운 아이디어를 얻기 위해서입니다. 대표적인 예가 팜(Palm) 사(社)의 스마트폰입니다. 그들은 아웃소싱 파트너와 손잡고 파일럿 제품을 내놓았습니다."

팜이 스마트폰의 일종인 트레오(Treo)650 개발 과정에서 대만 HTC사와 협업적 아웃소싱 방법을 적용한 일을 두고 한 말이다. 그전까지 팜은 자사 내에 디자인 팀을 뒀고, 아웃소싱 업체는 단순 조립 기능만을 담당했다. 그러나 2001년부터 팜은 자사 역량을 소프트웨어 개발에만 집중하기로 하고, 기기 생산과 관련된 모든 업무를 대만 업체에 맡겼다. 그 결과 제품 개발 기간을 혁신적으로 단축하고, 불량률도 50% 감소시킬 수 있었다.

➡ 사례질문

1. 소위 '윈-윈 경영'이라 부르는 상생경영과 황소채찍효과(bullwhip effect)와 어떤 관계가 있는지 토론해 보시오.
2. 글로벌 소싱(해외 아웃소싱)이 단순히 비용절감 목적만은 아니라는 나라심한 교수의 주장은 어떤 의미인지 정보자원의 전략적 활용차원에서 토론해 보시오.
3. 'SCM의 구현(현실화)을 위해서 기업들의 e-비즈니스화가 필수적이다'라는 주장에 대해 토론해 보시오.

Chapter

10

지식경영과
지식경영시스템

지식경영과 지식경영시스템

 주요 내용

1. 지식경영의 개념, 지식의 종류, 지식경영 프로세스를 이해한다.

[알아 두기] CKO와 KMS

2. Nonaka & Konno의 지식창출과정 모형을 이해한다.

3. 기업의 지식경영의 역량의 종류와 내용을 이해한다.

[사례] 학습공동체(Community of Practice)

4. 지식경영시스템의 개념, 필요성, 종류를 이해한다.

[사례] LG CNS 스마트 오피스

[사례 1] LG그룹 지식경영

[사례 2] 문제해결을 위한 과학

[사례 3] 디테일로 승부하는 대전 '선병원'

1. 지식경영의 개념

지식경영(Knowledge Management)은 기업 활동에 필요한 지식을 획득, 창출하여 조직메모리에 저장, 축적하고 이를 각 부서로 전파하여 공유하게 함으로써 기업의 성과를 지속적으로 제고하는 체계적인 지식관리과정이다. 이를 위한 지식경영시스템(Knowledge Management System)은 조직과 구성원들이 보유하고 있는 문서화된 지식과 컴퓨터에 저장된 지식뿐만 아니라 직원들이 오랜 기간 근무를 통해 얻은 개인적 경험, 기술, 노하우, 인맥과 같은 무형적 지적자산까지 디지털형태로 체계적으로 저장하였다가 문제해결을 위해 활용하는 정보시스템이다. 지식경영을 통해 기업들은 시장변화에 능동적으로 대처하고 조직 전체의 문제해결능력을 향상시키며, 저비용 고수익의 부가가치를 창출할 수 있다.

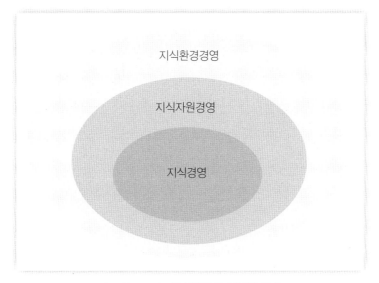

★ 그림 10-1 _ 지식경영의 개념적 범주

기업의 지식경영은 지식의 경영(Management of Knowledge), 지식자원의 경영(Management of Knowledge Resources), 지식환경의 경영(Management of Knowledge Environment)으로 나눌 수 있다(《그림 10-1》 참조). 지식의 경영은 지식의 분류, 지식지도의 생성, 지식창출 과정의 관리, 지식공유 환경조성 그리고 실행공동체의 결성 및 활성화 등이 포함된다. 지식자원의 경영은 연구개발부서의 관리, 특허권, 상표권, 저작권을 포함하는 지식재산권 관리, 지식창출의 원동력이 되는 인적자원의 개발과 관리 등을 포함한다. 지식환경경영은 기업의 지식경영 목표를 효과적으로 달성하는데 필요한 통합적 접근법으로써 업무, 프로세스, 사람, 팀, 정보, 지식 등을 관리하는 일, 정보기술 아키텍처, 그룹웨어, 워크플로우, 협업기술 등 기술 관련 이슈, 직원들 간의 지식공유, 협업, 혁신, 신뢰 등을 다루는 기업문화와 관련된 모든 이슈들을 포함하는 거시적인 지식환경경영을 의미한다.

2. 지식의 종류

지식은 정보의 범주를 뛰어넘는 가치를 가진다. 사람의 지식은 전문성을 중심으로 표면지식(Surface Knowledge)과 심층지식(Deep Knowledge), 전문지식(Expert Knowledge)과 잠재전문지식(Latent Expert Knowledge) 등으로 구분할 수 있다. 표면지식은 행동과 상황으로 구성되며, 단순한 영역 문제를 해결하거나 신속한 구현 가능, 비교적 단순한 상황에서 사용 가능한 지식을 의미한다. 심층 지식은 인과관계, 사건의 계층적 인식, 계획과 목표, 난해한 문제해결 등에 사용되는 지식을 포함한다. 전문지식은 분야별 전문가를 통해서 얻을 수 있는 전문지식을 말하며, 잠재전문지식은 인쇄된 매체로써 이용하기 위해서는 어떠한 형태로의 변환이 필요한 잠재성을 가진 지식을 말한다.

지식은 형태에 따라 크게 형식지와 암묵지로 나눌 수 있다. 형식지는 언어나 수식 또는 기타 구조적인 형태로 표현되어 있는 지식으로서 선언적 지식과 절차적 지식으로 구분된다. 선언적 지식(Declarative Knowledge)은 사실(Facts)과 주장(Assertions) 등을 말하며, 절차적 지식(Procedural Knowledge)은 일련의 행동(Actions)과 결과(Consequences)들을 말한다. 암묵지는 언어나 수식 기타 형태로 표현되지 않은 지식을 의미하며, 이 중의 일부는 형식지화할 수 있으나 아직 형식지로 표현되지 않는 지식은 잠재지식으로 구분하기도 한다.

지식의 형성 방식에 따라 경험지(Experiential Knowledge)와 분석지(Analytic Knowledge)로 구분하기도 한다. 경험지는 사실지(Kowwhat)와 방법지(Knowhow)로 구분할 수 있다. 사실지는 사례지식과 참고지식으로 나눌 수 있으며, 사례지식은 업무수행 시 경험한 중요한 체험 및 주요 성공·실패 사례에 관한 지식이다. 참고지식은 사규, 관련 법규, 용어집, 장비매뉴얼과 같이 업무를 수행할 때 참조하거나 숙지해야 하는 지식을 말한다. 방법지는 조직방법론과 개인방법론으로 구분할 수 있으며, 조직방법론은 조직에서 반복되는 업무를 수행하면서 축적되는 업무절차 및 문제해결에 대한 지식을 말한다. 개인방법론은 개인적으로 숙지하고 있는 매뉴얼이나 작업에 필요한 기술 등에 대한 개인의 숙련도 등을 의미한다. 분석지는 패턴(Pattern)과 모델(Model) 등으로 구분할 수 있다. 패턴은 요소적 지식과 관계적 지식으로 구분할 수 있으며, 요소적 지식은 조직의 운영에 중요한 고객, 제품, 생산공정에 대한 분석결과 등을 의미한다. 관계지식은 분석대상이 되는 요소들 간의 관계에 대한 분석결과와 관련된 지식이다. 모델은 의사결정지원지식과 의사결정지식으로 구분할 수 있는데, 의사결정지원지식은 기업 업무 수행상의 핵심 의사결정을 지원하는 분석모델로 다양한 예측모델들이 여기에 속한다. 의사결정지식은 업무를 볼 때 핵심적인 의사결정을 할 때 활용하는 분석모델 등을 의미한다.

알아두기

CKO와 KMS

지식경영은 조직의 경영자산을 구축하는 일이다. 따라서 경영자는 지식의 획득·발견·활용이라는 생명주기를 존중하고 그 가치를 보상해 주는 건전한 조직문화를 조성할 필요가 있다. 이를 위해 일부 기업의 최고경영자는 지식의 생명주기를 온전히 책임질 수 있는 CKO(Chief Knowledge Officer)를 임명하기도 한다. CKO는 기업 내에서 가치가 높은 새로운 지식자원을 발견하고 또한 현재 사용 중인 지식을 잘 활용하기 위한 애플리케이션과 시스템을 구축하고 지식의 가치와 공유를 소중히 할 줄 아는 기업문화를 조성하는 책임을 진다.

적절한 지식경영시스템(Knowledge Management System)은 명시적 지식과 묵시적 지식을 발굴하고, 획득하고, 코드화하고, 확산하므로 조직의 학습을 촉진할 수 있다. 일단 정보가 시스템에 수집되고 저장되면, 이 정보는 공유할 수 있고 계속해서 재사용이 가능하다. 시스템을 통해 최적의 업무처리 메뉴얼을 프로그래밍 할 수 있으며, 직원들은 이 최적의 업무처리 메뉴얼에 담긴 지식을 좀 더 널리 공유할 수 있다. 최적의 업무처리 메뉴얼(best practices)이란 특정 기업이나 산업에서 널리 통용될 수 있는 가장 성공적인 문제해결 방안을 말한다. 기업은 현재 사용 중인 업무처리 매뉴얼의 질적 향상을 꾀하고, 현재 또는 미래 직원들을 훈련시키거나 의사결정을 지원하기 위하여 이 매뉴얼을 적절히 보관되고 공유될 필요가 있다. 조직기억(organizational memory)은 기업이 의사결정 등 다양한 목적을 위해 사용될 수 있는 과거로부터 현재까지 저장된 학습지식을 말한다. 정보시스템의 한 부분을 구성하는 지식경영시스템은 전문지식을 가진 직원들을 연결해 줌으로써 지식을 공유할 수 있는 지식 네트워크를 제공하여, 특정 분야의 전문지식을 보유한 직원을 쉽게 찾아 문제해결에 투입할 수 있도록 한다.

3. 지식경영 프로세스

지식경영 프로세스는 일반적으로 지식의 획득, 저장, 확산, 응용이라는 생애주기를 가진다.

획득

기업은 필요한 지식을 유형에 따라 여러 방법으로 획득할 수 있다. 첫째로 KMS는 정형화된 지식(문서, 보고서, 프레젠테이션, 최적의 업무처리 매뉴얼, 양식 등)에 대한 자료실을 구축한 후, 직원들이 문서를 작성할 때 이 자료실을 참조하거나 완료된 문서를 저장하도록 요구할 수 있다. 이러한 노력은 준정형화된 지식(전자메일, 음성메일, 비공식 메모 등)까지도 포함한다. 일부 기업은 직원들이 분야별로 전문지식에 쉽게 접근할 수 있도록 온라인 사내 전문가 네트워크를 구축해 주고 있다. 상업용 SNS의 하나인 LinkedIn은 전문가들 간 네트워킹을 돕는 소통메뉴들이 많아 외부 전문가를 쉽게 찾도록 돕는다. 자신의 학력과 경력사항들을 올려두면 헤드헌터를 비롯한 타인들이 관심 있는 분야나 지식을 갖춘 사람을 쉽게 검색할 수 있다.

저장

사용자가 지식에 쉽게 접근할 수 있도록 하기 위해서는 지식들이 적절한 가공(분류, 인덱싱, 태깅 등) 절차를 거친 후 디지털적으로 데이터(지식)베이스화 되어야 한다. KMS의 일부인 전자문서관리시스템(EDMS, Electronic Document Management System)은 기업의 관련 규정에 따라 문서를 컴퓨터에 저장하고, 인덱스하고, 태그를 만드는 일을 돕는다. EDMS는 대량의 문서를 저장하기에 적합한 대형 문서DB이다. 기업 내 전문가 동호회와 전문가 시스템은 다양한 업무와 프로세스에 관련된 지식을 적용시키고 필요한 지식을 저장하는 일에 많은 지원을 필요로 한다.

확산

포털 사이트, 이메일, 각종 SNS 시스템, 검색엔진 기술, 동호회 블로그 등은 기업 내에서 지식과 정보를 확산하는 일을 크게 돕는다. 이 외에도 각종 그룹웨어, 사무자동화 소프트웨어, 클라우드 등은 이러한 확산이 더욱 쉽도록 돕고 있다. 오늘날 인터넷에 들어가면 정보와 지식은 해변의 모래처럼 많다. 그렇지만 정작 중요한 것은 경영자들에게 문제해결에 꼭 필요한 정보가 도움이 되는 편리한 형식으로 전달하는 일이다. 데이터마이닝, 빅데이터 분석도구 등이 감춰진 지식들을 찾아내는데 필요한 도구들이다.

 응용

KMS의 유형과 상관없이 기업과 경영자가 당면한 실질적인 문제를 해결하기 위해 지식을 공유하지 못하거나 응용하지 못한다면 그 지식은 아무런 가치가 없는 것이다. 기업이 축적한 지식은 당연히 경영의사결정에 응용되어야 하며, 현재 사용 중이거나 새로운 의사결정지원시스템(DSS)에도 적용될 수 있어야 한다. 새로운 기업의 지식은 기업의 프로세스와 핵심 애플리케이션에 활용될 수 있도록 끊임없이 준비되어 있어야 한다.

4. 지식창출과정 모형

Nonaka는 지식창조기업에서 조직과 개인이 지식을 창출하는 과정을 SECI 모형으로 설명하고 있다. SECI 모형은 형식지(explicit knowledge)와 암묵지(tacit knowledge) 간의 상호작용이 나선형(spiral)으로 순환·발전하는 4개의 과정과 이에 대응하는 4가지 장(Ba)[1]을 소개하고 있다(〈그림 10-2a〉, 〈그림 10-2b〉 참조). 특히 SECI 모형은 4개의 변환과정 각각에서 지식을 생성하기 위해 필요한 장(Ba)에 초점을 두고 있다(Nonaka & Konno, 1998).

먼저 SECI 모형에서 지식은 사회화(Socialization), 외부화(Externalization), 결합화(Combination), 내재화(Internalization) 과정을 거친다. 사회화는 개인이 가지고 있는 암묵지를 동료들에게 전수하여 여러 사람의 암묵지로 공유해 가는 과정(암묵지 → 암묵지)이다. 이 과정은 사람들이 대면접촉(face-to-face experience)을 통하여 지식을 생성하는 과정으로서 개인들의 기분, 감정, 경험, 정신적 모형(mental model) 등을 공유하는 장(Originating ba)이 형성된다. 외

---

1) Ba는 위원회 또는 프로젝트 팀들이 만나 대화를 하는 물리적 회의장이나 사이비공간을 의미한다.

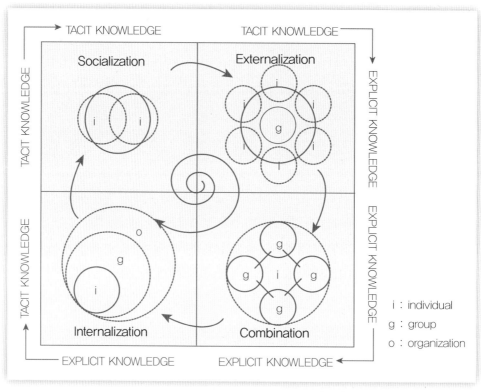

자료원 : Nonaka & Konno (1998)

※ 그림 10-2a _ 지식창출과정모형

부화는 개인의 암묵지가 다른 사람의 암묵지와 공유되고 통합되면서 보다 명시적 형태로 변환되는 과정(암묵지 → 형식지)이다. 이 과정에서는 암묵지를 형식화하는 상호작용의 장(Ba)(Interacting ba)이 만들어지며, 동료들이 서로 내용을 검토(peer-to-peer reflection)하면서 지식이 점점 형식지로 변해간다. 결합화(Combination)는 공유하기 쉬운 형태의 형식지가 주변으로 전파되면서 각각의 형식지들이 서로 합쳐지고 통합되면서 새로운 형식지가 만들어지는 과정(형식지 → 형식지)이다. 이 과정에서는 가상공간에서의 상호작용이 활발하게 이루어지며, 새로운 형식지를 기존의 정보 및 지식과 결합시켜 조직 전체의 형식지를 만들고 체계화하는 가상공간(Cyber Ba)이 만들어진다. 팀과 팀이 시공간을 초월하여 유기적으로 협력하는 과정(group-to-group systemization)이 진행된다. 내재화(Internalization)는 이렇게 만들어진 형식지가 각 개인에 의해 체화됨으로써 자신만의 새로운 지식, 즉 새로운 암묵지를 창출해 내는 과정(형식지 → 암묵지)이다. 이 과정은 지속적인 학습

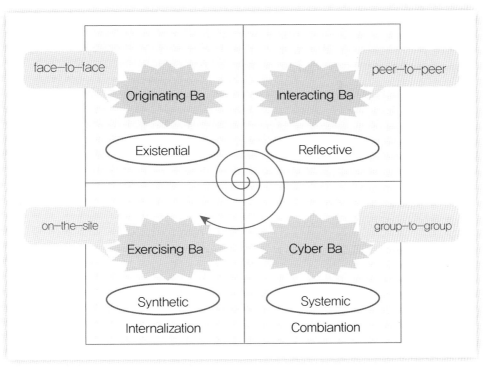

자료원 : Nonaka & Konno (1998)

☀ 그림 10-26 _ 지식창출과정의 4가지 Ba

을 동반한 멘토링과 활발한 현장체험(on-the-site) 등을 통하여 스스로 교육과 학습을 하는 과정(Exercising ba)이다.

5. 지식경영의 역량

　기업의 지식경영 역량은 지식 인프라 역량(Knowledge Infrastructure Capability)과 지식경영 프로세스 역량(Knowledge Process Capability)으로 나눌 수 있다. 지식경영에 필요한 인프라는 기술(Technology), 구조(Structure), 문화(Culture)로 나눌 수 있다. 기술은 정보기술, 정보시스템, 커뮤니케이션 등과 관련된 시설, 설비, 물리적 프로세스 등으로써 조직 내에서 정보와 지식이 통합되어 활용되는 기반을 말한다. 다음으로 부서별, 기능별 정보와 지식이 원활히 공유되고 활용될 수 있도록 조직구조를 갖추어야 한다. 유연한 조직구조는 조직 내 부서 간의 장벽을 넘어 지식공유와 협업을 촉진할 수 있다. 부서간의 장벽을 넘는 프로세스 조직은 지식의 공유와 협업을 촉진하는 오늘날 훌륭한 대안적 조직이다. 지식경영 역량 중에 가장 획득하고 정착시키기 어려운 것은 조직문화이다. 모두가 공감할 수 있는 지식경영 비전을 만들어 조직구성원들에게 스며들게 하며, 일상적인 활동에서 달성할 수 있는 조직의 지식경영 목표를 설정함으로써 모두가 지식경영에 대한 방향성을 갖도록 해야 한다. 지식경영 미션은 조직이 추구하는 중요한 가치들과 공통의 방향성을 포함하고 있어야 한다.

지식경영 프로세스 역량은 지식획득(Knowledge Acquisition)역량, 지식전환(Knowledge Conversion)역량, 지식활용(Knowledge Application)역량, 지식보호(Knowledge Protection)역량 등이 있다. 지식획득역량은 지식을 창출하기 위해 협업하고 새로운 지식을 모색하고 기존 지식을 활용하여 새로운 지식을 창출하는 혁신활동을 말한다. 현재의 실무 작업들을 분석하여 타 조직과 비교함으로써 자사의 비효율성이 발견되면 이를 극복하기 위해 벤치마킹을 통하여 새로운 지식을 만들기도 한다. 서로 다른 배경과 경험, 인지스타일 등을 가지고 있는 구성원들이 협업하는 과정에서 학습이 일어나고 지식을 공유하게 되면서 지식의 창출은 더욱 활발해 진다.

지식전환역량은 현재의 지식을 활용할 수 있는 능력으로 지식표현표준에 따라 지식을 조직하고 결합하고 구조화하며 조정하고 분배하는 능력을 말한다. 진부한 지식을 갱신하고 활용 가능한 지식을 통합·활용할 수 있도록 규칙과 절차를 개발하고 일상화함으로써 집단문제를 해결하거나 의사결정에 활용하는 능력을 말한다. 지식활용역량은 효과적인 지식의 저장과 추출 및 색인을 할 수 있는 방법들을 갖추는 능력을 말한다. 이 역량은 실제로 조직구성원들이 효율적이고 효과적으로 지식을 활용하는 능력과 직접 관련되어 있다.

끝으로 지식보호역량은 내부 구성원과 외부 관계자들이 불법적으로 또는 부적절하게 사내의 정보와 지식을 사용할 수 없도록 하는 시스템적, 제도적, 문화적 능력을 말한다. 기업들은 특허권, 상표권, 저작권 등을 통하여 지식을 보호하고 있지만, 법만으로 수많은 지적재산권을 보호하기에는 한계가 많다. 지식보상제도나 근로자윤리강령, 직무설계 등을 통하여 제도적, 문화적으로 지식보호역량을 높일 필요가 있다.

사례

학습공동체(Community of Practice)

지식경영의 활성화를 위하여 대기업들은 학습공동체(Community of Practice)를 운영하기도 한다. CoP는 도제관계에서 초보자가 전문가와 공동생활을 통하여 기술을 습득하며 멤버십을 확보해 가는 지식습득방법을 모방한 것이다. 이는 특정 주제에 대해서 관심 있는 사람들이 모여 집단을 구성하고 관심 있는 주제나 수행 중인 일에 대해 지속적으로 상호작용함으로써 서로를 돕고 지식을 만들어가는 소그룹을 말한다. POSCO는 2006년부터 지식경영의 활성화를 위하여 사내 학습동아리를 적극적으로 활용하고 있다. 지식공유, 활용, 창출 문화를 체계적으로 확산시키고 조직학습으로 이끌기 위해 전사적으로 학습동아리를 통하여 맞춤형 컨설팅과 동아리 리더 워크숍, 타 회사 벤치마킹 등을 실시하였다. 2011년 경 2,700여 개가 넘는 학습동아리에서 연인원 52,000명 이상이 직무학습 동아리와 지식경영 동아리에 참여하여 현장업무의 효율성 향상, 낭비제거, 직원들 간의 유대 강화에 큰 성과를 거두었다. 또한 지식마일리지제도를 통하여 현금보상, 회장 표창, 승진가점을 부여하고 지식교육과정, 지식전문가 워크숍, 지식심화 교육제도 등을 통하여 직원들에게 지식근로자로서의 역량을 향상시키고 있다. 협력사도 참여하는 학습동아리 우수사례 교류회를 통하여 구성원들이 우수사례를 공유하고 학습동아리 참가자들에 대한 사기 진작을 도모하고 있다. 비록 개인들이 많은 정보 및 지식작업을 수행하지만 그룹 활동도 많으므로 이를 지원하는 일도 매우 중요하다. 작업그룹은 공식적인 프로젝트팀뿐만 아니라 기업 내 전문지식의 근원지인 비공식적 학습동아리도 포함한다. 학습동아리는 유사한 작업을 수행하거나 동일한 취미를 가진 기업 내외 전문가 및 직원들이 만나는 비정규적인 사회적 네트워크이다. 이러한 학습동아리는 특정과업에 얽힌 문제를 해결하기 위하여 교육, 콘퍼런스, 온라인 뉴스 레터, 기술과 경험 등을 공유한다. IBM, 세계은행과 같은 큰 조직들도 수천 개의 온라인 학습동아리를 조직하여 운영하고 있다. 대학에서 운영되는 다양한 학습동아리도 CoP의 일종으로 볼 수 있다. 취업동아리는 특정 업종에 취업을 준비하는 학생들이 모여 서로가 공부한 정보를 공유하고 이미 취업에 성공한 선배들의 노하우를 나눌 수 있다.

6. 지식경영시스템

지식경영시스템(knowledge management systems: KMS)은 지식의 획득에서 축적, 공유, 재사용 및 새로운 지식의 창출에 이르는 지식의 전체 생명주기를 효과적으로 관리하는 지식경영 인프라(Infrastructure)를 말한다. 즉 조직이나 기업의 지식자원의 가치를 극대화하기 위한 통합적인 지식관리 프로세스를 지원하는 컴퓨터정보시스템이다.

앞 장에서 설명하였듯이 데이터는 가공이 되지 않은 숫자나 사실에 지나지 않는다. 정보는 문제해결과 의사결정을 목적으로 데이터를 가공하거나 재해석한 결과물이다. 한 걸음 더 나아가 지식은 검증된 정보(authenticated information)이자 개개인의 두뇌에 내재된 사실, 절차, 개념, 해석, 아이디어, 관찰, 판단에 관련된 개인화까지 포함하는 개념이다. 따라서 KMS에는 프로세스, 절차, 특허, 참고자료, 계산공식, 업무지침, 예측자료, 아카이브 자료 등이 저장되어 있으며, 사람들은 이를 인터넷 및 인트라넷 웹사이트, 그룹웨어, 지식베이스, 온라인 게시판 등을 통하여 접근할 수 있다. KMS는 궁극적으로 조직학습(organizational learning)을 촉진시키고 학습조직(learning organization)을 지향한다. 학습조직은 구성원들이 학습한 지식을 바탕으로 신규 프로세스를 만들고 의사결정방식 등을 변경하는 등 지속적인 혁신활동을 수행할 수 있다. 전사적 KMS의 종류는 매우 다양하지만 여기에서는 정보·지식 포털, 그룹협업지원시스템, 전문가시스템으로 구현된다.

1) 정보·지식 포털

포털이란 엄청나게 많은 다양한 정보와 지식을 체계적으로 저장해 둔 곳이며 강력한 검색기능을 갖추고 있다. 네이버, 구글, 다음처럼 일상생활에서 흔히 쓰는 상업적 포탈 외에 기업들 역시 정보와 지식을 포탈개념으로 관리하고 있다. 소위 기업지식포털(Enterprise Knowledge Portals: EKP)과 기업정보포털(Enterprise Information Portals: EIP)은 내·외부 사용자들이 특정 기업에 대한 다양한 정보 및 서비스에의 접근을 허용하는 관문이다. 오늘날 합법적 사용자들은 기업정보포털(EIP)에 입장하여 ① 전자메일, 전자결재시스템, 프로젝트 및 토론그룹방, ② 인사관리 웹서비스, ③ 고객, 재고, 기타 기업 데이터베이스, ④ 의사결정시스템과 지식관리시스템 등에 접근할 수 있다.

LG CNS 스마트 오피스

LG CNS 임동휘 과장은 업무 차 회사에 방문하는 사람들과 약속을 잡을 때, 따로 장소·시간을 알리는 문자 메시지를 보내지 않는다. 사내 시스템에 접속해 방문 내용을 입력하면, 예약한 순간부터 실제 만날 때까지 IT시스템이 마치 '비서'처럼 모든 일정을 관리해주기 때문이다. 29일 오후 임 과장과 서울 여의도동 LG CNS 신사옥에서 만날 약속을 잡았다. 잠시 후 스마트폰에 다음과 같은 문자가 도착했다. 'LG CNS 방문 예약 완료. 4/29 13:00. FKI타워 20층 2003호' 신사옥의 '와이파이(무선인터넷) 접속법'을 담은 문자도 함께 날아왔다.

기자는 약속시간보다 30분 일찍 사옥에 도착했다. 로비에서 출입증을 받자, 어떻게 알았는지 임 과장이 곧바로 1층으로 내려왔다. "방문객이 도착하면 사내 시스템이 곧바로 저한테 알림 문자를 보내거든요. 따라 올라오세요." 20층 회의실에 도착하자, 입구 스크린엔 '입실 가능'이란 문구가 떠 있었다. 손가락으로 '입실' 버튼을 터치하자 곧바로 '회의 중'으로 문구가 바뀌었다. 임 과장은 "예정된 회의시간 10분 안에 입장하지 않으면, 자동으로 예약이 취소된다"고 했다. '일단 예약하고 보자'는 얌체족들로 인한 피해를 막기 위한 조치다. 회의실을 예약하면서 참석자를 지정하면, 동시에 해당 직원에게 자동으로 '참가 알림' 문자가 전송된다.

➡ 직원 불만, IT로 해결

IT서비스기업 LG CNS는 2013년 12월 서울 여의도의 신사옥(FKI타워)에 입주했다. 이 건물의 20~33층을 쓰는 LG CNS는 신사옥 입주를 1년 앞두고 직원들에게 '새 사옥에 바라는 점'에 대한 설문조사를 했다. 평소에 불편했던 각종 문제점과 아이디어 수백여건이 쏟아졌다. LG CNS는 20여명의 IT 전문가로 '신사옥 입주 프로젝트팀'을 꾸리고 9개월여에 걸친 난상토론과 기술 검토 끝에 이를 현실화한 '스마트 오피스'를 구현했다.

'스마트 오피스'를 구축한 뒤 달라진 것은 두 가지. 직원들은 '자유', 회사는 '보안(保安)'을 얻었다. LG CNS에선 PC의 '인쇄' 버튼을 누른다고 곧바로 인쇄물이 출력되지 않는다. 인쇄 내용은 중앙의 '클라우드(가상 저장장치) 프린팅 서버'에 머물러 있다. 해당 직원이 사내 어느 프린터든 ID카드를 갖다 대면 그제야 출력을 시작한다. '대외비 문서를 출력했는데 프린터에 가보니 한 장이 없어졌어요' '보고시간에 쫓기는데 프린터에 사람들이 잔뜩 서 있어 발을 동동 굴렀어요'와 같은 직원들의 불만을 IT로 해결한 것이다.

➡ 회사·직원 모두 만족

LG CNS는 IT 서비스 회사의 특성상 외근이 잦아, 한자리에 모여 회의하기가 어렵다. '신사옥 입주팀' 전문가들은 사내 메신저에서 채팅을 하다 클릭 한 번이면 곧바로 국제전화, 화상회의로 전환할 수 있도록 했다. 화상회의 도중 자유롭게 문서를 공유하고, 세계 어느 나라에 있는 임직원이든 즉석 초대가 가능하다.

신사옥엔 195개의 빈자리가 마련돼 있다. 어디든 빈자리에 앉아 컴퓨터에 사번(社番)과 비밀번호만 넣으면 곧바로 업무를 시작할 수 있다. 새롭게 TF가 꾸려지거나, 지방에 근무하는 직원이 서울 출장을 왔다가 사무실이 필요할 때 언제든 이곳에서 업무를 볼 수 있다. 스마트폰을 꺼내 터치 몇 번이면 실시간으로 자리 예약이 가능하다. 모든 업무 내용은 회사의 클라우드 서버에 저장돼 있어, 어느 PC에서든 자유롭게 꺼내 쓸 수 있다. 빈 좌석에 앉아 사내 시스템에 접속하면, 책상 위 전화기에 각자의 내선번호가 자동으로 연결되는 기술도 개발했다.

자료원 : 조선닷컴, 2014.04.30.

2) 그룹협업지원시스템

그룹지원시스템(Group Support System)은 구성원들이 협업과 소통을 위해 사용하는 전자메일, 메시징시스템, 그룹웨어, SNS, 전자회의시스템, 화상회의시스템 등이다. 다수가 참여하는 작업을 원활하게 진행할 수 있도록 돕는 웹하드 및 전자게시판, 공유일정계획, 전자회의시스템, 오디오 및 비디오화상회의 등이 있다. 앞서 배운 클라우드는 이런 그룹협업을 지원하기 위한 새로운 아키텍처라 할 수 있다. 아래 사례를 보면 현대 조직들이 효율적인 공간 활용, 인적네트워킹, 회의와 소통촉진을 위해 최신 스마트기술을 적극적으로 도입한다는 것을 알 수 있다.

3) 전문가시스템

기업은 인간 전문가의 암묵지와 집단의 통합지식을 추출하여 지식베이스로 만들고 이를 이용하기 위해 전문가시스템(Expert Systems: ES)을 만들기도 한다. 인공지능(AI)기술의 한 분야인 전문가시스템은 특정 분야에서 인간 전문가의 문제해결과정을 모방한 프로그램으로써 전문가를 대신하여 판단을 내리고 선택하는 지식기반 정보시스템이다. 최근 구글의 알파고(Alpha Go)는 전문바둑기사를 대체하는 AI프로그램이며, IBM의 왓슨(Watson)은 의사를 대체할 수 있는 암치료방법 전문가시스템이다. 이 외에도 ① 의사결정지원(금융 포트폴리오 분석 등), ② 설계 및 배치(통신망 설계 등), ③ 선택 및 분류(정보 분류 등), ④ 프로세스 감시 및 관리(생산 감시 등) 등과 같은 일부 분야에 성공적으로 사용되고 있으며 적용분야는 날로 확대되고 있다.

전문가시스템은 ① 지식베이스(Knowledge Base: KB), ② 추론기관 프로그램(Inference Engine Program), ③ 사용자 인터페이스 프로그램 (User Interface Program), ④ 지식획득 프로그램(Knowledge Acquisition Program), ⑤ 설명기구 프로그램(Explanation Facility Program) 등으로 구성된다. 특히 지식베이스(KB)에 지식을 저장(표현)할 때 사용하는 방법으로는 ① 사례기반 추론(case-based reasoning), ② 프레임기반 지식(frame-based knowledge), ③ 객체기반 지식(object-based knowledge), ④ 규칙기반 지식(rule-based knowledge) 등이 있다.

전문가시스템을 개발할 때 LISP 및 Prolog와 같은 인공지능(AI) 언어를 사용하기도 하지만, 가장 신속하고 쉬운 방법은 전문가시스템쉘(expert system shell)을 사용하는 것이다. 전문가시스템쉘이란 지식베이스만 제외한 모든 구성요소가 갖추어져 있어 지식베이스만 채워 넣으면 된다. 물론 해결할 수 있는 문제영역이 제한된다는 단점은 있다. 규칙기반으로 전문가지식을 표현한다면 아래와 같이 IF-THEN 형태의 규칙을 사용한다.

하나의 규칙(rule)의 사례로서

     IF ANNUAL_INCOME > ₩40,000,000 (조건 1)

     IF SEX = 'Male'(조건 2)

     IF RISK PROPENSITY = 'Middle'(조건 3)

     THEN PRINT "정기적금을 추천합니다." (결론)

전문가시스템의 지식베이스(KB)에는 이러한 규칙들이 적게는 200개에서 많게는 수십만 개가 저장되어 있으며 추론기관 프로그램은 이를 검색하여 참조한다.

또 다른 방식은 사례기반추론(case-based reasoning)방식이다. 사례기반추론은 사례(전문가들의 과거경험들)들을 지식베이스에 저장되었다가, 사용자가 겪고 있는 새로운 사례를 입력하면 과거에 저장된 사례들을 전문가시스템이 검색하여 이 중에서 가장 근접한 사례를 찾아 이를 새로운 문제에 적용하여 문제를 해결한다. 전문가시스템에 기계학습 기능이 부가되면 축적한 경험을 다음 결정에 활용할 수 있게 된다. 알파고도 대국을 할 때마다 새롭게 얻게 된 사실을 기계적으로 학습할 수 있다.

핵심개념의 요약

1. 지식생성 기업은 새로운 기업지식을 끊임없이 생성하고, 기업 내에 이 기업지식을 널리 확산시키고, 기업 제품 및 서비스에 기업지식을 신속하게 적용시키는 기업이다. 지식경영시스템(KMS)이란 조직과 구성원들이 보유하고 있는 문서화된 지식과 컴퓨터에 저장된 지식뿐만 아니라 직원들이 오랜 기간 근무를 통해 얻은 개인적 경험, 기술, 노하우, 인맥과 같은 무형적 지적자산까지 체계적으로 저장하였다가 문제해결을 위해 활용하는 정보시스템이다.

2. 데이터는 가공이 되지 않은 숫자나 사실에 지나지 않는다. 정보는 문제해결을 위해 데이터를 가공하거나 해석한 것이며, 지식이란 정보의 범주를 넘어 추가적인 가치를 가진다. 오늘날의 많은 기업들은 조직학습과 가진 노하우를 관리하기 위하여 지식경영시스템(KMS)을 구축하여 지식경영을 하고 있다. 지식경영 프로세스는 일반적으로 지식의 획득, 저장, 확산, 응용이라는 생애주기를 가진다. 각 단계는 데이터와 정보를 유용한 정보로 전환하면서 가치를 부가한다.

3. Nonaka는 지식창조기업에서 조직과 개인이 지식을 창출하는 과정을 SECI 모형으로 설명하였다. SECI 모형은 형식지(explicit knowledge)와 암묵지(tacit knowledge) 간의 상호작용이 나선형(spiral)으로 순환·발전하는 4개의 과정(사회화, 외부화, 결합화, 내재화)과 이에 대응하는 4가지 장(Ba)(face-to-face, peer-to-peer, group-to-group, on-the-site)을 소개하고 있다.

4. 지식경영시스템에는 ① 정보·지식 포털, ② 그룹협업지원시스템, ③전문가시스템과 같은 다양한 시스템이 사용되고 있다. 정보·지식 포털은 엄청나게 많은 다양한 정보와 지식을 체계적으로 저장해 둔 곳으로 강력한 검색기능을 갖추고 있다. 소위 기업지식포털(Enterprise Knowledge Portals: EKP)과 기업정보포털 (Enterprise Information Portals: EIP)은 내·외부 사용자들이 기업이 가진 다양한 정보 및 서비스에의 접근을 허용하는 관문이다. 그룹지원시스템(GSS)은 구성원들이 협업과 소통을 위해 사용하는 전자메일, 메시징시스템, 그룹웨어, SNS 등이다. 전문가시스템이란 특정 분야에서 인간전문가의 의사결정과정을 모방하여 인간전문가의 역할을 대체하는 지식기반 정보시스템으로써 AI의 한 분야이다.

LG그룹 지식경영

"남이 안 하는 것을 해라. 뒤따라가지 말고, 앞서가라. 새로운 것을 만들어라."

고(故) 구인회 LG 창업회장이 새로운 사업을 시작하는 순간마다 되뇌는 말이다. 이 말에는 부단한 '개척 정신'과 연구·개발을 강조한 '기업 정신'이 함축돼있다. LG는 이 같은 창업자 정신을 이어받아 시장을 선도하는 제품을 만들기 위한 '혁신경영'을 전개하고 있다. LG는 혁신경영의 출발점은 '직원들의 창의적인 아이디어'라고 생각해 이를 지원하고 있다. 구본무 LG 회장은 2013년 2월 'LG혁신한마당'에서 "기존에 성공했던 방법을 고집하거나 현재 일하는 방식을 당연시해서는 안 된다"며 "새로운 것에 대한 호기심과 고객의 작은 불편도 그냥 지나치지 않는 섬세함이 혁신의 시작"이라고 말했다.

LG는 2013년 10월부터 직원들이 제품에 대한 아이디어를 자유롭게 낼 수 있는 그룹 차원의 사내 포털 'LG 라이프(LIFE)'를 만들어 운영 중이다. 만약 구체적인 신제품 아이디어가 있으면 포털 내 '퓨처 챌린저'에 올리면 된다. 이곳에 올라온 아이디어는 각 계열사 전문가들이 심사하고, 여기서 채택된 아이디어는 시제품 개발에 들어간다. LG 관계자는 "지난 3월까지 접수된 아이디어는 1000여건"이라며 "이 중 6건이 현재 시제품 개발 단계에 있다"고 말했다.

좀 더 편하게 아이디어를 올릴 수 있는 공간도 있다. 자유제안공간인 '커넥팅닷츠(Connecting Dots)'다. 작은 점들을 연결하면 하나의 선·면이 만들어진다는 뜻이다. 여기에 올라온 아이디어들은 'LG아이디어 컨설턴트'들이 사업화할 수 있도록 개발한다. LG는 아이디어 채택, 시제품 개발, 사업화 결정 등 단계별 성과에 따라 보상을 할 계획이다. 프로젝트가 실패해도 불이익을 주지 않고 도전만으로도 인사 평가에 긍정적으로 반영할 계획이다.

또한 LG는 인재의 효율적인 운영을 위해 '잡 포스팅(Job Posting)' 제도도 운용한다. 어떠한 프로젝트가 시작될 때 직원들은 자신이 하고 싶은 프로젝트에 지원을 하고, 팀장들은 심사 등을 거쳐 뽑은 팀원들로 팀을 만드는 것이다. 선발된 직원들은 일정 기간 자신의 현업에서 나와 프로젝트에 집중할 수 있다. LG 관계자는

"이를 통해 전자·화학·통신 등 각 분야 인재들이 서로 융합해 시너지를 낼 것으로 기대한다"고 말했다.

아울러 LG는 최근 계열사 간의 역량을 결합한 제품들을 속속 선보이고 있다. LG전자가 최근 출시한 스마트폰 'G프로2'는 화면을 터치하는 순서에 따라 폰을 켜고 끌 수 있는 '노크 코드 기능'이 탑재돼 있다. LG의 소프트웨어, 디스플레이 기술 등이 결합된 것이다. 또한 LG전자는 신체 활동량을 측정하는 손목시계 형태의 기기 '라이프밴드 터치' 도 출시하였다. LG전자와 LG화학의 기술 등이 결합됐다. LG 관계자는 "현재 LG전자와 LG디스플레이는 차세대 TV 시장 공략을 위해 협력을 공고히 하고 있다"며 "2020년에 문을 열 마곡 LG사이언스파크에서는 11개 계열사 R&D 인력 2만여 명이 융·복합 시너지 연구를 중점 수행할 계획"이라고 말했다.

자료원 : 조선일보, 2014.04.30.

문제해결을 위한 과학

뉴욕 5번가, 이탈리아 밀라노, 프랑스 파리, 스페인 바르셀로나 하면 떠오르는 단어가 있는가? 바로 패션이다. 그런데 이들 도시에 MIT를 더한다면? 바로 '패스트 패션'(fast fashion)의 대명사이자 세계 패션업계에 돌풍을 일으키고 있는 글로벌 패션 브랜드인 자라(Zara)다. 패스트 패션이란 현재 유행하는 패션 트렌드를 포착해 패스트 푸드처럼 신속하고 저렴하게 고객에게 제공하는 새로운 형태의 패션 비즈니스 모델이다. 자라는 이런 패스트 패션을 대표하는 글로벌 브랜드다. 자라는 스페인에 첫 매장을 연 후 점차 유럽 패션의 본거지인 밀라노와 파리에 성공적으로 입성하더니, 2010년 3월에는 세계 패션의 메카인 뉴욕 5번가의 빌딩을 미국 부동산 최대 매매가인 3억2000만 달러에 매입하며 세계 패션계를 경악케 했다. 그렇다면 패스트패션의 대명사인 자라와 첨단 기술의 대명사인 MIT는 무슨 관계가 있을까?

이 질문에 대한 답을 찾기 전, 자라의 유통망과 매장 운영을 알아볼 필요가 있다. 일반 패션 브랜드의 경우 한 시즌에 판매될 의류는 6개월에서 길게는 1년 전 기획돼 디자인·생산·유통을 거친 후 매장에 진열된다. 즉 매장에 진열된 상품은 6개월에서 1년 전 기획된 상품이라 할 수 있다. 그러나 요즘같이 하루가 다르게 패션 유행이 바뀌는 시대에 1년 전 기획된 상품은 이미 한물간 퇴물이 되기 일쑤다. 자라는 장기 기획 방식을 따르지 않고, 현재 유행을 신속히 포착해 불과 몇 주 안에 디자인·생산·매장 진열 과정을 완성하는 초스피드 공급 방식으로 운영된다. 또 다양한 유행 상품에 대한 요구를 충족시키기 위해 다품종 소량 생산 방식을 택하고 있다. 일반 패션 브랜드의 경우 시즌 당 약 3000종의 상품을 선보이는 데 비해 자라는 무려 1만1000종류의 상품을 선보인다. 다품종 소량 생산 그리고 시장에 대응하는 신속한 생산은 상당한 비용이 요구되는 전략이다. 그런데 자라는 이런 생산 전략으로 저가의 상품을 생산해 낸다.

➡ 자라, MIT와 알고리즘 개발해 활용

그렇다면 그 비결이 무엇일까? 바로 미국 MIT의 연구에 있다. 자라는 MIT 연구

팀과 함께 최대 매출을 창출할 수 있는 알고리즘[1]을 개발했고, 이를 상품 수요 예측과 매장별 적정 재고 산출, 그리고 상품별 가격 결정에 적용하고 있다. 전 세계 매장에서 본사로 시시각각 유입되는 판매 데이터를 바탕으로 수학의 최적화 알고리즘을 이용해 어떤 시점에 어떤 상품이 어떤 매장에 진열되어야 하는지를 실시간으로 분석하는 것이다. 수퍼 컴퓨터나 우주 왕복선의 운영에만 제한적으로 적용되던 첨단 수학분석 방식이 패션업계에 적용돼 새롭고 성공적인 비즈니스 모델을 만들어낸 것이다.

일반적으로 첨단 산업은 우주항공·반도체·바이오 테크와 같은 첨단 상품을 만드는 산업을 의미한다. 이들 상품을 만들 때 수학과 과학의 첨단 기법이 필요하기 때문이다. 그러나 이제는 단순히 상품을 만드는 데에서 더 나가 운영·경영에도 첨단 기법이 사용되는 시대에 살고 있다. 바로 운영·관리의 과학이다. 그리고 이러한 첨단 기법을 통한 운영이 가능하게 된 연결 고리가 바로 데이터다. 언제 어디서 어떤 고객이 무엇을 구매하는지는 속속들이 매장 데이터베이스에 입력되고 있다. 자라의 경우도 전 세계 판매망에서 생성되는 데이터가 본사 통합 데이터베이스에 실시간으로 전송된다. 자라는 이 데이터를 바탕으로 첨단 수학적 기법을 응용해 첨단과 거리가 먼 패션 산업을 첨단 비즈니스로 재탄생시켰다.

➡ 사양산업과 첨단 데이터 분석력이 만나면?

이처럼 기존 사양 산업이나 첨단과 거리가 먼 비즈니스를 첨단 데이터 분석력을 바탕으로 재탄생시켜 성공한 예는 다양한 곳에서 찾을 수 있다. 미국의 넷플릭스(Netflix)사의 경우 DVD 영화 대여란 사양 산업을 고객 데이터 분석을 통한 새로운 첨단 산업으로 재탄생시켜 미국 미디어 업계의 최대 기업으로 성장했다. 이들의 성장 무기는 고객 데이터를 통해 개개인의 영화 취향을 분석하는 영화 추천 알고리즘이다. 영화를 감성의 산업이라 하지만 이들은 수치화하기 힘든 고객의 취향을 분석해 DVD 대여 사업을 첨단 산업으로 일궈냈다. 전체 산업의 기조마저 바꿔놓은 셈이다.

전통적인 신문들도 운영의 과학화를 통해 첨단 산업으로의 도약을 시도하고 있다. 현재 대부분의 미디어 업계는 총체적인 위기를 겪고 있다. 독자들이 인터넷 포털과 스마트폰 등 다양한 매체를 통해 정보를 접할 수 있게 되자 종이 신문

---

1) 일종의 수리적 모형(공식)으로 컴퓨터 언어로 구현된 것이다.

판매는 급격한 하락 곡선을 그리게 됐다. 정보의 범용화로 인해 광고 매출마저도 추락하고 있다.

뉴욕타임스는 이러한 위기를 극복하기 위해 단순한 정보 전달 미디어에서 한 걸음 더 나아가 독자 개개인에게 맞춤형 뉴스를 제공하는 새로운 형태의 뉴스 제공 시스템을 시도하고 있다. 또한 통계학·수학자들과 함께 첨단 데이터 분석 방식으로 정보의 전달과 확산에 관해 연구 중이다. 정보가 창출되고 소비되는 과정의 흐름을 과학적으로 분석해 효율적인 정보 전달과 새로운 첨단 정보 비즈니스를 창출하는 것이 이 연구의 목적이다.

UCLA의 통계학 교수인 마크 한센은 뉴욕타임스와 공동으로 '프로젝트 케스케이드(Project Cacade)'란 새로운 정보 전달 방식을 연구 중이다. 이는 스마트폰과 태블릿 PC가 상용화된 시대에 활자를 통한 정보 전달 이상의 것을 고민하던 뉴욕타임스가 시도한 다양한 방법 중 하나다. 또한 '프로젝트 케스케이드'는 소셜 네트워크를 이용해 다양한 정보를 생성하고 전달력을 강화하는 것을 목표로 하고 있다. 특히 이 프로젝트는 정보의 흐름과 정보 전달자들의 상관관계를 분석하고 있는데, 이는 사이버상에서 이뤄지는 정보 생성의 투명성을 파악하는 노력이다. 고도의 통계와 수학적 알고리즘이 요구되는 분야이기도 하다.

➡ 아마존은 컴퓨터 공학 이용해 소비패턴 분석

'뉴럴 네트워크', '머신 러닝', '패턴 인식'…. 모두 컴퓨터 공학, 인공지능(AI)과 관련된 용어들이다. 얼마 전 최대 인터넷 쇼핑몰 아마존닷컴(Amazon.com)의 CEO 제프 배조스가 2011년 4월 27일 주주들에게 보낸 편지에 적힌 단어들이기도 하다. 인터넷 쇼핑몰 CEO가 왜 이런 기술적인 단어들을 언급했을까?

인터넷 쇼핑몰이라면 단순히 물건을 잔뜩 창고에 재어두고 인터넷으로 주문받은 물건을 배송해주는, 첨단 기술과는 무관한 업체로만 생각할 수 있다. 물론 아마존을 제외한 대부분의 인터넷 쇼핑몰에 한해 이는 그리 틀린 정의는 아니다. 그러나 아마존을 단순히 물건을 인터넷으로 판매하는 유통회사라 생각하면 오산이다. 아마존닷컴은 일찍부터 소비자의 소비 데이터를 바탕으로, 정교한 컴퓨터 공학의 첨단 알고리즘을 이용해 소비패턴을 분석하는 최고의 기술을 가진 기업이다. 이 기술을 응용해 소비자 맞춤 광고와 판매전략을 실행하는 명실상부한 첨단 테크놀로지 기업이다.

제프 베조스는 이 편지에서 세계 어느 첨단 기업과 비교해도 손색없는 데이터 분석 기술을 가지고 있고 이것이 바로 아마존의 힘임을 피력했다. 그리고 단순 유통에서 한 걸음 더 나아가 첨단 IT기술의 프론티어인 클라우드 컴퓨터 사업에 적극적으로 뛰어들 것이란 내용을 주주들에게 알렸다.[2] 아마존은 데이터 분석과 알고리즘으로 기업 운영을 첨단화해 세계 최대 일류 그룹으로 우뚝 선 것이다. 세계 유통의 일종의 게임 체인저인 것이다.

이렇듯 데이터와 데이터 분석력을 갖추면 어떤 산업도 첨단 산업이 될 수 있다. 아직도 많은 국내 기업은 새로운 성장 동력을 고민할 때, 어떤 물건을 만들어 팔지에만 골몰한다. 정보화 시대에는 '무엇이' 아니라 '어떻게'가 첨단인지를 구분하는 잣대다. '어떻게 만드느냐'라는 소프트웨어적인 발상이 필요하다. 그리고 이런 발상의 시작이 바로 데이터 분석이며, 이는 정보화 시대의 기업 경쟁력이기도 하다.

전 세계 수백 개 매장에 적절한 물량의 상품을 신속하게 공급하는 것이 자라의 목적이다. 자라는 일주일에 두 번씩 상품을 각 매장에 공급하고 있다. 이때 어떤 상품을 얼마나 공급해야 하는지를 수학적 알고리즘으로 결정하고 있는 것이다. 기존에는 각 매장의 매니저들이 과거 경험이나 감에 의존해 주문했었다. 그러나 여기에는 위험이 따른다. 실제 수요보다 더 많은 상품을 매장에 쌓아놓을 경우, 남은 재고는 결국 시즌이 지난 다음 헐값에 팔아야 하고, 반대로 수요보다 제품이 적을 경우 고객 요구에 대응하지 못하게 된다. 수많은 매장을 거느린 브랜드의 경우, 각 매장의 매출을 극대화하면 당연히 전체 브랜드 매출도 상승할 것 같다. 하지만 자라의 경우 이러한 상식이 통하지 않는다.

다음 그림은 자라 매장에 진열된 특정 상품의 수량과 매출의 상관관계다. 그림에서 제품이 어느 정도 진열돼 있지 않으면 그 상품의 매출은 미미함을 알 수 있다. 상품이 많이 놓이지 않아 소비자의 시선을 잡지 못하기 때문이다. 특히 매장 진열 외에 특별한 상품 광고를 하지 않는 자라의 경우, 매장에 상품이 많지 않아 고객의 시선을 잡지 못하면 매출로 이어지기 어렵다. 자라 매장에 가 보면 어느 특정 상품이 한 벽면을 가득 채우고 있는데, 이런 진열방식이 바로 그러한 노출 효과를 위한 것이다.

---

2) 아마존은 이미 클라우드 컴퓨팅 사업에 뛰어들어 성공적으로 경영하고 있다.

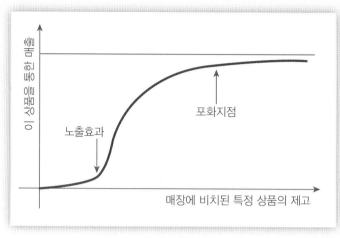

◈ 자라의 제품 할당 알고리즘

일단 어느 정도 상품이 비치되면 상품 수와 매출은 비례한다. 그러나 어느 시점에 다다르면 매출은 증가하지 않는다. 아무리 상품이 많이 진열돼도 상품이 판매되는 수에는 한계가 있기 때문이다. 이를 포화 지점이라 한다. 특정 상품의 매출을 극대화하기 위해서는 이 노출 효과가 발생하는 지점과 포화 효과가 나타나는 지점을 파악할 필요가 있다.

특정 매장의 매출을 최대화하는 것이 반드시 전체 브랜드의 매출을 극대화하는 것이 아니란 것도 이 그래프를 통해 알 수 있다. 예를 들어 한 매장에 최소한 10개 이상의 상품이 진열돼야 노출 효과를 볼 수 있으며 이 상품의 포화 지점이 50개라 치자. 이 경우 본사에서 제품 100개를 전 세계 50개의 매장에 공급하려 할 경우 전체 매장에 2개씩 골고루 공급하는 것보다 2개의 매장만 골라 50개씩 공급하는 것이 최선의 선택이다.

이 경우 상품을 공급받지 못한 48개의 매장은 이 상품을 통해 매출을 올릴 수 있는 기회를 잃을지 모른다. 그러나 대신 2개의 매장이 이 상품의 매출을 극대화해 결국 자라 전체 매출을 최대화한다. 자라는 각 매장 데이터를 바탕으로 위 그래프를 측정하고 수학의 최적화 알고리즘을 통해 어느 매장에 얼마만큼 상품을 공급할 것인지 결정하는 것이다.

자료원 : 장영재, "데이터에 기반한 과학적 운영이 스러져가는 산업도 일으킨다", ChosunBiz. com, 2011.5.7.

디테일로 승부하는 대전 '선병원'

1966년 20병상의 정형외과 의원으로 출발한 대전의 선병원은 요즘 외국인 환자 유치에 관한 한 '떠오르는 스타' 대접을 받는다. 최근 3년 연평균 증가율이 무려 390%로, 전국 최고를 기록했다. 작년에도 2323명의 외국인 환자를 끌어들여 전년도보다 2.7배가 넘는 실적을 올렸다.

대전 시내와 유성에 흩어져 있는 병원 건물을 모두 합해야 900병상에 불과하고, 수도권에서도 꽤 먼 거리에 있지만, 이 병원의 '내공'은 전 세계 병원업계에서 연구 대상이다. 지금까지 벤치마킹을 위해 이 병원을 다녀간 국내 종합병원이 100개가 넘는다. 2012년 서울대병원과 삼성의료원도 두 차례나 이 병원을 방문했다. 해외에서도 발길이 이어진다. 작년 한 해에만 일본·중국·러시아·베트남·태국·인도·몽골 등 해외 20개국의 병원과 기관이 병원 경영을 배우러 왔다. 병원 업무에 지장을 받을 정도가 되자 아예 방문 가능한 날을 월 1회, 마지막 주 금요일로 제한했다.

무엇이 지방의 한 병원을 이토록 '작지만 강한' 존재로 만든 것일까. 선승훈 원장은 "무엇보다 디테일에 대한 집요함, 그리고 끊임없이 메모하고 매뉴얼화한 결과인 것 같다"고 말했다.

"모든 것을 수첩에 적어라"

이 병원의 모든 간호사는 주머니에 손바닥만 한 수첩과 볼펜을 갖고 다닌다. 전쟁터에 나간 군인에게 소총이 그렇듯이 이 병원 간호사들에겐 이 수첩이 비장의 '개인 화기'이다. 환자가 입원을 하거나, 뭔가 좋은 점, 나쁜 점을 말할 때면 간호사들은 어김없이 이 수첩을 꺼내 들고 받아 적는다. 이런 식으로 수첩엔 환자에 대한 모든 것이 적힌다. 'A환자는 높은 베개를 싫어함' 'B환자는 목소리가 작은 편이라 귀를 기울여 들어야 함' 'C환자는 음식을 짜지 않게 해달라는 요구가 있음' 등이다. '인공관절 수술 때문에 입원한 D환자는 혈당이 높음. 당뇨를 체크할 필요가 있음'처럼 환자가 갖고 있는 잠재 질환에 대한 내용도 담긴다.

간호사들은 수첩에 적은 새로운 내용을 곧바로 컴퓨터에 입력한다. 간호사 개

개인의 서비스를 조직 차원에서 체계적으로 관리하는 것이다. 환자가 이 병원을 다시 찾을 때면 이 자료를 총동원, 마치 오래전부터 알고 있는 고객처럼 환자에게 최상의 '맞춤' 서비스를 제공한다는 것이다.

수간호사들은 젊은 간호사들에게 수시로 "오늘은 많이 받아 적었니" "받아 적기 힘들지. 그래도 바로바로 받아 적는 습관을 들여야 한다"라고 말을 건넨다. 매주 수요일 오후 수간호사 회의 땐 간호사들이 메모를 제대로 하는지 확인하는 시간도 있다. 신경외과 한 수간호사는 "적어 두면 환자가 말한 내용을 잊어버릴 일도 없고, 환자가 싫어하는 일은 절대 반복하지 않으며, 만족하는 내용은 계속해서 서비스를 극대화할 수 있다"며 "환자 본인조차 모르고 있던 잠재적 질병을 찾아내는 데도 큰 도움이 된다"고 말했다.

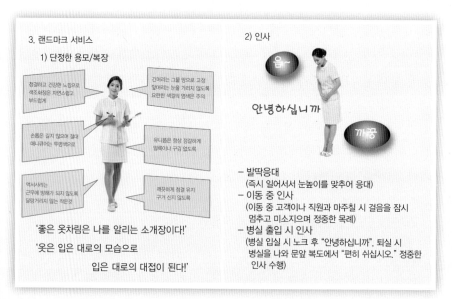

❋ 간호사들의 매뉴얼(선병원 제공)

➡ 모든 것을 매뉴얼화

기록에 대한 집착은 매뉴얼로 연결된다. 직원들이 하는 일, 각 분야가 맡는 업무를 매뉴얼로 만든 것이야말로 이 병원 경쟁력의 원천이라 할 수 있다. 선병원은 2005년 본격적인 매뉴얼화에 돌입했고 2011년엔 전산화 작업을 마쳤다. 간호

사용 '가이드북'엔 이른바 '발딱 응대'라는 항목이 있다. 손님과 애기할 땐 즉시 일어나 눈높이를 맞춰야 한다는 것이다. 또 병실에 들어갈 땐 노크를 하고 "안녕하십니까"라고 말하고, 나올 땐 복도에서 "편히 쉬십시오"라고 말해야 한다는 내용도 포함돼 있다.

간호사뿐만 아니라 의사들이 속해 있는 진료부를 비롯해 이 병원의 30개 부서가 모두 이런 매뉴얼을 만들어 관리·공유하고 끊임없이 업그레이드하고 있다. 세면대는 휠체어가 밑으로 들어갈 수 있도록 높이 1m15cm로 해야 하고, 샤워실은 침대 카트가 들어갈 수 있도록 너비를 맞춰야 하며, 병실 청소는 6인실→3인실→2인실→1인실→특실 순으로 한다는 것도 매뉴얼로 만들어져 있다.

➡ 디테일에 대한 집착

선병원이 매뉴얼에 들어갈 내용을 습득하는 경로는 다양하다. 먼저 매년 한두 차례 직원 15~20명을 해외로 보내 다양한 체험을 하게한지가 10년째이다. 좋은 것, 맛있는 것, 재밌는 것을 다 경험해 보고 병원에 응용하겠다는 것이다. 간호사들이 환자의 정보를 수첩에 적고 이를 전산으로 관리하는 시스템은 2000년대 초 원장과 직원 20여명이 함께 방문했던 싱가포르 6성급 호텔의 서비스에서 아이디어를 얻어 발전시킨 것이다. '발딱 응대'는 2005년 태국 방콕에 있는 사미티벳병원 간호사들이 의자에 앉아 있는 상대방과 눈높이를 맞추기 위해 무릎을 꿇는 것을 보고 벤치마킹한 것이다.

2011년엔 'CCO(Chief Client Officer·주요고객담당자)'라고 불리는 4명의 '별동대'를 투입했다. 온종일 환자들을 졸졸 따라다니며 환자들이 불편해하는 요소를 찾아내는 것이 이들의 임무였다. 대부분의 환자는 불만이 있어도 말을 잘 안 한다는 것을 깨달은 뒤, 아예 환자처럼 병원을 경험하도록 한 것이다. MRI 촬영을 하는 할머니를 따라갔다가 장비에 달린 헤드폰 음악 소리가 너무 크다는 점을 발견해 그 즉시 소리를 줄였고, 밤에 침대에 함께 누웠다가 시계 초침 소리가 유난히 크게 들린다는 점을 알게 돼 병실의 모든 시계를 소리 안 나는 시계로 바꾸기도 했다.

이 병원 직원들은 사소한 것이라도 그냥 지나치지 않는 문화에 익숙하다. 응급실에 온 환자들 눈이 부시지 않도록 모든 조명을 간접조명으로 바꾸어 놓았고, 응급실 차량이 드나드는 통로는 일반 출입구와 따로 만들어 환자를 신속히 옮길 수 있도록 했다. 119 구조대원들이 쉬는 작은 공간을 만들고 그곳에 커피·컵라면·담요 등을 갖춰 놓아 호평을 받기도 했고, 차를 대신 주차해 주는 '발레파킹'을 도입했다.

'선병원'에서 얻는 경영 시사점은 다음과 같다.

① 고객의 니즈(needs)를 빠짐없이 기록하고, 또 기록하라.

직원이 현장에서 입수한 정보를 기록하고, 저장하라. 나아가 중요 내용은 매뉴얼로 만들라. '평생 고객'을 만들 수 있다.

② 동종 경쟁업체와 비교하지 말고 다른 업종에서 배워라.

동종 업계의 선두 기업은 이미 많은 관심과 주목을 받기 십상이다. 그럴 때 경쟁자들의 레이더에서 벗어나 있는 전혀 다른 업종의 성공 노하우를 살피면 남다른 전략을 창출할 수 있다.

③ 디테일에 집착하라.

큰 성공을 거둔 기업과 작은 성공을 거둔 기업의 차이는 바로 종이 한 장 차이, 즉 디테일에 있다.

④ 고객 입장이 돼서 똑같이 겪어 보라.

사자가 어떻게 사냥하는지 알고 싶으면 동물원이 아닌 정글로 가야 한다.

자료원 : 조선일보 Weekly BIZ, "환자의 시시콜콜한 말도 적고 또 적는 지방병원… 外國人 환자 몰려", 2013.06.08.

Reference
참고문헌

고일상·안병혁·이재정·이종호·정경수·최무진·한영춘, 스마트시대의 정보시스템, 이프레스, 2014.

김진태, 비즈니스 프로세스 관리시스템의 기능평가에 관한 연구, 동아대학교 석사학위 논문, 2005.

신미향, "고객기업의 정보시스템부서 역량이 IT아웃소싱 성과와 신뢰에 미치는 영향", 대한 경영학회지, 24(3)(통권86호) 2011년 6월, 1605~1624.

이강태, 경영을 살리는 IT IT를 살리는 경영, KMAC, 2015.

_____, 경영을 살리는 IT IT를 살리는 경영(Ⅱ), KMAC, 2017.

현대경제연구원, IT경영전략, 21세기북스, 1998.

"국산SW로 아시아 제패 노린다…'메타마이닝'", 2013.7.24.

"어플리케이션 프로그램 최적화 전략", ㈜메타마이닝 마이그레이션 팀장 김광석 (2009.3.1. 이메일)

Barney, J., "Firm Resources and Sustained Competitive Advantage," Journal of Management, 1991, 17(1), 99-120.

Brandenburg, A. and Nalebuff, B., Co-opetition, New York: Doubleday, 1996.

Broadbent, M., Weill, P. and St. Clair, D., "The Implications of Information Technology Infrastructure for Business Process Redesign" MIS Quarterly, (1999), 23(2), 163.

Carmel, E. and Tjia, P., Offshoring Information Technology, Cambridge, UK: Cambridge University Press, 2005.

Carr, N. G.(2004), Does It Matter?, Boston, MA: Harvard Business School Press.

Collins, D. J. and Montgomery, C. A., "Competing on Resources: Strategy in the 1990s," Harvard Business Review (July-August 1995), reprint no. 95403.

Collins, J. C. and Porras, J. I., Built to Last: Successful Habits of Visionary Companies, New Yokr: Harper Collins Publishers, Inc., 1994.

Druker, P., "The Theory of Busienss," Harvard Business Review, (Sept/Oct, 1994), 75, 95-105.

Emeshwiller, J., Solomon, D. and Smith, R., "Lay is Indicted for His Role in Enron Collapse," The Wall Street Journal, July 8, 2004, A1.

Feeny, D. F., & L. P. Willcocks(1998), "Re-designing the IS function around core capabilities," Long Range Planning, 31(3), 354-367.

Goo, J., Kishore, R., Rao, H. R. and Nam, K.(2009). "The Role of Service Level Agreements in Relational Management of Information Technology Outsourcing: An Empirical Study," MIS Quarterly, 33(1), 119-145.

Hammer, M. and Champy, J., Reengineering the Corporation, Harper Business, New York, 1993.

http://www.ittoday.co.kr/news/articleView.html?idxno=38134

Kentish, S., Zara (Oct. 18, 2011), http://unilifemagazine.com.au/special-interest/zara.

Loh, L., & N. Venkatraman(1992), "Determinants of information technology outsourcing: A cross-sectional analysis," Journal of Management Information Systems, 9(1), 7-24.

Lyne, J., "Eight Trends that are Changing Network Security," SOPHOS, May, 2012.

McNurlin, R. H., Barbara, C., Sprague, R. H. Jr. and Bui, T., Information Systems Management in Practice, 8th ed., Pearson, 2009.

Nonaka, I. and Konno, N. "The Concept of Ba: Building a Foundation for Knowledge Creation," California Management Review, 40(3), Spring 1998.

Overby, S. (September 1, 2003) "The Hidden Costs of Offshore Outsourcing," CIO Magazine, 7, http://www.cio.com/article/29654/The_Hidden_Costs_of_Offshore_Outsourcing (accessed on Oct. 14, 2017).

Piccoli, G. and Ives,B. (2003). "IT-dependent Strategic Initiatives and Sustained Competitive Advantage: A Review and Systhesis of the Literature," MIS Quarterly(2003), 29(4), 747-776.

Symantec Intelligence Report, Oct. 2015.

Wade, M. and Hulland, J. (2004). "Review: The Resource-Based View and Information System Research: Review, Extention and Suggestions for Future Research," MIS Quarterly, 28(1), 107-142.

Weill, P. (2004). "Don't Just Lead, Govern: How Top-Performing Firms Govern IT," MIS Quarterly Executive, 3(1), 4.

Wingfield, N.(Sept. 9, 2011),"Virtual Products, Real Profits," Wall Street Journrnal, A1, 16.

Index

찾아보기

Index _ 찾아보기

저자소개

최 무 진

- 고려대학교 경제학 학사
- 미 조지아주립대 경영학 석·박사
- 한국정보시스템학회 회장 역임
- 한국로고스경영학회 회장 역임

현) 계명대학교 경영대학 경영정보학 전공 교수

쉽게 풀어쓴
경영전략과 정보기술

초판 1쇄 발행 2018년 2월 26일
초판 2쇄 발행 2020년 2월 20일

저　　　자	최 무 진
펴 낸 이	임 순 재
펴 낸 곳	(주)한올출판사
등　　　록	제11-403호
주　　　소	서울시 마포구 모래내로 83(성산동, 한올빌딩 3층)
전　　　화	(02)376-4298(대표)
팩　　　스	(02)302-8073
홈페이지	www.hanol.co.kr
e - 메 일	hanol@hanol.co.kr

ISBN 979-11-5685-643-6

이 저서는 2017학년도 대한민국 교육부와 한국연구재단 재원으로
대학인문역량강화사업(CORE)의 지원을 받아 수행된 연구임.